中國
區域經濟
概論

Sino's Regional Economy Guideline

梁秦龍／著

知己知彼
不知者敗

序　言

　　區域經濟學，是以發展經濟學爲主並結合經濟地理學、政治經濟學而成的跨領域綜合性學科；由於後三者所具備的強烈實用本質，使得區域經濟研究本身就有著明顯的應用科學傾向，成爲當下主流的經濟管理類學科之一。自從1969年諾貝爾頒發經濟學獎以來，迄今至少超過1/4的獎項落到與本學科有關的領域，包括：1971年第一位強調以人爲本增長模式的庫茲涅茨（Simon Kuznets），1979年特別關懷開發中國家發展的第一位黑人經濟學家劉宜思（Arthur Lewis），2008年第一位開創經濟地理學新領域的克魯格曼（Paul Krugman），以及2009年第一位女性政治經濟學家歐斯創姆（Elinor Ostrom）的新制度經濟學。區域經濟研究，不僅是全球人文社會學科所持續關注的焦點，尤其是以中國經濟區域範圍爲研究基礎的華人經濟學者，將最有機會成爲獲得諾貝爾經濟學獎的第一位非歐美籍人士，讓我們拭目以待。

　　中國經濟的發展已經成爲近幾年全球聚焦的所在，而它的長期發展路線更印證了中國百姓自古有之的「河東、河西」哲學思想。從1979年實行改革開放三十年以來，轉眼間發展路線不單單回到六十年前，有些事做得比當年還要過頭，例如從國民政府時期的保持「接觸」到今天高喊與歐美全面「接軌」；「看不見的手」不僅僅是理論，更充斥並且落實於國營事業、大小機構之中，如果你要找馬克思先生，請到大學圖書館裡頭去。今天，平心靜氣而論，有些人過去了三十年，有些事甚至過去了六十年，這些過往的人事物，應該到了還原它們時空面貌的時候，不適合再做枷鎖，成爲這一代年輕人進步的牽絆。現代經濟中國，其實和將近百年前孫中山

推翻中華帝國，創建的「共和民國」（Republic＋民國）幾乎是同一件事，只不過也同樣是孫中山忠實信徒的毛澤東，在六十年前畫蛇添足、帶有宣傳性地把「人民」兩字墊高些罷了，可惜這種抬舉至今還多半停留在口惠實不至的所謂「社會主義初級階段」；至於有些人試圖用「中華」二字對中國做某種程度上的切割，其實這種努力意義不大，繞來繞去，更多地讓人聯想到胡同底下老北京人的嘴上功夫！對於星星、太陽這種象徵性圖騰的意義，從天文學家那裡也許能夠獲得更好的解釋；而像鐮刀、榔頭這種原始工具早就沒人用了，取而代之的是嶄新的現代化機械設備；國家發展路線的事情，傾向於用理性討論、投票表決這種文明方式解決，過去那種動不動就要滿地紅、山河赤，搞得死傷遍野，違反人類文明進步的反動野蠻方式，必須終結，不應該也不可以再發生。

　　為了使讀者能夠更容易理解經濟中國的全貌，本書全文採取「我手寫我口」的通俗白話語體寫作，並且考慮到使讀者便於吸收掌握內容精要，文字內容控制在十六萬字左右，全書共分上、中、下三篇。上篇綜述全區發展現況與問題，著重探討中國經濟全區所共同面臨的重大經濟發展問題，例如環境、人口、基礎資源（水、土）、能源、運輸、城鄉體制等。中篇對各經濟區域發展說明與分析部分，由於中國經濟全區存在發展狀態的非均衡性、發達進程的非統一性等事實，因此以1996年中國大陸第八屆人大第四次會議提出的七大經濟區為基礎（該次會議還通過「9五計劃」及「2010年遠景目標綱要」），再考慮到十二年來市場經濟發展的結果，促使經濟區域更進一步發生裂變，目前客觀上已形成八大經濟區域，分別是：東北經濟區、環渤海經濟區、上河經濟區、西北經濟區、西南經濟區、中南經濟區、華東經濟區、東南經濟區；這些區域，不論大小，它們從自然環境到經濟發展水平，存在著很大差異，值得逐一深入理解；本篇主要考察後SARS時代，中國八大經濟區域、

18個都市經濟圈、175個城市的階段性發展情況。下篇則總結各區域經濟發展情勢，並重點介紹經濟發展相關理論，以回顧本書內容的學理應用基礎。本書特別體現並強調經濟學的實用價值，除了可以做為大學通識課程的一般基礎教材外，對於實務上各業界人士進行跨區域經營的戰略規劃及教育訓練，也具備高度參考意義；為了彌補發達地區礦產能源缺乏的遺憾，在內容上特別加強基礎資源介紹的份量，以提高東南發達區域群眾對土地、礦產、能源等資源的敏感度，值此全球貨幣流通極為寬鬆的後金融風暴時代，更突顯其珍貴的金融價值。在學習方面，對於非經濟管理專業科系背景的學生，熟讀本書所得到的區域經濟知識堪稱足夠，但是對於經濟管理專業領域的學生而言，本書只是做為向更上層的經濟數理模型攻堅的學習鋪墊。

　　過去七年，我因為工作和學習的緣故，除了常駐北京、上海外，還經常奔走於其它近40座重點城市，停留期間動輒十天半個月，多時達到個把月不等，大部分城市每固定兩年就得重新到訪，這給了我能夠貼近考察各地經濟具體發展實況的幸運和便利。由於中國的幅員實在太大，區域經濟發展的描述又涉及人、事、時、地、物的動態演變，因此，在研究方法上採取垂直時間流與水平橫剖面交錯的概念化演繹方式進行。橫剖面研究，除了大量收集、整理、分析這一階段所需要的各城市經濟統計數據外，同時對各區域特有的政經社會現象，還向該區域的專家學者一一諮詢問題發生的肌理，以避免漏失和誤判。時間流方面，為了幫助讀者能更準確地理解各該區域的人文社會發展時空背景，剔除文化盲點、減少矛盾，除了參考與上世紀有關的歷史書籍、名人傳記外，還向我八十八高齡的老父親諮詢典籍所載內容的生活體驗；家父經歷二戰中條山戰役、無數次敵後游擊戰、國共內戰上海保衛戰，親眼見證毛起蔣落、大陸經濟衰敗－臺灣經濟起飛、臺灣停滯－大陸崛起等

重要的時代變遷，可說是中國政經百年演變的生活字典。本書寫作期間完全不受任何政治黨派左右，也沒有接受任何來源的資金贊助，立場上做到絕對的超然獨立。著作的內容，實際上是一部集合了大江南北、上下百年的集體智慧創作的專著，但為了貫徹全書章節計劃的結構性與文字鋪陳的系統性，由我彙整並逐字完成寫作。經濟中國，地大物博，經過近年來的高速發展後，在各個方方面面都有著長足的變化，本書《中國區域經濟概論》的完成是近十年來的一個全新嘗試，在出版之際並向眾多奠基者致以崇高謝忱，疏漏之處，敬祈讀者，不吝賜教。

梁泰龍

2010年3月20日於臺灣府城

目　錄

中篇　經濟區域說明與分析　**67**

　下篇　**區域發展評析與增長研究**　**255**

上篇

全區發展現況與問題

第一章

自然環境

- 地理區位與經濟區劃
- 複雜的環境
- 豐富的資源

🌐 地理區位與經濟區劃

　　中國經濟區域的地理位置處於北半球，在亞洲的東部和中部，太平洋的西岸，正位於亞太地區的中心。全區最北抵達黑龍江省漠河縣以北的黑龍江主航道的中心線上（北緯53度34分），最南深入南海南緣的曾母暗沙（北緯3度51分），南北縱跨緯度50度，延伸約達5,500公里（km）；西起新疆維吾爾自治區烏恰縣西邊的帕米爾高原（東經73度22分），東至黑龍江省撫遠縣的黑龍江與烏蘇里江的主航道中心線的交匯處（東經135度3分），東西橫跨經度近60度，延伸約達5,200公里，最東端的烏蘇里江畔和最西端的帕米爾高原時差4個多小時，陸地面積約960萬平方公里，佔亞洲大陸面積的1/4，佔世界大陸面積的1/15，僅次於俄羅斯和加拿大，位居世界第三位。

　　全區陸地邊界長達2.28萬公里，相鄰的區域，東北面有朝鮮，北面有俄羅斯和蒙古，南面有越南、高棉（老撾）和緬甸，西北、西面和西南面依序有哈薩克斯坦、吉爾吉斯斯坦、塔吉克斯坦、阿富汗、巴基斯坦、印度、尼泊爾和不丹等。東部面臨海洋，大陸海岸線北起鴨綠江口，南到中越邊境的北侖河口，大陸海岸線總長度為1.8萬公里，與日本、菲律賓、馬來西亞、汶萊、印尼等區域隔海相望。海域分布有大小島嶼5,400個，島嶼面積為7.65萬平方公里；海域面積約473萬平方公里，海域自北而南有渤海、黃海、東海、南海以及臺灣島以東的太平洋。海洋平均深度961公尺（米；meter），海洋最大深度5,377公尺。

　　中國經濟區域幅員遼闊，在自然環境、社會文化、基礎資源、科技水準、經濟生產等方面，都存在著巨大而明顯的區域差異，從

1950年代開始，就有在不偏離「同中存異、異中求同」的指導原則下，按照區域共同特色進行有利於生產力布局與經濟發展適切性的劃分主張，長期以來形成不同的論點，從三地帶到十區塊的劃分方式都有；本書採取目前較爲多數區域經濟研究者所認同的劃分法，按照經濟重要性原則，並顧及行政區域完整性，貼近目前的區域發展現況，將中國經濟全區劃分爲8個次經濟區，做爲本書中篇論述的骨幹內容，分別是：東北區、環渤海區、上河區、西北區、西南區、中南區、華東區、東南區。

 ## 複雜的環境

中國經濟全區因爲幅員遼闊，自然環境複雜多樣，而且呈現明顯的地帶性和非地帶性的地域差異，自北向南隨著太陽輻射和氣溫變化，依次出現寒溫帶、溫帶、暖溫帶、亞熱帶、熱帶、赤道等6個溫度帶，自然景觀顯示緯度地帶性分異規律，由東南沿海向西北內陸，隨著降水量的遞減，又依次出現森林、草原、荒漠等呈現經度地帶性分異規律的自然景觀帶。

一、地形

中國是多山的區域，陸上丘陵起伏、山脈縱橫，地形複雜多樣，平原、高原、山地、丘陵、盆地五種地形齊備，地勢西高東低，各類地形佔全區陸地面積的比例是：山地33.3%，高原26%，盆地18.8%，平原12%，丘陵9.9%。西部有世界上最高大的青藏高原，平均海拔4,000公尺以上，素有「世界屋脊」之稱，爲第一級梯；青藏高原以東至大興安嶺、太行山、巫山、武陵山和雪峰山之

間爲第二級梯，海拔一般在1,000～2,000公尺，主要以山地、高原和盆地組成；由此以東進入寬廣的平原和丘陵，是爲第三級梯。

(一)主要山脈

全區山脈多呈東西向和東北－西南走向（震旦方向）。主要山脈有喜馬拉雅山山脈（主峰珠穆朗瑪高程8,844.43公尺，是世界最高峰）、喀喇崑崙山山脈（主峰高程8,611公尺）、天山山脈（主峰高程7,435公尺）、橫斷山山脈（主峰高程7,556公尺）、岡底斯山山脈（主峰高程7,095公尺）、唐古喇山山脈（主峰高程6,137公尺）、阿爾泰山山脈（主峰高程4,374公尺）、祁連山山脈（主峰高程5,826公尺），此外還有黃山、泰山、華山、嵩山、衡山、恒山、峨嵋山、武當山等眾多名山。

(二)高原、平原、盆地和丘陵

◆四大高原

青藏高原是全區最大、世界最高的高原；內蒙古高原在中國北部，多草原和沙漠；黃土高原是世界上最大的黃土集中高地；雲貴高原岩溶地形廣布。

◆四大盆地

塔里木盆地是全區最大的內陸盆地；準噶爾盆地其次；四川盆地有「紅色盆地」和「紫色盆地」之稱；吐魯番盆地地勢最低；柴達木盆地是地勢最高的典型內陸高原盆地。

◆三大平原

東北平原地表以肥沃的黑土著稱，是中國第一大平原；華北平原地勢低平，面積居第二；長江中下游平原，以多淡水湖泊著稱。

◆主要丘陵

遼東丘陵、山東丘陵、東南丘陵等。

(三)主要地震帶和火山分布區

由於地理上處於亞太地層構造帶多板塊的交界區，從地形上的劇烈變化，可知本區是一個地震多發的區域，地震的主要分布帶，有：東南區的臺灣和福建沿海，環渤海區的太行山東側山麓、京津唐地區，西南區青藏高原東側邊緣的川滇兩省西部，西北區的新疆、甘肅。

(四)河流和湖泊

全區河流湖泊眾多，這些河流湖泊不僅是地理環境的重要組成部分，還蘊藏著豐富的自然資源。外流區域和內流區域分界線大致是：北段大體沿著大興安嶺－陰山－賀蘭山－祁連山（東部）一線，這條線的東南部是外流區域，約佔全區總面積的2/3，河流水量佔全區河流總水量的95%以上，內流河區域約佔全區總面積的1/3，但是河流總水量還不到全區河流總水量的5%。區內河流流域面積在1,000平方公里以上的多達1,500條，由於主要河流多發源於青藏高原，從河源到河口落差很大，因此水力資源非常豐富，蘊藏量達到6.94億千瓦（kw），居世界第一位。注入海洋的外流河流域面積約佔全區陸地面積的64%。長江、黃河、黑龍江、珠江、淮河等向東流入太平洋；西藏的雅魯藏布江向東流出過境再向南注入印度洋；新疆的額爾濟斯河則向北流出過境注入北冰洋。

長江是第一大河，有「黃金水道」之稱，發源於青藏高原的唐古喇山主峰格拉丹多雪山，全長6,300公里，流經青海、四川、西藏、雲南、重慶、湖北、湖南、江西、安徽、江蘇、上海等11個

省、市、自治區，注入東海，流域面積約達180萬平方公里，約佔全區總面積的1/5，年入海水量約為1萬億立方公尺，是亞洲最長的河流，世界第三大河。黃河是第二大河，世界第五長河，也是中華民族的母親河；黃河發源於巴顏喀拉山北麓的卡日曲河谷和雅拉達澤山下的約古宗列盆地，分南北二源，兩地海拔高程均在4,600～4,800公尺之間，流經青海、四川、甘肅、寧夏、內蒙古、陝西、山西、河南、山東等9個省、自治區，注入渤海，全長5,500公里，流域面積達75萬平方公里。

湖泊方面，有天然湖泊達2萬多個，主要的淡水湖有：江西的鄱陽湖、湖南的洞庭湖、江蘇的太湖和洪澤湖、安徽的巢湖；另外，位於青海省的青海湖是最大的鹹水湖，也是全區面積最大的湖泊；位於西藏中部的納木錯湖是第二大鹹水湖，也是世界最高的鹹水湖泊（海拔4,718公尺）。

全區內陸水域面積為17,471千公頃，其中的池塘1,922千公頃、湖泊7,524千公頃、水庫2,302千公頃、河溝5,287千公頃、其他445千公頃。青藏高原湖水面積36,560平方公里，湖水儲量5,460億立方公尺；東部平原湖水面積23,430平方公里，湖水儲量820億立方公尺；蒙古高原湖水面積8,670平方公里，湖水儲量760億立方公尺；東北平原湖水面積4,340平方公里，湖水儲量200億立方公尺；雲貴高原湖水面積1,100平方公里，湖水儲量240億立方公尺；其他地區湖水面積1,510平方公里，湖水儲量30億立方公尺。

二、氣候

中國經濟區域由於橫跨緯度較廣，距離海洋的遠近差距較大，加上地勢高低不同，地形類型及山脈走向造成了多種氣溫降水的組合，形成了多樣的氣候型態。冬夏氣溫分布差異很大，冬季氣溫普

遍偏低，南熱北冷，南北溫差大，超過50度。夏季全區大部分地方普遍高溫（青藏高原除外），南北溫差不大。冬季最冷的地方是黑龍江省的漠河，夏季最熱的地方是新疆的吐魯番。

　　由於全區處於世界最大陸地與最大海洋的交界帶，海陸分布所產生的熱力差異大，再加上青藏高原的隆起，破壞了對流層底層的行星帶系統風向分布，因而在氣候上的最大特點就是季風特別強盛，對全區自然環境的形成有著廣泛而重大的影響：冬季風向偏北，寒冷乾燥；夏季風向偏南，溫暖濕潤。主要降雨帶的位置與夏季季風的進退緊密相關，一年之中雨熱高峰都發生在夏季，大多數地方冬季寒冷降水少，夏季炎熱降水多。習慣上把受到夏季風影響明顯的地區稱季風區，把受夏季風影響不明顯的地區稱非季風區，其界線大致上是大興安嶺－陰山－賀蘭山－巴顏喀拉山－岡底斯山這一線以東、以南的地區為季風區。季風對中國區域的氣候影響屬於比較正面有利的，和世界上同樣位於南北回歸線附近緯度的一些地區相比，唯有本區的夏季受海洋濕潤氣團的調節影響，雨量豐沛且溫度適宜。由於季風的影響，境內降水量呈現由南向北、由東向西遞減的總體格局：全區最乾燥的極點是新疆的托克遜，年降水量不足20公厘（毫米），全區最濕潤的極點是臺灣的火燒寮，年降水量超過6,000公厘（毫米）。但由於季風環流欠缺穩定性，受此影響下，各地降水季節分配不均，年度降水量變化各年間差異大；另外，隨著季風進退，在不同季節還可能發生不同的特殊天氣，其中颱風、寒流和梅雨是影響比較明顯的特種局部氣候。

(一)颱風

　　颱風（或颶風）是產生於熱帶洋面上的一種強烈熱帶氣旋，只是隨著發生地點不同，叫法不同。印度洋和國際換日線以西的北

太平洋西部，包括南中國海範圍內發生的熱帶氣旋稱為「颱風」；而在大西洋或北太平洋東部的熱帶氣旋則稱「颶風」。也就是說，颱風在歐洲、北美一帶稱「颶風」，在東亞、東南亞一帶稱為「颱風」，在孟加拉灣地區被稱作「氣旋性風暴」（也對西南區南部產生影響），在南半球則稱「氣旋」。颱風一旦形成，隨所處氣流條件牽引向西移動，影響中國經濟區域的路徑一般可分為兩類：一是西進型路徑，由加羅林群島（Caroline Islands）經菲律賓進入南海，多數在東南區登陸，有時可深入到中南區南部；二是拋物線型路徑，由加羅林群島向西移，在北緯20度～30度間轉向西北、再轉向東北，多數趨向日本和北太平洋，少數抵達環渤海區或朝鮮半島，其轉向主要決定於北太平洋熱帶高壓的強弱或進退。颱風登陸後，隨環流系統和地表地貌條件的不同，其行徑發生複雜變化，並逐漸減弱，一路帶來的狂風、暴雨和海潮，危害海陸交通、漁業捕撈、工農生產和人們的生命財產。不過，處於此盛夏時節，往往在華東區出現的伏旱現象，卻可因為颱風雨而消除旱情。

(二)寒流

寒流爆發的時間主要在10月下旬至次年4月上旬，最突出的現象為氣壓升高，風速猛增，西北風往南強襲，風力可達8～10級，在沿海地帶還可能發生海水上漲倒灌現象，隨之而來的是氣溫驟降。寒流入侵的路徑，主要是由西伯利亞經蒙古侵入黃河中下游地區，再南下到長江中下游地區，甚至影響到東南區；其次是由西伯利亞進入新疆，經河西走廊灌向華東區，有時可以抵達東南區；再次有從貝加爾湖南下，進入蒙古東部，侵襲環渤海區，不過這條路徑的勢力較弱，僅能波及長江下游以北地區。

寒流帶來的災害，對農業生產活動的危害最大：造成東北區和

環渤海區東部沿海地帶長達半年的大範圍霜凍；在西北區和黃河以北地區春季出現的「倒春寒」，可凍死返青的冬小麥；在南方雙季稻地區，春季的「倒春寒」可使早稻爛秧，秋季的「寒露風」可使晚稻不孕不實，造成空殼減產；在亞熱帶地區，對柑橘一類的果樹可造成毀滅性的凍害；在熱帶地區，橡膠一類的經濟林一旦遭受寒害，可導致破皮流膠、樹葉枯萎乃至全株凍死。

(三)梅雨

　　梅雨期間濕度大，人會感到悶熱異常，物品容易霉爛；但梅雨帶來的雨水卻提高了防伏旱的能力，使作物有好的收成。

　　中國經濟區域複雜的地貌條件，也對氣候形成多樣的局部影響，山體的高度和走向尤其重要。一般來講，山地隨著高度的上升，氣溫逐步降低，濕度增加，相應出現植被和土壤的不同垂直帶譜，各帶層的農、林、牧業也出現明顯的差別；即使在同一山區，從山麓到山頂，隨著自然環境的變化，出現了「一山有四季」的現象；而重山環抱的盆地，氣候終年溫暖，農產豐富。

豐富的資源

一、礦產資源

　　中國經濟區域地跨古亞洲、特提斯－喜馬拉雅（Tethys Himalaya）和環太平洋三大構造帶，地殼活動強烈、地層發育齊全、沈積類型多樣，這種地質條件，決定了總量客觀、品種齊全的

礦產資源，是世界上礦區配套程度較高的少數幾個區域之一。

從礦產資源賦存的總體規模而論，世界範圍內僅次於俄羅斯和美國。礦產的開發利用也成績斐然，目前已成為世界重要礦業開發區域，原油、煤炭、水泥、粗鋼、磷礦、硫鐵礦、10種有色金屬產量已躍居世界前列，固體礦產開發的總規模已經位居世界第二位。截至2007年，已探明儲量的重要礦產，能源類有：石油28.3億噸（2008年探明新增儲量13.4億噸）、天然氣32,123.63億立方公尺（2008年探明新增儲量6,472億立方公尺）、煤炭3,261.26億噸（2008年探明新增儲量231.1億噸）；金屬類有：鐵礦石223.64億噸、原生鈦鐵礦2.25億噸、錳礦石2.24億噸、鋁土礦石7.51億噸、鉻礦石582.22萬噸、釩礦1,309.43萬噸、銅2,932.11萬噸、鉛1,346.32萬噸、鋅礦4,250.81萬噸、鎳礦299.16萬噸、鎢240.87萬噸、錫152.25萬噸、鉬431.68萬噸、銻94.99萬噸、金1,859.74噸、銀4,394.2噸；稀土礦氧化物1,837.05萬噸；非金屬類有：鹽礦1,880.05億噸、芒硝100.27億噸、硫鐵礦石17.94億噸、磷礦石36.73億噸、鉀鹽3.38億噸、菱鎂礦石19.32億噸、玻璃矽質原料14.11億噸、滑石1.18億噸、高嶺土6.53億噸、重晶石9,899.89萬噸、普通螢石3,401.48萬噸、石墨5,480.59萬噸。

礦產資源既有優勢，也有劣勢，其基本特點表現在以下幾個方面：

1. 礦產資源總量豐富、品種齊全，但人均佔有量少。截至2005年底，中國經濟區域已發現171種礦產，查明有資源儲量的礦產159種，其中能源礦產10種、金屬礦產54種、非金屬礦產92種、水氣礦產3種。已發現礦床、礦點20多萬處，其中有查明資源儲量的礦產地1.8萬餘處。煤、稀土、鎢、錫、釩、銻、菱鎂礦、鈦、螢石、重晶石、石墨、膨潤土、滑石、芒硝、

石膏等20多種礦產，無論在數量上或是品質上都具有明顯的優勢，有較強的國際競爭力；但是人均擁有量僅為世界人均水平的58%，名列世界第五十三位。

2. 大多數礦產資源品質差。與國外主要礦產資源國相比，全區礦產資源的品質很不理想。考慮礦石品位、礦石類型、礦石的選冶性能等綜合因素，金礦、鉀鹽、石油、鉛礦、鋅礦的品質為中等；煤炭、鐵礦、錳礦、銅礦、鋁土礦、硫礦、磷礦的品質處於最差等級。從總體上講，多數礦產的礦質較差，特別是稀缺品種，在國際市場上的競爭力較弱，所以也相對限制了對這類礦產的開發利用。

3. 一些重要礦產長期形成嚴重依賴國外輸入，例如，石油、天然氣、鐵礦、錳礦、鉻鐵礦、鋁土礦、鉀鹽，目前全區石油消費對進口的依賴程度已經超過了50%，影響探明礦床的進一步投資開發。

4. 單一礦較少，共生礦多。據統計，有80多種礦產是共生礦，以有色金屬最為普遍，例如，鉛鋅礦中共生礦可以分為50多種，僅鉛鋅礦中的銀儲量就佔全區銀儲量的60%，雖然共生礦的潛在價值比較大，但是開發利用的技術難度也相對提高。

5. 礦產資源地理分布不均。由於地質成礦條件不同，導致部分重要礦產分布特別集中；90%的煤炭資源集中於上河區、西北區和西南區，70%的磷礦主要集中在西南區，鐵礦主要集中在環渤海區。

6. 貧礦多、富礦少。例如，硫礦以從硫鐵礦中提煉為主，一級品富礦的儲量僅佔4.3%。

7. 礦產資源的結構不理想，煤炭資源比重偏大，石油、天然氣資源相對較少。

二、生物資源

全區的生物資源十分豐富，種屬繁多，群落類型豐富多樣。造成這種多樣性的原因，是由於不同地域的自然條件複雜多樣化；另外也受第四紀冰川消退的影響，使一些動植物的生活環境被破壞，生物資源型態也受到改變。全區有高等植物3萬多種、孢子植物20萬種、昆蟲15萬種，其它動物5萬多種。從生物資源的品種和數量而論，僅次於巴西和印尼，居世界第三位。

(一)植物資源

地球上有32萬種植物物種，其中的10%原產於中國，是一個植物多樣性的寶庫。植物種類繁多，種子植物約有2.5萬種，其中裸子植物約有200多種，佔世界的1/4，被子植物近3,000個屬；木本植物有7,000多種，其中喬木2,800多種，水杉、銀杏、金錢松等保存下來的中國特有的古生物種屬，爲舉世矚目的「活化石」。在東部季風區，有熱帶雨林、熱帶季雨林，中、南亞熱帶常綠闊葉林，北亞熱帶落葉闊葉常綠闊葉混交林，溫帶落葉闊葉林，寒溫帶針葉林，以及亞高山針葉林、溫帶森林草原等植被類型。在西北部和青藏高原地區，有乾草原、半荒漠草原灌叢、乾荒漠草原灌叢、高原寒漠、高山草原草甸灌叢等植被類型。

中國有五千年的農業史，先人培育更新了很多植物品種，如穀稷、水稻、高粱、豆類、桃、梨、李、棗、柚、荔枝、茶等，爲人類農業發展做出了巨大的貢獻。多種人工栽培植物同原始天然植物一脈相承，成爲世界上植物資源最豐富的區域之一。按經濟用途劃分，用材林木約有1,000種，澱粉植物300多種，油脂植物600多種，

蔬菜植物90餘種，藥用植物4,000多種，果品植物300多種，纖維植物500多種，還有世界著名的觀賞植物，梅、蘭、菊、牡丹等。

(二)動物資源

中國經濟區域是世界上野生動物種類最多的區域，是世界上動物資源最為豐富的區域之一，僅脊椎動物就有約4,880種，佔世界總數的11%，其中獸類410種、鳥類1,180種、爬行類300種、兩棲類190種、魚類2,800種。大熊貓、金絲猴、揚子鱷、白鱀豚、朱鷺，是獨有的珍稀動物；東北的丹頂鶴、川陝甘的錦雞、滇藏的藍孔雀、綬帶鳥、大天鵝和綠鸚鵡，是名貴珍禽；昆蟲中的蝴蝶，在雲南、四川、臺灣等地，也有名貴種類。

三、海洋資源

中國全區海域遼闊，擁有內海、領海37萬平方公里，以及300多萬平方公里的專屬經濟海域，海洋資源十分豐富。主要有：

(一)海洋生物資源

包括5,000多種魚類和多種藻類、貝類、蝦等。四大漁場：黃渤海漁場、舟山漁場、南部沿海漁場、北部灣漁場，其中舟山漁場漁類資源豐富，為最大的漁場。大黃魚、小黃魚、墨魚和帶魚曾經是東海著名的四大經濟魚類，如今僅剩下帶魚還有一定產量，前3種都已幾近枯竭。

(二)海洋化學資源——鹽場

有長蘆鹽場、布袋鹽場、鶯歌海鹽場，其中的長蘆鹽場是最大

的鹽場。

(三)海洋礦產資源

　　濱海砂礦、石油、天然氣、煤、硫、磷、錳結核、海底熱液礦床。

第二章

人 口

- 人口發展
- 人口組成
- 勞動力分布
- 人口的分布和流動

🌐 人口發展

　　中國經濟區域全區總人口數約為13億5,850萬人（截至2008年12月），約佔世界人口總數的21%，是世界上人口最多的區域；然而，隨著居民生活方式的改變，中國過去長期以來的傳宗接代思維，無論是主動地或者是被動地，這種人口增長趨勢已經被有效控制；根據預測，印度人口數估計在2028年超越中國，成為世界第一。

　　中國大陸在改革開放以來，堅持實行計劃生育政策，生育水平明顯下降，人口增長步伐得到有效控制，實現了人口總量的平穩增長，緩解了勞動力市場的就業壓力，並且因為撫養比重持續降低，減輕了勞動人口的經濟負擔，也才能夠額外進行相關人力的投資。例如，平均每人受教育年限大幅增加，受高等教育的人口比重大幅上升，專業技術人員大量湧現，人身健康狀況也得到明顯改善，人均預期壽命顯著提高，勞動力素質整體明顯提升，為經濟建設提供了更高層次的勞動力資源，實現了人口再生產類型的根本轉變，為世界人口發展做出了較大貢獻。

　　中國大陸在人口上出現以下特徵，有：人口分布不均，大幅向東部流動，導致東南多、西北少；農村人口比重大，佔74%左右，城鎮人口比重小，只有26%左右；人口再生產類型已實現向低出生率、低死亡率、低自然增長率的現代型態轉變；人口基數龐大，每年淨增人口多；適齡勞動人口比重大，就業壓力非常突出，同時老齡化問題已出現，醫療社保負擔開始加重；人口素質雖然不斷提高，但整體水平距離先進發達國家仍然較低。

人口組成

一、性別結構

　　性別結構是人口最基本、最明顯、最重要的特徵之一，對於一個區域或地區的人口組成來說，性別結構始終起著舉足輕重的影響，它不僅做為人口的婚姻、生育和家庭狀況的基本因素，而且與人口的分布和遷移，以及包括就業結構在內的其他人口構成也有密切關係。性別比過高或過低都是不正常的，由此可能會導致一系列的社會經濟問題，在控制人口增長，對人口實行科學管理的過程中，性別結構是一個必須關注的重要因素。除了人口總體的性別構成外，不同的年齡組、地區別、部門別也都有性別構成的問題，相對於總體性別結構而言，各種局部的性別結構比更具有直接的社會經濟意義。

　　中國大陸在2008年的性別結構分布上，男性為6億8,357萬人，佔人口比重的51.5%，女性為6億4,445萬人，佔全部人口的48.5%。人口性別結構的地區差異主要受3個因素影響，即：生產力發展水準（它直接制約著產業結構和人們的生活水準）、人口再生產類型、人口的遷移態勢。各省、市、自治區之間的人口性別比雖然有明顯的差異，但總的來說都在比較正常的範圍之內。

二、年齡結構

　　年齡結構是人口狀態中最重要的特徵值和比例關係之一，它不

僅制約著人口本身的變化趨勢，在社會、經濟的許多領域也都有其深刻的影響。如人口再生產包括人的出生、婚姻、生育、衰老、死亡等內容，它們與年齡的構成有直接關係，而勞動適齡人口的數量及其與從屬人口或被撫養人口的比例關係，對生產力發展起著很大的制約作用；此外，人們處在不同的年齡段，對環境會有不同的影響和要求，社會的物質消費、各類文化教育和福利設置的配置、醫療保健工作的重點，以及住宅、交通、休閒場所的建設等，都與年齡結構有關，所以社會、經濟發展必須充分考慮人口年齡結構的特點和變化趨勢。

人口的年齡組成，主要取決於出生率的變化，當出生率上升時，低齡人口的比重就增大，年齡構成趨於年輕化，反之則趨於老齡化；此外，死亡率和平均壽命也有一定的影響。中國大陸在2008年全年出生人口1,608萬人，出生率為12.14‰，死亡人口935萬人，死亡率為7.06‰，合計自然增長率為5.08‰。出生人口性別比（女性為基數100）為120.56。年齡65歲以上的人口為1億956萬，佔總人口比重的8.3%。國際上一般認為，老年人口比重達到7%即屬於老年型區域，老齡化是人類社會發展的必然趨勢，它標誌著生產力得到了發展，人口得到了控制，人的壽命也得到了延長；但是中國大陸的人口年齡構成在地區和城鄉之間存在著明顯的差異，總的態勢是：東部沿海地區偏於老齡化，廣大內地和邊疆偏於年輕化；城市偏於老齡化，鄉村偏於年輕化。

三、民族構成

中國經濟區域是多民族構成的區域，全區共有56個民族，習慣上把漢族以外的55個民族統稱為少數民族，第五次人口普查的結果，全體少數民族人口為1億643萬人，佔總人口比重的8.41%。少

數民族中人口最多的是壯族，約有1,500多萬人，人口在400萬以上的，有：滿族、回族、苗族、維吾爾族、彝族、土家族、蒙古族、藏族等。少數民族雖然人口比較少，但是分布的地區很廣，居住面積約佔全區總面積的50%~60%。少數民族地區的一般特點是：地域廣大、人口稀少，物產資源豐富，大都位於邊疆要塞、屬於國防要衝。由於歷史上多次的民族遷徙屯田、移民戍邊、朝代更迭等原因，引起區域族群變動，使得民族分布形成了各民族間雜居、小聚居、相互交錯居住的情況。各少數民族在經濟、政治、文化生活方面，不僅相互影響，而且都和漢族有著密切的關係。由於各種歷史和自然的原因，各民族的社會發展很不平衡，甚至在同一民族內部不同地區之間也不平衡。複雜的社會經濟結構制約著文化、風俗習慣的型態和性質。

四、文化程度結構

　　文化程度是反映人口素質的最重要指標之一，它與社會經濟發展有著非常密切的相互促進的作用。一個區域經濟越發達，生活水準越高，它對教育、文化、科技、藝術、體育等事業的要求也就越高、越精緻。「知識就是力量」、「科學技術是第一生產力」，這些已廣為人知。國際經驗表明，在落後的文化和科學基礎上，不可能出現先進的生產力，而提高勞動者的文化程度，改善其自身素質，是一種投資較小、見效較快的生產力發展途徑。

　　一般來說，青年人的文化程度高於中年人、更高於老年人；文化構成的民族差異，表現在漢族的文化程度高於各少數民族的認證水準；文化構成的城鄉差異，實質上也是反映出非農業人口和農業人口之間的差異，這在發展中國家是非常普遍的現象；文化構成的地帶差異，特點是東部文化程度較高，中部次之，西部最低。這種

差異的形成，一方面直接產生了對文化教育的不同社會需求，另一方面又直接制約著對文化教育的不同社會投入。總結中國人口的文化構成，首先要看到其水準與過去相比已經有了大幅度的提高，其次，也存在著幾個帶有全域性的不容忽視的問題：全區的教育重點還明顯地偏向基礎教育，且結構調整難度大，學齡人口尚未全面得到充分的受教育機會；教育資源配置不均衡，從而導致受教育水平在兩性之間、民族之間、城鄉之間以及在各地區之間出現顯著的差異，這種差異反映了當前區域經濟發展的不平衡。

 勞動力分布

一、勞動年齡人口

中國經濟區域是世界上人口最多的地區，勞動年齡人口總數十分龐大，增長迅速。目前，全區的勞動年齡人口仍以高於總人口的速度增長，在各省、市、自治區之間，由於年齡、性別結構不同，勞動年齡人口佔總人口的比重頗有差異。大體上說，人口再生產類型轉變較早、較快的省區比重較高，表現在生產力和投資水準較高的地區，勞動年齡人口比重較大，反之則較小，客觀上對人口經濟狀況的地區差異發揮了一定的緩解作用。

二、從業人口狀況

從業人口與勞動年齡人口有著密切的關係，但又有所區別。勞動年齡人口中有一部分因就學、從事家務勞動、待業、失業以及其

他原因未參加職業活動，除年齡結構外，從業人口的數量和分布還受到了經濟發展速度、投資水準、產業結構、勞動政策、社會保障體制以及文化教育等多種社會經濟因素的影響。

 # 人口的分布和流動

一、人口分布的特點和地區差異

中國歷史悠久，人口總量龐大，其人口分布受自然條件和多種社會經濟因素影響，具有一系列鮮明特點：首先，各地區人口分布極不平衡，東南區人口密集，西北區人口稀疏；其次，人口分布明顯趨向於東部沿海，越往西的內地，人口越稀少；第三，人口主要分布於地形較爲低平的地區。如果能夠劃一條線做區隔說明的話，大體上可以從黑龍江省黑河市到雲南省騰衝市爲界線，該線以東人口多，以西人口少。

二、人口的城鎮化

人口按城市化分布類型，區分爲城鎮人口和鄉村人口兩大類。人口的城鎮化是現代化進程中的一個重要的社會經濟現象，對之起制約作用的主要是生產力發展水平和產業結構；此外，政治、歷史、地理、人口因素也有一定的影響。城鎮人口迅速增長的一個來源是鄉村人口遷移。在城鎮人口比重顯著提高的同時，城鎮結構體系也得到了改善。總的態勢是：大、中城市穩步發展，小城鎮快速增長，城鎮人口分布重心進一步向後者傾斜。中國大陸城鎮化率

（顯示城鎮化的程度）的地區差異，總的來看是：東部最高，西部次之，中部最低。

三、人口的遷移和流動

　　人口遷移流動的適度發展，是建立市場經濟的必要條件，只有這樣才能不斷實現各種生產要素在空間上的最佳配置。在調節勞動力需求，促進人口、資源和經濟協調發展以及縮小地區差異上，流動人口能夠發揮重要的槓桿作用；此外，對增強人口活力、改善人口素質也具有積極的意義。

　　近年來中國大陸的經濟大環境發生了顯著的變化，人口遷移模式深受影響，其中最主要的制約因素是經濟發展和投資水準。總的來看，人口遷徙流動的大發展，是一個很正常的經濟現象，並且具有多方面的意義，其主要表現是：以前所未有的速度，推動了產業非農化和人口城鎮化，滿足了沿海地區經濟高速增長對勞動力的需求，為內地紓解過重的人口壓力和發展經濟開闢了廣闊的途徑，有力於控制人口數量和改善人口素質。但是其中也存在一些問題：部分地區人口遷出或遷入的強度過大，產生了一系列的社會經濟問題，擴大了性別結構的地區差異，高素質人才出現明顯的逆向遷徙，各地區人口文化水準的差異擴大。

第三章

水資源

全區綜述

　　河流和湖泊是中國經濟區域的主要淡水資源。河川平均徑流總量達2.7億立方公尺，次於巴西、俄羅斯、加拿大、美國和印尼，居世界第六位；然而，人均徑流量僅僅只有1,987立方公尺，是世界人均徑流量的1/4。各大河的流域中，以珠江流域人均水資源最多，人均徑流量約4,000立方公尺；長江流域稍高於全區平均數，約為2,300～2,500立方公尺；海灤河流域是全區水資源最緊張的地區，人均徑流量不足250立方公尺。地下水資源為8,700億立方公尺，扣除與地表水資源重複計算量，合計全區2008年水資源總量約2.8億立方公尺，人均佔有量為2,061立方公尺，在世界銀行連續統計的153個區域中居第八十八位，可以說是水資源相對貧乏的區域；然而，濫用水資源的程度，單位GDP水資源消耗量，竟高居世界前列，為世界平均水準的四倍以上；每年水資源開採量，僅次於世界最發達國家美國，居世界第二位。

　　目前，全區水能資源蘊藏量達6.94億千瓦（kw），可開發的水能裝機容量約為3.8億千瓦，居世界第一位。70%分布在西南區，其中以長江水系為最多，其次為雅魯藏布江水系。黃河水系和珠江水系也有較大的水能蘊藏量。目前，已開發利用的地區，集中在長江、黃河和珠江的上游。

　　水資源分布的總體特點是：年內分布集中，年際變化大；黃河、淮河、海河、遼河四流域水資源量較小，長江、珠江、松花江等流域徑流量較大；西北內陸乾旱區水量稀缺，西南區水量豐沛。總量並不豐富，人均佔有量更低。地區分布不均，水土資源不相匹配；長江流域及其以南地區土地面積只佔全區的36.5%，但是水

資源量卻高佔全區的81%；淮河流域及其以北地區的土地面積佔全區的63.5%，其水資源量只有全區水資源總量的19%。河川徑流量在地區分布上不平衡，水資源和耕地資源的空間配置不佳；進行跨流域調水是解決水資源空間嚴重失衡的重要途徑，主要的跨流域調水工程有：南水北調、北水南調（引調東北區的嫩江、松花江水資源，南注環渤海區的遼河水系）、引黃工程。

 ## 南水北調工程

　　總體布局：從1950年代提出「南水北調」的設想後，經過幾十年研究，南水北調的總體布局終於確定。南水北調工程分為東、中、西3條調水線路，即南水北調東線工程、中線工程和西線工程，分別從長江下、中、上游調水，以適應北方的整體發展需要；建成後與黃河、淮河、海河等水系連接，將構成中國水資源「四橫三縱、南北調配、東西互濟」的總體格局。

　　西線工程：從長江上游幹支流調水注入黃河上游，引水工程分別在通天河、雅礱江、大渡河幹支流築壩建庫，利用階梯差距引水逐級導入黃河，目的是解決青、甘、寧、內蒙古、陝、晉六省區的缺水問題。**中線工程**：從長江中游北岸支流漢水丹江口水庫引水，沿伏牛山、太行山前平原和京廣鐵路線西側，跨越江、淮、黃、海四大流域，自然輸水到北京、天津，目的是解決京津、黃淮海平原西部及沿線湖北、河南部分地區的缺水問題。東線工程：從長江下游引水，主要是以京杭運河逐級提水北送，向黃淮海平原東部供水，供水範圍涉及蘇、皖、魯、冀、津五省市，主要重點在於解決京杭大運河沿線20多座大中型城市的缺水問題，包括北京、天津、石家莊，並兼顧沿線生態環境和農業用水。

供水目標與範圍：工程的根本目標是改善和修復北方地區的生態環境。由於黃淮海流域的缺水地區主要是黃淮海平原和膠東地區，缺水問題又集中在人口和工業產值密集的城市，缺水所造成的經濟社會影響巨大，因此，確定南水北調工程近期的供水目標爲：優先實施東線和中線工程，解決城市缺水爲主，兼顧生態和農業用水。南水北調東線和中線工程，受水區爲京、津、冀、魯、豫、蘇的39座地級及其以上城市、245座縣級市（區、縣城）和17個重點工業園區。

 ## 期間變化和水生災害

中國經濟區域的水資源，在時間上的分配也極不均勻，主要集中在夏季，雖然這種雨熱同季的情況對農業發展十分有利，但是大部分地區受季風控制，降水量的年度、年內變化都很大，而且是越缺水的地區變化就越大；受此影響，河川徑流量同樣地在各年度之間和一年四季度均有較大的變化。降水量和河川徑流量的劇烈變化，不僅給經濟開發利用帶來了困難，也是水旱災頻繁的根本原因。

一、年度變化

受季風影響，水資源的時間分布極不均勻，去年是豐水年，並不保證今年也會一樣，也有可能變成枯水年；旱災、澇災以及連旱、連澇的降水災害，經常發生。與年降水量相應的河川徑流量的年際變化情況，總的趨勢是兩者基本一致，而且由南向北逐漸增大，但受到流域的徑流補給來源以及河川底部下墊面層結構等因素

的影響，徑流量的年際變化與年降水量也有許多不同的地方，如西北乾旱區的一些河流，由於有高山的冰雪融水的補給，有的河流補給比重比較大，這與雨水的補給有相互補償的作用。

二、年內變化

雖然各地的年降水量和年徑流量都集中在夏季，但是各地的集中程度和情況還是有很大的差異；集中分布的總趨勢是自東向西、自南向北逐漸增高。

三、旱澇災害

旱澇災害頻發，但損失型態與地理區位不同。旱災主要受害的是農業，而洪災的損失主要發生在城市和工業集中地。旱災災情比較容易發生在五大地區，即東北松遼平原、黃淮海平原、黃土高原、四川盆地以及雲貴高原；洪水災害則主要集中在東部的江河下游沿岸都市。

水質安全與水土保持

一、水質污染情況

對各種水質的檢測表明，中國大陸的水資源污染程度，已經嚴重威脅人們的生存安全。若從河流「天然水質」來看，大部分地區的水質是相當好的，河水的礦化度和總硬度都比較低；但是由於人

爲污染水源，惡化水質的情況越來越嚴重。儘管已經有法令明確規定製造業必須實施污水排放前的內部淨化處理，但是仍有許多未經任何處理就直接排放，其中以來自採礦業的場外暴露儲存爲最嚴重的污染源，不僅危及河川，大量污染物也匯集進入湖泊，在已經被污染的湖泊中以太湖、滇池和巢湖最爲嚴重。在各種水體污染中，危害最大的是地下水被污染，這不僅是因爲地下水一旦被污染後很難淨化，更在於其做爲重要的供水水源，還將不斷地向外擴散；地下水污染源，主要來自城市及其周邊城鎮。

二、水土流失情況

受區域地質與氣候特徵的影響，中國經濟全區都是世界上水土流失最嚴重的區域。水土流失不僅影響到地表土壤的肥力，使地力下降甚至喪失，隨之沖刷而去的泥沙導致河川淤積、水利降低，有時還嚴重到造成山體滑坡、泥石洪流、吞村掩谷，危害居民生命財產。近年來中國大陸政府提出「退耕還林」的政策，使水土流失現象有明顯改善；然而，臺灣的水土流失情形，在政策長期向基層群眾短期利益傾斜下，有嚴重惡化的趨勢。

用水效益

目前在全區水資源的利用上，農業仍然佔首位，但總的來說，不論是農業用水還是工業用水或者城市生活用水，都普遍存在著經營管理粗放，用水效率低下，浪費嚴重的問題，使原本已經吃緊的水資源更加短缺。

農業用水方面，灌溉水量過大是浪費的重要因素；城市生活

用水方面首先是城市輸水管網的毀損性漏失，其損失量遠遠大於居民用水；其次是回水量少，城市用水一般都是一次性用水。近年以來，大陸北方地區由於地表水資源較往年緊缺，而地下水具有水溫低、水質好、取用方便、開採成本低等優點，遂成為廣大農村的飲用水源和農業灌溉用水，也成為城市用水的重要來源；然而，地下水大量超抽和不合理使用，造成許多經濟、社會和生態環境出現負面問題，例如，超抽地下水引起大範圍區域出現地下水位下降，導致「大型漏斗」的地層下陷，出現的危害也是多方面的，首先是城市積水成災，沿海地區還會增加潮水淤沙、海水倒灌、淡水鹹化，影響自然生態環境和正常的生活生產。海水入侵以環渤海區的大部分沿海地帶出現最早，危害最重，長期飲用劣質水又將引發地區性的水質病變等一系列負面連鎖反應。

　　中國經濟區域全區的水資源相較於世界水平而言，本身就比較貧乏，在水量和水質上都存在不少的問題，所以必須走水資源節約型的發展道路，要喚起人們的節水意識，並擴大污水循環再生系統，加速海水淨化系統的啓用進程。

第四章

土地與糧食

- 土地資源
- 糧食生產

土地資源

「有土斯有財」，土地是農業生產的基礎，中國做為世界人口最多的經濟區域，如何保養土地，關係到中華民族解決吃飯、吃飽、吃好的重大議題。全區地表土壤按基層類型，可概括為11個土綱、46個土類，主要的土綱分別是：富鋁土（紅壤）、淋溶土（棕壤）、半淋溶土（褐土）、鈣層土、石膏－鹽層土（漠土）、鹽成土（鹽鹼土）、岩性土、半水成土、水成土、水稻土、高山土和各種隱域性土壤等，這些土壤類型是在不同的地形、氣候和生產方式的影響下形成的，地區差異顯著，利用價值各異。按照利用情況的不同，主要分為耕地、林地、草地、荒漠、灘塗等。

中國經濟區域的土地大部分位於中緯度區，其中處於溫帶、暖溫帶和亞熱帶的幅度最寬，降水與光熱條件良好，生物種類繁多，和其他國土面積較大的區域相比，沒有像俄羅斯和加拿大那樣大面積的嚴寒凍土地區，也不像位於熱帶中心的巴西和印尼那樣炎熱潮濕。

土地資源有4個基本特點：

1. 絕對數量大，人均佔有少：土地面積960萬平方公里，居世界第三位，但按人均佔有土地資源面積，只居世界第十一位。

2. 類型複雜多樣，耕地比重小：全區沙質荒漠、石礫戈壁合計佔總面積的12%以上，耕地所佔比重僅10%左右。

3. 具體利用情況複雜，生產力地區差異明顯：在廣闊的東北平原上，漢民族多利用耕地種植高粱、玉米等雜糧，而朝鮮族則多種植水稻；山東的農民種植花生經驗豐富，產量較高；

河南、湖北的農民則種植芝麻，收益較好；在相近的自然條件下，太湖流域、珠江三角洲、四川盆地的部分地區形成重要的桑蠶飼養中心。

4.**地區分布不均，保護和開發問題突出**：有限的宜農耕地集中分布在東部季風區的平原，宜牧草原則以內蒙古高原的東部為主；目前估計全區還有約3,300萬公頃的宜林荒地、6,000多萬公頃的草原，以及9,000多萬公頃的疏林地，有待開發利用，是所剩不多的後備開發資源。

不同地區的土地資源，面臨著不同的問題。例如，總體林地少、森林資源不足，但是在東北林區力求伐育平衡的同時，西南林區卻面臨到過熟林比重大、林木資源浪費的問題；廣闊的草原利用不充分，畜牧業整體生產水準不高，然而在局部草原地區卻面臨著過度放牧、草場退化的問題。

一、草地的利用

目前全區擁有草地3.93億公頃，約佔全區土地面積的41.7%，居世界第二位。草地資源以天然草地為主，84.4%的草地分布在西部。草地類型多樣，牧草物種資源豐富，約有4,000多種。天然草場主要分布在大興安嶺－陰山－青藏高原東麓一線以西、以北的廣大地區；人工草場主要分布在這一線以東、以南的地區，與耕地、林地互相交錯。全區可分為三大類型區：北方溫帶草區、青藏高山草區、南方熱帶、亞熱帶草區。南方草場的草質較好、產草量高，但是分布零星，利用上受限制。

目前，絕大部分的天然草原區正面臨不同程度的草場退化情況，平均每年以200萬公頃的速度消退，加速退化的原因，主要是

由於長期自由粗放的牧業經營方式，再加上不合理開墾、工業污染、鼠害、蟲害等情況叢生，對草場破壞有越來越劇烈的趨勢。草場受到破壞後，所造成的負面影響，首先就是土地荒漠化；每當北方冬季冰雪消融後，隨著高壓捲起的大量退化草場風沙，便形成大面積、大區域覆蓋的沙塵暴，對人身健康造成極大的負面影響，影響範圍甚至可達到東南區。

二、林地的利用

中國在古時候森林分布比較廣泛，後來隨著人口增長、戰亂不息再加上採伐無度，森林資源遭到嚴重破壞，林地不斷收縮。森林在全區範圍內的分布很不均衡，天然林多集中分布在東北和西南地區，而人口稠密、經濟發達的東部平原，以及遼闊的西北地區，森林卻很稀少，各地林種不同，生長情況也有很大的差異。

據中國大陸的林業局統計，目前有1億7,491萬公頃的森林，面積佔全世界林地的4.5%，居第五位；森林覆蓋率為18.21%，居世界第一百三十位；活立木蓄積量136.18億立方公尺，其中的森林蓄積量124.56億立方公尺，佔世界的3.2%，居第六位；但是人均森林面積居世界的第一百三十四位，人均蓄積面積居世界第一百二十二位。2008年，中國大陸林業總產值為1.33億元人民幣。森林植物和森林類型豐富多樣，主要有：東北針葉林及針闊葉混合林，西南亞高山針葉林和針闊葉混合林，南方松杉林和常綠闊葉林及油茶、油桐等經濟林和多種竹類，北方落葉闊葉林及油松、側柏林，還有最南方的熱帶雨林區等。森林樹種豐富，僅喬木就有2,800多種，尤其是有「活化石」之稱的珍貴特有樹種銀杏、水杉等。

為了森林的永續發展，中國大陸很早就啟動開展大規模植樹造林活動，目前已見成效，天然林保護規模及人工林面積居世界

第一。人工造林保存面積達到5,365萬公頃；期望到2010年全區森林覆蓋率達到20%以上，2020年達到23%以上，2050年達到並穩定在26%以上。此外，還營造了許多防護林，以抵禦風沙侵襲、防止水土流失，其中最著名的當屬有「綠色長城」之稱的三北防護林工程，從大興安嶺到新疆天山山脈，地跨東北西部、華北北部和西北大部分等地區，工程涉及的行政區域範圍遍布北方13個省、直轄市、自治區，總面積406.9萬平方公里，佔中國全區面積的40%以上。

三、耕地的利用

　　各地區由於自然條件、歷史發展和人口密度等因素的影響，耕地分布的地區性差異比較大，88%的耕地分布在東部半壁。截至2007年底，全區統計的耕地面積約為1.22億公頃；2008年度全年建設占用耕地19.16萬公頃，災毀耕地2.48萬公頃，生態退耕0.76萬公頃，因農業結構調整減少耕地2.49萬公頃，土地整理後開發的補充耕地22.96萬公頃，當年度淨減少耕地1.93萬公頃。東北平原、黃淮海平原、長江中下游平原、珠江三角洲和四川盆地是耕地分布最為集中的地區；東北平原面積5萬多平方公里，是第一大平原，而且大部分土壤是肥沃的黑土；長江中下游平原被稱為「魚米之鄉」，是主要的水稻和淡水魚產區，也兼產茶葉和桑蠶。

　　全區耕地僅佔世界的7%，卻養活全世界21%的人口。目前，由於產業結構調整和災害損毀，再加上盲目的開發建設，非農業建設佔地不斷增加，導致耕地的永久性流失，優質耕地每年呈現零合性反向遞減，人口和耕地供需矛盾突出，而且土壤品質下降趨勢更快，約有1/3的耕地受到水土流失的危害，環境污染事故對耕地的破壞更是時有發生，人口和耕地之間的供需矛盾加劇。未來耕地的利

用，趨向集約型、精緻型的發展道路。

糧食生產

　　中國是全世界人口最多的區域，解決群眾生存的糧食生產問題，古往今來一直就是最重要的發展議題。可以預見的是，在未來很長的一段時期內，與糧食生產議題攸關的「三農問題」（農業、農村與農民）仍將關係到中國持續發展道路的穩定性。根據中國大陸農業部門官員及相關學者專家的觀點，三農的問題核心在於農民收入的增長性，大陸農民收入雖然也隨著總體經濟呈現上升趨勢，從1949年的44元提高到目前的4,761元人民幣[註]，如果按照每年8%、六十年累計下來的名義複合增長率計算，這樣的成績並不能算成功，收入增幅遠低於城鎮居民，總體增收基礎還很脆弱，提高農民在國民收入初次分配當中的地位，有助於調動糧食增產的積極性。

　　中國大陸的糧食生產力發展，到目前為止可以說總體上解決了基本溫飽問題，但是隨之而來的耕地減少、生活水準提高，所帶來的糧食生產與消費結構也跟著發生變化。人們生活水準提高，促進食物消費結構改變，除了必須進行農業生產結構的調整、發展多樣化經營措施外，與此同時科技進步、農業設施等的改進，都能提高糧食的產量和品質，因此對農村的體制進行改革，扶持農村應用高新技術，積極發展農業產業化經營，以形成生產、加工、銷售的有機結合和相互促進的機制，有利於提升市場佔有份額及單位價格，

註：請注意本書所有計價單位，除非有特別標明外，以下均表示人民幣
　　（RMB）。

促進農業向現代化轉變。目前，廣大農民在長期的生產實踐中，已經體認到長期投入化肥的結果，導致耕地有機含量下降、土地污染等，不利於保護生態環境的負面結果，因而創造出許多種具有高產、高效特徵的有機生態農業生產模式，例如：南方稻田的動、植物共生模式，即利用稻田養魚、蝦、蟹、蛙等；農林間作或混林間作模式，即果樹林下種糧食；生物多層循環再生模式，即雞－豬－沼－魚模式等等。到目前效益顯著，截至2008年，全年糧食產量為52,850萬噸，相較於2003年的43,070萬噸，增長率達22.7%，平均年增率約4.5%；2007年農業總產值為24,658億元（2008年尚未公布，估計數有可能超過27,500億元），近五年平均年增率為13.2%，顯示農業結構整體向好發展，其中穀物、肉類、棉籽、花生、油菜籽、茶葉和水果的產量居世界第一位，甘蔗產量居第二位，大豆產量居第四位。

第五章

能　源

能源綜述

中國經濟區域的能源資源，堪稱蘊藏豐富。煤炭地質儲量約世界總儲量的12%，居第三位，原煤2008年產量27.93億噸，居世界第一，是全區主要能源；原油2008年產量達1.90億噸，約居世界第五位；天然氣2008年產量約760.8億立方公尺；發電量2008年達34,668.8億度（瓩時kw/h），居世界第二位，其中火力發電27,900.8億度，水力發電5,951.9億度。從水力、煤炭、石油、天然氣等常規能源的資源總量來看，是世界能源資源豐富的區域之一。新能源資源，例如核能、太陽能、地熱能、風能、潮汐能等，亦有廣闊的利用前景。

然而，各種能源在地域分布上具有不同程度的不平衡性，煤炭資源分布較廣，尤其集中在上河區的晉陝蒙地帶，石油、天然氣資源主要集中在東北區、環渤海區和西北區，水能資源的分布主要在西南區、中南區。能源的生產地分布和市場需求地分布脫節，華東及東南等主要經濟發達區域，幾乎都是能源相對貧乏區，隨著經濟的不斷增長，能源自給率逐年下降。除了長期受到能源供需矛盾的困擾外，開發利用不合理也產生許多問題：首先是人均能源資源水準低，這是由於人口過多，要大幅度提高人均能源資源水平非常困難；其次是能源利用效率本來就低，再加上能源價格受政策約束長期壓低的結果，使單位產值能耗水準也長期居高不下；最後是以煤炭為主的能源結構突出，約佔一次能源生產將近70%比重，面臨結構調整的極大障礙。

 煤炭能源

　　在漫長的地質演變過程中，煤田受到多種地質因素的作用。由於煤炭成形年代、煤炭形成的原始物質、還原程度以及成因類型上的差異，再加上各種變質作用並存，致使煤炭品種多樣化，從低變質程度的褐煤到高變質程度的無煙煤都有廣泛的儲存保有。按煤種分類，其中煉焦煤類（主要有：氣煤、焦煤、肥煤、瘦煤）佔27.65%，主要分布在山西、河北、河南、安徽、山東、貴州和黑龍江，共佔本類的80%左右；非煉焦煤類（主要有：無煙煤、貧煤、長焰煤、不黏煤、弱黏煤、褐煤）佔72.35%，其中最優質的無煙煤，主要集中分布在山西、貴州、河南、四川、河北、北京等六省（市），共佔該類煤炭的90%以上。

　　全區的煤炭資源分布面廣，除上海市外，幾乎在所有的省（市、自治區）都有不同數量的煤資源賦存。在地理分布上有以下特點：在5.06萬億噸的煤炭資源總量中，以大興安嶺－太行山－雪峰山一線為界，分布在以西的12個省（市、自治區）的煤炭資源量達4.50萬億噸，佔全區煤炭資源總量的89%。以崑崙山－秦嶺－大別山一線為界，分布在以北的18個省（市、自治區）的煤炭資源量達4.74萬億噸，佔全區煤炭資源總量的93.6%。由此可以明顯判斷出，煤炭資源集中分布在上述兩條界線的西北區域。在煤炭資源總量中，超過1萬億噸的有：新疆（16,210億噸）和內蒙古（12,053億噸）；超過1千億噸的有：山西（6,830億噸）、陝西（2,922億噸）、寧夏（1,991億噸）、甘肅（1,905億噸）、貴州（1,866億噸）、河北（1,155億噸）、河南（1,138億噸）、安徽（1,038億噸）和山東（1,005億噸），以上11個省（自治區）共為48,113億

噸,佔煤炭資源總量的95.1%。縱觀全區煤類的地理分布,自北而南,大致呈現出3個條狀帶:天山－陰山以北地區,包括東北、內蒙古和新疆北部,以褐煤和低變質煙煤為主,中變質煙煤不多,高變質煤很少;天山－陰山以南、崑崙山－秦嶺－大別山以北地區,包括西北區、上河區大部分和華東區北部,分布著各種變質程度的煙煤和無煙煤,只有少量褐煤;崑崙山－秦嶺－大別山以南地區,包括西南區、中南區大部分,以高變質煤為主,中變質煙煤和褐煤有所分布,低變質煙煤則很少。這一分布特徵,為尋找工農業所需要的煤炭類別指明了方向。

全區煤炭資源總量雖然豐富,但是勘探程度較低,煤炭後備儲量相當吃緊。總體來說,具有下列幾項資源特點:(1)煤炭資源與地區的經濟發達程度呈逆向分布。(2)煤炭資源與水資源呈逆向分布。(3)優質動力煤豐富,優質無煙煤和優質煉焦用煤不多。(4)煤層埋藏較深,適於露天開採的儲量很少,適於露天開採的中、高變質煤更少,僅佔總儲量的7%左右。(5)煤田裡的其他伴生礦產種類多,資源豐富。

 ## 石油與天然氣

一、資源賦存情況

根據1996年底,「9五」前期,對全區陸地加近海大陸棚的145個主要盆地油氣資源進行普查的結果,得出中國經濟區域已探明的石油累計可採儲量為140億噸,包含推測估計值在內的總資源量為1,082.56億噸;天然氣的累計探明可採資源量為10.5萬億立方公尺,

包含推測估計值在內的總資源量達46.19萬億立方公尺。目前石油資源的勘探及開採仍以陸相油藏為主，約佔九成以上；全區分為六大油氣區：東部大區（包括東北區、環渤海區、華東區北部），中部大區（包括上河區的陝、甘、寧和西南區的四川盆地），西部大區（包括新、甘、青），南方大區（包括蘇、浙、皖、閩、粵、贛、滇、黔、桂等十省區），青藏大區（包括崑崙山脈以南、橫斷山脈以西的地區），海域陸棚大區（包括近海大陸棚及南海海域）。這六大油氣區的資源量，由於地質條件和勘探程度的不同，在目前認識基礎上的估算結果顯示分布很不均衡，其中東部石油總資源量為363.4億噸，佔全區石油總資源量的33.6%，而西部與海域基本相當（247.89億噸及246.75億噸），共佔全國資源的45.7%；這三個區塊的資源合計量佔全區石油總資源量的79.3%。天然氣資源主要分布在中部，總資源量約為11.36萬億立方公尺，其次為西部的10.78萬億立方公尺、海域的8.38萬億立方公尺；這3個區塊的資源合計量佔全區天然氣總資源量的66.1%。

　　全區油氣的勘探程度：東部區石油探明程度為35.07%，西部區探明程度為14.65%；天然氣探明程度以中部區較高。東部區的石油探明程度高主要在於松遼盆地及渤海灣盆地，天然氣主要探明儲量則是在四川盆地和鄂爾多斯盆地。從各大區石油儲量準備情況（即控制儲量加上預測儲量）分析，東部區準備得較好，其次為西部區的新疆（主要包括：準噶爾、塔里木及吐魯番－哈密三大盆地）；天然氣儲量準備以中部區最好，其次是西部區的新疆塔里木盆地。總的來說，油氣遠景資源很大，但勘探程度較低；油氣資源分布比較普遍，但探明程度不一，油氣田相對集中。就資源與分布地區的自然條件論，44%的資源分布在地理環境較複雜的海域、淺灘、沙漠、山地和高原。

二、主要油氣生產基地

　　按近期的探明數據顯示，石油2007年探明基礎儲量為28.3億噸，2008年度探明基礎儲量再新增13.4億噸，原油2008年產量達1.90億噸；天然氣2007年探明基礎儲量為32,123.63億立方公尺，2008年度探明基礎儲量再添6,472億立方公尺，天然氣2008年產量約760.8億立方公尺。其中，石油探明儲量超過1億噸的大油氣盆地油田，有：渤海灣盆地的勝利、遼河、大港、渤海、冀東，東北松遼盆地的大慶、松原，鄂爾多斯盆地的延長、長慶，新疆的準噶爾盆地克拉瑪依、塔里木盆地、土哈盆地，青藏大區的柴達木盆地，海域的珠江口盆地；天然氣探明儲量超過3,000億立方公尺的大油氣盆地氣田，分布在鄂爾多斯盆地、北疆的準噶爾盆地與四川盆地。

　　至此，我們可以對全區油氣資源，彙整描述出有以下幾個主要特點：(1)油氣資源的時代、地域分布不均衡。資源賦存層位以中、新生代為主，佔總資源量的86.28%；而天然氣資源量中，中、新生代與古生代各佔一半。石油資源探明儲量主要集中於中、東部大區，而天然氣主要在中、西部大區，在地域上是不均衡的；(2)油氣資源以陸相石油為主。陸相原油與海相原油相比，陸相石油母質起源於中、新生代高等植物的成分，主要特徵就是含硫量低，含蠟量高等特點；(3)石油資源主要存在於大型盆地中的一些「富凹陷」內。富凹陷代表了具有高豐度、儲量大的油氣田或中小油氣田成群所必備的石油地質條件；(4)大型油氣田在資源構成中居重要地位。相應地也說明了全區具有為數眾多的中、小型油氣田；(5)低滲油層和非常規油層儲量約佔總資源量的10%，必須通過特殊的措施，才能開採出來，因而不具很好的經濟效益。

 綠色可再生能源

　　可再生能源包括水能、太陽能、風能、潮汐能、地熱能、生物質能等。中國大陸除了水能的可開發裝機容量和年發電量均居世界首位之外，太陽能、風能和生物質能等可再生能源資源也非常豐富。中國區域廣大，太陽能較豐富的區域佔總面積的2/3以上，年輻射量超過6,000MJ/m²，每年地表吸收的太陽能大約相當於1.7萬億噸標準煤當量（tce）；風能資源量，按德國、西班牙、丹麥等風電發展經驗豐富的區域進行類比分析，全區風能總資源量約為32億仟伏，初步估算可開發利用的風能資源約10億仟伏；海洋潮汐能資源，技術上可利用的資源量估計約為4～5億千瓦；地熱資源的遠景儲量為1,353億tce，探明儲量為31.6億tce；現有生物質能，包括：秸稈、薪柴、有機垃圾和工業有機廢物等，資源總量達7億tce，通過品種改良和擴大種植，生物能的資源量可以再成長一倍。

　　迄2008年底，中國大陸的可再生能源年利用量總計為2.34億tce（不包括傳統方式利用的生物質能），約佔一次能源總量（26億tce）結構的9%；可再生資源發電量取得進步，發電建設規模逐步擴大。截至2008年底，水電裝機達1.7億千瓦，年發電量27,793億度，佔世界第一，水電在一次能源中的比重提高到7.4%。風電在2008年度新增總裝機容量為620萬千瓦，使得總裝機容量躍升到1,221萬千瓦，首次超過印度佔世界第四位，同時風電機組製造業也得到迅速發展，基本掌握了大型風電機組製造技術，已能夠批量生產單機容量達1.5兆瓦級的風電機組，並且開啓了甘肅省酒泉市千萬千瓦級風電基地建設序幕，將陸續啓動其它千萬千瓦級風電基地規劃部署工作，力圖打造若干陸上「風電三峽」，宣告中國開始進入

47

更大規模、更高速度發展的大風電時代。太陽能利用在2008年度光伏產品製造、太陽能光伏發電和太陽能熱利用等方面，也取得了較大發展：多晶矽材料總產量超過6,000噸；光伏電池產量達到200萬千瓦，佔全球產量15%；太陽能光伏發電容量15萬千瓦；太陽能熱水器總集熱面積達12,500萬平方公尺，太陽能熱水器年生產能力達4,000萬平方公尺，使用量和年產量均居世界總量的一半以上。生物質能的發展則困難重重，已投產的農林生物質能發電項目面臨著資源分散、原料收集成本高昂等不利條件；城市垃圾發電產業穩步發展，2008年中國大陸垃圾發電新增裝機容量達23.9萬千瓦，總裝機容量突破123萬千瓦。地熱發電的應用發展相對遲緩，最主要的西藏羊八井地熱發電廠的總裝機達到241.8萬千瓦，約佔全區地熱發電裝機（包括羊八井在內）的94%；年發電量1.4億度，佔拉薩電網約20%。

電力產業

一、發展進程

中國電力工業自1882年在上海誕生以來，經歷了艱難曲折、發展緩慢的六十七年，到1949年發電裝機容量和發電量僅為185萬千瓦和43億度，分別居世界第二十一位和第二十五位。到1978年，中國大陸發電量達到2,566億度，提升到世界的第七位。從1996年發電量突破萬億度規模，達到10,750億度，之後就一直穩居世界第二位。隨著新世紀加入「世界貿易組織」（WTO）後，電力工業呈現高速發展態勢，2008年發電裝機容量達到13,319.4萬千瓦，發電量達到34,668.8億度。

　　從歷史發展的軌跡可以看出，中國電力建設發展快速，發電裝機容量、發電量持續增長，電源結構不斷調整和技術升級受到重視，電力科學技術水準有較大提高，電力裝備技術水準差距不斷縮小，電力發展水準走在世界前列。由於國民經濟的持續增長，對電力的拉動作用巨大，但是整體看來，人均發電裝機佔有量偏低，電力供應的高速增長仍難以滿足更快增長的電力需求，電力工業仍需加強進步的空間。

二、電網的現狀與發展格局

　　隨著電源容量的日益增長，中國大陸的電網規模不斷擴大，為了徹底解決全區聯網與用電供需不平衡這兩項突出矛盾，大陸國務院以實施城鄉電網建改及西電東送兩項重大戰略工程因應，並且已經取得顯著成效。

　　要實現全區用電聯網，首要重點在於解決城鄉二元體制結構上的矛盾。1998年底大陸國務院正式實施城鄉電網建設與改造，特別是頒布農村電網「兩改一同價」（改造農村電網，改革農電管理體制，實現城鄉同網同價）政策，不僅提高了供電品質，降低了電價水準，改善了近9億農民的用電狀況，解決了近3,000多萬無電農村人口的用電問題，而且加強了網架結構，緩解了城市配網高低電壓之間聯繫薄弱的問題，這十年來，電網建設不斷加強，輸變電容量逐年增加。截至2004年底，220千伏（KV）及以上輸電線路達到了22.8萬公里，變電容量達到7.12億千伏安（KVA）。迄今為止，可以說全區電網基本形成較為完備的330/500千伏主網架聯網結構，並且正在朝向區域電網運行電壓等級750千伏輸變電建設工程的方向鋪展，正負800千伏直流、1000千伏交流超高壓輸電試驗示範工程開始啟動。

用電供需不平衡，起因於中國的能源資源賦存生產集中在內地的區位結構，對應於電力需求區域高度集中在經濟較發達的東部沿海，這種電力供需負荷地理分布的不均衡性，決定了實施「西電東送」工程的戰略必然性。西電東送工程的重點在於輸送水電電能，並按照經濟性原則，適度建設燃煤電站，以做補充。從2001年到2010年，西電東送工程項目的總投資金額估計超過6,000億元（不包括三峽電站），工程建設之多可謂「遍地開花」，達到史無前例的規模。工程從南到北、從西到東形成北、中、南三路送電格局：北線由內蒙古、陝西等省（區）向華北電網輸電，中線由四川等省向中南、華東輸電，南線由雲南、貴州、廣西等省（區）向東南區輸電。預計到2010年工程全部完工時，跨區、跨國輸電容量將達到8,500萬千瓦，交換電量達到3,800億度。

三、電力工業遠景發展方向

截至2008年底，中國大陸人均經濟總量（GDP）從2003年底的1,100美元拉升到3,320美元，整體進一步邁向世界中等開發水平區域行列，消費結構也逐漸在東部沿海發達地區升級轉型，工業化進程加快，城鎮化水平提高，人均用電量從2003年的1,480度提升到2008年的2,600度，加快工業化、現代化進程對電力發展提出更高的要求。預計到2020年時，中國大陸用電需求將達到7.7萬億度，在2008年的34,500億度基礎上增加一倍。因此，未來電力發展的方向：提高能源效率，保護生態環境，加強電網建設，大力開發水電，優化發展煤電，積極推進核電建設，適度發展天然氣發電，鼓勵新能源和可再生能源發電。到2020年力爭節約型火電機組超過1.2億千瓦、標煤2億噸，核電裝機力爭達到4,000萬千瓦左右（2008年約僅885萬千瓦），並期使新能源發電裝機比重超過4%。

第六章

交通與管道運輸

- 交通運輸概況
- 管道運輸概況

 交通運輸概況

一、陸路運輸

陸路運輸，無論在旅客或是貨物的移轉，都是最主要的承載輸送形式。截至2008年底，中國大陸公路總里程達368.36萬公里（2005年之後的統計數包括村道），其中等級以上公路里程約257.85萬公里，高速公路6.03萬公里，相較於2003年底上列數據依序為180.98萬公里、135.75萬公里、2.97萬公里，增長率分別為103.54%、89.94%、103.03%。公路密度進一步提高，達到每平方公里384公尺；迄2006年底，已通公路的鄉鎮佔總鄉鎮數的98.3%，已通公路的建制村佔全部建制村總數的86.4%，還有672個鄉鎮和89,975個建制村不通公路；預計到2010年底，全部鄉鎮可望都有公路可以通達，東、中部所有建制村也將全部滿足通行條件。在鐵路建設方面，2008年底已營運鐵路總里程為8.16萬公里，其中電氣化里程為2.60萬公里，相較於2003年底上列數據依序為7.3萬公里、1.81萬公里，增長率分別為11.78%、43.65%；可以看出近年的努力目標在於提升鐵路運輸系統的整體品質。

在陸路運輸乘載能量方面：2008年度，中國大陸鐵、公路完成旅客運輸總量分別為14.6億人、220.7億人，相較於2003年度上列數據依序為9.7億人、146.4億人，增長率分別為50.52%、50.75%；完成旅客運輸周轉量分別為7,778.6億人公里、12,636.0億人公里，相較於2003年度上列數據依序為4,788.6億人公里、7,695.6億人公里，增長率分別為62.44%、64.20%；完成貨物運輸總量分別為33.1億

噸、181.7億噸，相較於2003年度上列數據依序為22.4億噸、116.0億噸，增長率分別為47.77%、56.64%；完成貨物運輸周轉量分別為25,111.8億噸公里、12,998.5億噸公里，相較於2003年度上列數據依序為17,247億噸公里、7,099億噸公里，增長率分別為45.60%、83.10%；至此，可以得到鐵路在陸路運輸的貨物運輸周轉量上勝過公路系統，其他運輸承載項目則都以公路系統為主，並且隨著公路系統建設的高速增長與完善，其在總體運輸方式上的地位也越來越重要。

臺灣地區因為很早就已經進入發達經濟體的行列，陸路運輸里程總量規模年度增長不大，且侷限於屬地範圍的狹小，但是密度卻是中國經濟區域最高的地區，可以說做到了有人煙之地就有等級公路通達。截至2008年底數據顯示，臺灣高速鐵路營業里程為345公里，環島鐵路系統營業里程為1,090公里，全臺省級公路總里程約為5,025公里，高速公路總里程約為1,010公里，橋樑3,050座（總長度223.2公里），隧道252座（總長度50.83公里），運輸總承載量近年平均達到每年250億車公里。在陸路運輸乘載能量方面：2008年度，臺灣鐵、公路運輸完成旅客運輸總量分別為6.9億人、10.5億人，完成旅客運輸周轉量分別為190.7億人公里、157.8億人公里，完成貨物運輸總量分別為0.17億噸、6.04億噸，完成貨物運輸周轉量分別為9.33億噸公里、301.60億噸公里。

二、水路運輸

水路運輸是僅次於陸路運輸的人、貨重要承載移轉輸送方式。中國經濟區域的內河航運幾乎全數集中在中國大陸，內河航道通航里程約為12.35萬公里，長期以來並無大的變化，其中列入等級（七級制）的航道共計6.10萬公里，佔總里程的半數左右。全區內

河航道通航里程超過1萬公里的省份有4個，分別是江蘇（24,347公里）、廣東（11,844公里）、湖南（11,495公里）、四川（10,720公里）。在運輸乘載能量方面：2008年度，水路運輸完成旅客運輸總量為2.4億人，完成旅客運輸周轉量為74.8億人公里，完成貨物運輸總量為29.7億噸，完成貨物運輸周轉量為65,218.2億噸公里；相較於2003年度上列數據依序為1.7億人、63.1億人公里、15.8億噸、28,716億噸公里，增長率分別為41.18%、18.54%、87.98%、127.11%；顯示出內河航運近年來以承載貨物為主要對象，尤其是載運工業所需的散裝原物料。

三、港口（海港、空港）運輸

中國大陸隨著對外經濟的急速騰飛，進出口貿易總額達到世界第三，港口碼頭泊位也不斷加大投資；2008年底，全年規模以上海港完成貨物輸送量58.7億噸（外貿貨物19.2億噸），相較於2003年的20.1億噸，增長率為192.04%。截至2008年底，中國大陸航空總里程達到234.30萬公里，其中國際航線里程數達到104.74萬公里，相較於2003年底上列數據依序為174.95萬公里、71.53萬公里，增長率分別為33.92%、46.43%。2008年度，中國大陸民航運輸完成旅客運輸總量為1.9億人，完成旅客運輸周轉量為2882.8億人公里，完成貨物運輸總量為407.6萬噸，完成貨物運輸周轉量為119.6億噸公里；相較於2003年度上列數據依序為0.88億人、1263.2億人公里、219.0萬噸、57.9億噸公里，增長率分別為115.91%、128.21%、86.12%、106.56%。

2008年度，臺灣、港澳地區的海港吞吐總量分別為2.35億噸、1.80億噸。港澳地區的民航運輸完成旅客運輸總量約達3,450萬人，完成貨物運輸總量約為395.5萬噸。臺灣地區空港載運旅客人數，

受到高速鐵路啓用營運的衝擊，從往年平均4,100萬人，直線下降到2008年的3,305萬人；承載貨物量，也從近年高峰129.6萬噸，快速下降爲107.2萬噸。

 ## 管道運輸概況

一、西氣東輸

　　西北區的塔里木、柴達木、鄂爾多斯（陝甘寧）盆地和四川盆地蘊藏著26萬億立方公尺的天然氣資源，約佔全區陸上天然氣資源的87%，特別是新疆塔里木盆地，天然氣資源量有8萬多億立方公尺，佔全區天然氣資源總量的22%。爲了進一步把西部資源優勢轉化爲經濟優勢，並達到保護東部已經脆弱不堪的生態環境目的，2000年2月大陸國務院批准啓動「西氣東輸」工程，這是僅次於長江三峽工程的又一重大投資項目，是拉開西部大開發序幕的標誌性建設工程。西氣東輸工程按照建設期間順序，大致上可分爲三階段三線工程：

(一)西氣東輸一線工程

　　輸氣管道西起新疆塔里木盆地的輪南塔北油田，向東經過庫爾勒、吐魯番、鄯善、哈密、柳園、酒泉、張掖、武威、蘭州、定西、西安、洛陽、信陽、合肥、南京、常州等大中城市，管線三跨黃河、一渡長江，翻越呂梁山、太行山等山脈，中間橫貫甘肅、寧夏、陝西、山西、河南、安徽、江蘇等省區，終點爲上海市，實際完工長度約4,000公里。這是中國第一條橫亙西東的能源大動脈，也

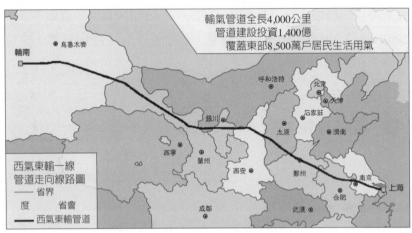

資料來源：作者繪製。

是目前全區距離最長、管徑最大、投資最多、輸氣量最大、施工條件最複雜的竣工天然氣管道，供氣範圍覆蓋中原、華東、長江三角洲地區，2004年10月1日建成後正式投產，到目前為止，這條能源大動脈已全線商業運營五年，輸氣規模每年超過120億立方公尺，相當於1,600萬噸tce。

(二)西氣東輸二線工程

鑒於一線工程的具體效益顯著，為了確保並增強供氣的安全性和可靠性，經大陸國務院批准於2008年初開闢西氣東輸第二管道，也是世界最長的跨國天然氣管道工程，正式開工。該工程主要供氣來源是引進土庫曼斯坦、哈薩克斯坦等中亞國家的天然氣，境內氣源做為備用和補充，二線管道西起新疆的霍爾果斯，經西安、南昌，南下廣州、深圳和香港，東至上海，直接連結珠江三角洲、長江三角洲；途經新疆、甘肅、寧夏、陝西、河南、安徽、湖北、湖南、江西、廣西、廣東、浙江、上海等十三省（區、市）；幹線全

長4,859公里，加上若干條支線，管道總長度超過7,000公里。西氣東輸二線工程預計將於2010年建成通氣，幹線管道設計輸氣規模每年300億立方公尺，管道建成後，可將中國天然氣能源消費結構比再提高1～2個百分點，每年可替代近7,700萬噸煤炭，減少二氧化硫排放166萬噸、二氧化碳排放1.5億噸。西氣東輸二線工程是確保區域油氣供應安全的重大骨幹工程，它有利於改善中國能源結構，促進節能減碳，推動國際能源合作，意義十分重大。

(三)西氣東輸三線工程

規劃中的第三條天然氣管道，路線基本確定為從新疆通過江西抵達福建，把俄羅斯和中國西北部的天然氣輸往能源需求量龐大的東南區。

二、西電東送

中國經濟區域的能源資源分布極不均勻，東部原有的一些煤礦和油田，經過多年開採後，資源保有儲量大多顯得不足，能源緊缺的矛盾日益尖銳突出，已成為東部許多地方經濟發展的主要限制因素。煤炭、油氣資源相對集中在山西、陝西和內蒙中西部的「三西」地區，水能資源主要集中在西南區及其周邊地方，而用電消耗卻相對集中在京廣鐵路線以東的華東區、環渤海

資料來源：作者繪製。

區、東南區等東部沿海經濟發達地區，爲了滿足國民經濟發展對電力增長的需要，實現能源資源和環境的可持續發展，必須加快開發建設西南和三西地區豐富的水能、煤炭和油氣資源的水力、火力發電廠，實施電力發展的「西電東送」工程，以促進東西部地區經濟和社會的協調發展。

2000年8月，大陸國務院做出了「10五」期間新增向廣東送電1,000萬千瓦的重大決策，工程隨即在同年十一月開工，正式拉開「西電東送」工程的序幕，成爲西部大開發戰略的重要組成部分。西電東送總工程期間，初期確定從2001～2010年，包括三部分：一是將貴州烏江、雲南瀾滄江和桂、滇、黔三省區交界的南盤江、北盤江、紅水河水力發電站，以及雲南和貴州坑口火力發電廠等，所開發出來的電力送往廣東，形成南部通道；二是將金沙江幹支流（雅礱江、大渡河）水力發電站，開發出來的電力供往川渝，將長江三峽特大型水力樞紐開發出來的電力供往中南、華東地區，形成中部通道，這是西電東送規模最大的地區，並將對電力的全區聯網具有重大影響；三是將黃河上游水力發電站和三西地區的坑口火力發電廠，開發出來的電力供往環渤海區，形成北部通道。

西電東送對於中國經濟全區產生以下積極影響：首先，一大批水力發電站、火力發電站及輸變電設施的建設，將形成巨大的投資需求熱潮，對拉動內需將起到顯著的作用；其次，西部水電資源大規模開發，增加水力發電的比重，使電力結構趨於合理，有助於改變火力發電壟斷的局面；第三，在採煤的基礎上發展火力發電，由過去的向東部輸煤變爲向東部輸電，既可以節約運費，又能緩解西煤東運給鐵路運輸帶來的壓力，還可減輕煤炭運輸途中的遺撒、燃煤發電等對環境造成的污染；第四，有助於縮小東西部之間的發展差距，形成良好的分工協作關係。實際上開發西部不僅是西部本身脫貧的條件，更是東部地帶進一步邁入後工業化社會的必要進程。

第七章

城市與鄉村

- 城市體系基本特徵
- 城市化現狀
- 城市化未來動向
- 城鄉體制二元結構

城市是人類文明的聚合中心。隨著工業化大規模生產的過程，首先衝擊農村經濟型態，造成大量剩餘勞動力向城市集中的必然演變，就是城市化。城市化的程度，是衡量一個區域或地區經濟社會組織結構和科技管理水準的重要標誌。中國大陸經濟改革開放以後，原來對人口自由遷移流動實施嚴密控制的戶籍管理政策，也隨之逐漸放開，大量農民工流向城市，同時也促成大量不同等級層次的城市急速興起。由於經濟開發的起步滯後與追趕效應，造成城市化進程相對應的一系列矛盾，尤其是其與農村（鄉村）發展差距越來越大的體制二元化結構問題，本章將對此一併概述。

城市體系基本特徵

一、地域空間結構

全區城市的空間分布偏集於沿海，尤其集中分布於長江三角洲、珠江三角洲、環渤海等城市密集帶。一方面是各地區社會、經濟、人口和歷史等人文因素綜合作用的結果，另一方面則又是受自然條件深刻影響的反應。地理分布上，由於中西部的山地和高原面積很大，而東部丘陵和平原佔地比重相對較多，因而城市集中分布在東部地區，西部相對要少得多；再加上人類活動本能偏向溫暖宜人的氣候帶發展，中國經濟區域廣大的東部亞熱帶、暖溫帶地區，由於受到季風降水的影響，溫暖而濕潤，不但成為世界上著名的農業發達地帶，同時也是中國城市分布的集中地區。

二、等級規模結構

　　目前中國大陸的城市體系，在行政級別上分爲七等級層次系統，即首都—直轄市—副省級市—省會—地區中心或省轄市（地級市）—縣級市或縣城—建制鎮；在規模上按非農業人口數爲依據，分爲4個等級，即特大城市（非農業人口規模大於100萬）—大城市（人口規模介於50萬至100萬之間）—中等城（人口規模介於20萬至50萬之間）—小城市（人口規模小於20萬）。截至2007年，在目前的287個地級市中，市轄區人口超過400萬人的城市已經有13個，200～400萬人的城市有26個，100～200萬人的城市有79個；換言之，按照這種等級標準，中國大陸至少有118個、超過40%的城市被列爲特大城市，循此發展速度，顯然到2020年這套標準將不敷使用。

 ## 城市化現狀

　　1980年代，中國大陸城鎮人口平均每年增加1,000萬人以上，到1990年代又增長到1,500萬人以上，同時城市建成區面積平均每年擴大938平方公里；這個時期的城市化動力，主要來自改革開放以後，隨著發展市場經濟所興起。進入二十一世紀，城鎮人口平均每年增長接近2,000萬人，規模更加速擴大，而城市建成區面積平均每年擴大1,861平方公里，增速幾乎是之前的一倍；這時期城市化主要推進力量來自兩方面：一是經濟結構的調整和升級，尤其是舊城改造完成及第三產業的快速發展，使特大城市的城市化內在素質顯著提升，發展優勢明顯增強。另一方面，隨著西部大開發和中部崛起

戰略的實施,投資重心開始西移,從而城市化增長重心也隨之出現向內地移動的趨勢。

中國大陸在改革開放後的三十年裡,城市化率由三十年前的15.82%,躍升到2008年的45.7%,同時農村的面貌也跟著顯著改觀;隨著城市化進程的進一步深化,在中西部邊遠山區或牧區的農村,人口正在逐漸減少,村莊也不斷萎縮,甚至已經有消失的現象。

 # 城市化未來動向

未來幾年內中國城市化將會出現或強化以下3個趨勢:

一、消費型中心城市崛起

中國大陸改革開放三十年來,隨著各個經濟區域的發展步伐與類型的不同,社會發展型態也呈現出不同的面貌,對於某些經濟先發城市,社會型態正在逐步由生產型社會向消費型社會轉變。事實上,這一轉型過程早在上世紀亞洲金融危機爆發後,中國經濟首次出現結構性的生產過剩,也就宣告著過去的商品短缺時代已經結束了。在二十世紀末,中國大陸採取了一系列擴大內需的措施,如「假日經濟」、基礎設施建設、退耕還林等,都取得了積極效果。進入二十一世紀後,由加入世貿組織(WTO)所帶來的國際市場外需拉動作用增強,從而在一定程度上緩解了內需壓力。

消費型社會,佔主導地位的經濟活動是消費,城市的中心任務也是消費或服務於消費,商業服務業在城市產業結構中將佔有主導地位,並成為經濟發展的支柱。進入新世紀以後,隨著消費型社

會的到來，綜合商業中心型城市日漸活躍（工業城市則逐漸反向降溫），尤其是全區性、區域性、綜合性中心城市，城市除了商業、商務之外，還有發達的教育、文化、旅遊、休閒、體育、科技、醫療等服務行業，將獲得更大的發展優勢，其中心地位進一步增強。

二、城市發展走向集群化

從二十一世紀初開始，隨著城市經濟發展和經濟規模的擴大，東部地區很多城市經濟活動已經超出了其行政轄區，城市之間出現了跨區協調發展的趨勢，尤其在長江三角洲、珠江三角洲和京津冀等都市密集帶，經濟一體化進程加快。例如，京津之間開通城際高速列車，長三角城市聯盟的建立，珠江三角城際交通網的發展，很清楚地都是邁入城市經濟圈的一體化連結進程。許多城市已經認識到，地區經濟是一體的，相互之間是彼此依賴的，城市之間需要協作，因而，城市出現了集群化趨勢。

目前，集群化主要有兩種表現形式：一是城市群，即由若干個大城市構成的城市集群，如長三角城市群、珠三角城市群、長株潭城市群、中原城市群等；二是城市圈，即以某一中心城市為核心，加上周圍若干個次城市構成的集群，如武漢城市圈等。事實上，兩者的內涵是一樣的，都是指城市之間的關係變得密切了，相互間建立起一種協作關係。這是地區經濟發展到最新階段的標誌，也是城市化的高級形式。

中國經濟全區的城市基本格局就是人多地少，因而，決定了城市化的空間格局必定是密集緊湊型。近年來各地方或區域間強化了土地管理制度，從而使各地更加堅定了走集約型城市化道路的決心。集群化，已成為中國經濟區域城市化的一個基本趨勢。

三、小城市蓄勢待發必將活力重現

由農村工業化發動的中國大陸近三十年來的城市化運動,由東部區域中心型的幾個超大城市,城市總人口逼近2,000萬飽和值,標誌著本波向區域中心城市大量湧入的慣性運動將逐漸趨緩;新一輪的城市化運動,不可能再走1980年代初的農村工業化發展道路,而必須走新型工業化道路。這一道路最基本的要求有三點:一是符合當前環境和資源保護的要求;二是技術含量高;三是成本低。作為工業化,必須能夠大規模吸納勞動力,適宜於一般勞動力從事的活動。這就要求適用面較寬的技術,且市場前景廣闊。顯然,在農村或小鄉鎮已經很難從事這類活動,但大中城市又不能也不適合再從事這類技術產業。因而,這類技術在小城市或縣城還是比較合適的,尤其是中東部地區大城市周邊的縣城,既有豐富的勞動力,又靠近大城市,有技術來源,產品還可以就近供應市場。更重要的一點,就是小城市或縣城的基礎設施和社會環境接近於大中城市,而且價格低廉,適宜於大規模的工業生產活動,生產成本低,具有價格競爭優勢。小城市,尤其是縣城,將是新一輪城市化的起點。

城鄉體制二元結構

中國經濟結構分城鄉二元,古今中外都有,並無特殊之處;人為地劃分城鄉二元「經濟體制」,卻形成於1950年代的中國大陸,並逐漸成為計劃經濟體制的兩大重要支柱之一。中國大陸的計劃經濟體制,實際上有兩個重要支柱:一是政企不分、產權不明的國有企業體制(黨國資本制);二是城鄉分割,限制城鄉生產要素流

動的城鄉二元體制。這兩個支柱，支撐著整個計劃經濟體制的存在
和運轉，並以剛性戶籍制度爲手段，區分城市戶口和農村戶口，城
鄉二元經濟體制於是樹立。從那時起，城市和農村都成爲全封閉性
的經濟單位，生產要素的流動受到十分嚴格的區隔管制，城鄉之間
就被正式割裂開來了。在城鄉二元體制下，廣大農民被束縛在土地
上、禁錮在農村中，城市居民和農民的權利是不平等的，機會也是
不平等的。當改革開放、允許追求經濟發展後，在某種意義上，農
民處於全社會的「二等公民」弱勢位置。

　　雖然，中國大陸的經濟體制改革是從推行農村的家庭承包制
開始的，農村家庭承包制調動了農民的生產積極性，並爲鄉鎮集體
企業的興起創造了條件；但家庭承包制只拿掉了二元體制上的極左
皮相而已，並沒有改變城鄉二元體制繼續存在的事實，城鄉依舊隔
絕，兩種戶籍制度仍然存在。甚至於經濟體制上的全面改革到今天
三十多年，什麼都放開了，然而，城鄉二元體制，卻基本上未被觸
及，至今只能說「略有鬆動」而已。這裡所說的「略有鬆動」，主
要表現在農民可以進城打工，可以把家屬帶進城裡一起生活，城市
中的企業可以到農村組織農民生產（如採取訂單農業形式）等等，
但這些依然是在城鄉二元體制存在的條件下進行的，成果十分有
限。

　　城鄉二元體制結構造成的問題，在經濟層面，例如：在城鄉之
間築起了一道道資金、市場、技術、勞動力等壁壘，阻礙了生產要
素在城鄉之間的交流，農村市場消費結構、型態、層次與城市差距
越來越大，農民收入與生活水平無法支持社會進步的相應要求，陷
入貧窮的惡性循環，一代不如一代。城鄉之間的生產和生活方式，
長期以來表現出明顯的二元化和結構性失衡狀態，不僅阻礙了區域
統一的市場經濟體制的形成及社會經濟的協調發展，也造成城鄉之
間、工農之間、貧富之間、官民之間、區域之間的全社會矛盾，成

為嚴重影響和制約中國大陸國民經濟及現代化發展的結構性障礙。中國大陸有許多學者提出解決和突破這一矛盾的方案，大多數還是著重在謀求農村經濟層面的改善思路，例如，發展農村經濟基礎上走農村城市化道路、加大城鎮規模吸納農村剩餘勞動力、加強城鄉之間的經濟合作、減少農村人口、轉變生產增長方式、提高勞動生產率、優化第一產業結構、促進第二、三產業的發展等，從而提高農村整體的經濟效益和社會效益。提案內容豐富，不乏令人印象深刻的見解，然而，企圖用片面的經濟手段解決全面性、根深柢固的經濟體制問題，效果恐怕非常侷限。

中篇

經濟區域說明與分析

第八章

東北區

（黑、吉、遼北、內蒙東）

◎東北平原經濟圈
  （黑：哈爾濱、齊齊哈爾、大慶、伊春、佳木斯、牡丹江、綏化）
  （吉：長春、吉林、四平、遼源、松原）

 前言

　　東北經濟區域在行政劃分上，以東北三省中的黑龍江省（簡稱「黑」）和吉林省（簡稱「吉」）爲主體，此外還包括內蒙古自治區（簡稱「內蒙」）東部大興安嶺地區的呼倫貝爾市、興安盟、通遼市、赤峰市，以及遼寧省北沿的傳統農牧帶。本區主要經濟地帶集中在松花江、嫩江和遼河沖積而成的東北平原，循此爲名，稱作「東北平原經濟圈」，並以哈爾濱市和長春市爲中心城市所形成的都市群，分別是黑龍江省的哈爾濱、齊齊哈爾、大慶、伊春、佳木斯、牡丹江、綏化，以及吉林省的長春、吉林、四平、遼源、松原等12座城市。總土地面積約34.6萬平方公里，2008年戶籍總人口約5,000萬人。

 環境條件

一、地理

　　東北、東北，顧名思義，中國疆域的最東點和最北點都在本區的黑龍江省境內，分別是佳木斯市撫遠縣黑瞎子島（東經135度5分）和大興安嶺地區漠河縣北界黑龍江主航道中心（北緯53度33.5分）。周邊接鄰國家，有俄羅斯（北界黑龍江、額爾古納河，東界烏蘇里江、興凱湖、綏芬河）與朝鮮[註]（東界圖們江、鴨綠江）。南連環渤海區的遼東灣經濟圈。主要都市經濟帶介於東經124度～

130度，北緯42度～48度之間的平原位置。

二、地貌

　　本區地勢主要特徵是除了東北狹口和南邊外，其餘周圍都有高大的山脈盤據，形成一個類似倒掛漏斗的盆地形狀。西部為東北－西南走向的大興安嶺山地，北部為西北－東南走向的小興安嶺山地，東部為東北－西南走向的完達山脈、長白山脈，其中多為火山。盆地中平坦的部分是中國面積最大的平原──東北平原，主要由東北角的三江平原、中部的松嫩平原和南面的遼河平原所構成，海拔高度為50～200公尺。黑龍江、烏蘇里江和松花江交會的地方是三江平原，其中大片沼澤濕地就是過去著名的「北大荒」，由於該地農耕條件惡劣但又接近國界邊境，國防戰略意義重大，實施軍區生產建設制，採取兵團、師、團（場）三級行政組織，達成屯墾戍邊的雙重任務，地表上遍布著一大批新式機械化國營農場，硬是變成了今日的「北大倉」，成為重點商品糧基地。中部的松嫩平原和南面的遼河平原，是主要農業區和人口聚居區域。

三、土壤

　　東北區在緯度上多屬於溫帶，地帶性土壤為暗棕壤，這是一

────────────

註：朝鮮民主主義人民共和國（D. P. R. Korea），是位於東北亞陸地朝鮮半島北部的國家，成立於二戰後（1948年9月9日），與南部的韓國（R. O. Korea）於1991年9月17日一道加入聯合國。美國官方中文用語稱其為「北韓」，英、德、俄官方中文用語稱其為「朝鮮」，日本則稱其為「北朝鮮」，在東北區內許多朝鮮族群眾也稱其為「北朝鮮」；然而，從雙方的英文名稱來看，都還是屬於古代中國所稱的那個「高麗」呀！

種普遍見於溫帶針闊葉混交林下所形成的土壤類別，在東北地區，暗棕壤是面積最大的一個土類，分布於大興安嶺東坡、小興安嶺、張廣才嶺和長白山等山地丘陵。暗棕壤是比較肥沃的森林土壤，暗棕壤的利用方向主要是發展林業，中國重要的紅松培植基地就在這裡，紅松樹高達近30公尺，胸徑可達35公分；但是在地勢較平緩、腐植質層較厚的地方，可開闢為農田，種植大豆、玉米等作物，也可發展養蠶、養蜂和果樹業，甚至在原始天然林下，種植人參最為適宜。本區海拔及緯度更高的寒溫帶濕潤地區，例如大興安嶺北段東側超過400公尺高的山地，冬季土壤普遍結凍，凍層深度2～3公尺，地帶性土壤則轉為漂灰土，自然植被以針葉林（松、杉）為主，地面生長大量苔蘚。漂灰土也是重要的林業用土類，區內森林茂密，形成著名的「林海雪原」，但由於林內陰暗、潮濕、氣溫低，以及由此引起的土壤酸性大、有效養分少，因而林木生長緩慢。在森林向草原的過渡地帶，較乾燥的山地，例如大興安嶺北段西坡及南坡山頂，則見灰黑土分布，它常與草原植被下的黑鈣土組成複區，佔有山地的陰坡或半陰坡，也是很好的森林培植土類。暗棕壤、漂灰土、灰黑土，都是隸屬於淋溶類土綱，淋溶類系列土壤是中國長江以北的溫暖濕潤地區森林土壤的統稱。

草原地帶的土類以黑鈣土為主要，在土綱上屬於鈣層土系列，由於常見具有灰白色石灰聚積在地表的土層上，因此得名。草原土壤鈣層土的共同特點是土壤上部為顏色較暗的腐植質層，下部為顏色較淡的鈣積層，再下就是各種不同的土壤母質層，整個土層都呈中性到強鹼性反應；但是由於分布的範圍很寬，無論水熱氣候條件、草原的類型和植被組成，都有很大的不同，土壤自然也就會出現很大差別。黑鈣土是鈣層土中較濕潤的類型，它以土色深暗發黑而得名，位於草原的最東部，範圍廣布於大興安嶺中南段山地的東西兩側，向東發展到松嫩平原的中南部以及河北的燕山北麓，向西

發展達到內蒙古陰山山脈海拔較高的部分；土壤養分含量很高，水、熱、通氣、耕性等條件比較優越，是宜農宜牧土壤資源，以培育三河牛、三河馬等大型良種牲畜和乳品基地及糧食基地著稱。

　　東北平原及其他低海拔的河谷盆地地區，主要土壤類別有：草甸土、黑土、灌淤土、白漿土等半水成土系列，以及沼澤土、泥炭土等水成土系列。半水成土系列是土層直接受地下水浸潤（草甸土）、水量豐富河渠長期灌溉（灌淤土，例如西遼河流域）或季節性滯水（黑土、白漿土）的土壤，分布區是中國主要的旱作農業帶；在排水不良和耕作不當的情況下，土壤易於鹽鹼化，旱、澇現象也常發生。草甸土是草甸植被直接受地下水浸潤，發育而成的土壤，主要分布於本區的松嫩平原、三江平原西部以及大興安嶺西坡河谷平原（例如內蒙古呼盟海拉爾谷地）等地，分布地區地形平坦，沖積母質中含有相當豐富的礦質養分，水分充足，自然肥力較高，是重要的農業用地或天然牧場。黑土分布地區僅見於黑、吉兩省，主要分布在小興安嶺兩側、大興安嶺中北部的東坡以及張廣才嶺山地西緣的山前坡狀起伏的台地（漫崗），在三江平原和興凱平原的高階地也有分布；黑土的質地比較粘重，自然肥力很高，是中國最肥沃的土壤之一，也是東北能夠做爲中國糧倉的骨幹土類，但往往由於經營管理不當，以致引起水土流失，土壤肥力很快減退，而且有春旱、秋澇和早霜的危害，必須採取保土培肥及合理排灌等措施。白漿土在東北的東部分布很廣，主要分布在三江（黑龍江、烏蘇里江和松花江）下游谷地、主要山脈（小興安嶺、完達山、長白山及大興安嶺東坡）的山間盆地和山前台地，但大部分是低產土壤，原因是白漿層養分含量低，全氮和速效磷缺乏，鹽基飽和度較低，物理性質也不良，土壤上層滯水，旱季卻又缺水；改良白漿土主要從增加肥力和改良水利兩方面著手。水成土系列是指地表積水並受地下水浸潤的土壤，分布廣泛，甚至連新疆乾旱地區也有，南

方的水成土多數開墾為稻田，發育成了水稻土。沼澤土、泥炭土所處的地形大都比較濕冷低窪，東北地區在山區多見於分水嶺的碟形窪地、封閉的溝谷盆地以及沖積扇前緣或扇間的窪地，在平原多分布於氾濫地、牛軛湖與階地之間的低窪地以及河流的匯合點；中國沼澤土和泥炭土的面積，初步估計為10萬平方公里，其中多集中於東北地區，佔80%以上，這類土壤不但生產潛力很大，其中富藏的泥炭層，是一種寶貴的自然資源，在農業、工業、醫藥衛生等方面都有廣泛用途。

此外，本區還有因特殊地質條件而形成的風沙土、火山灰土和零星分布的鹽鹼土。風沙土、火山灰土都屬於岩性土系列，岩性土綱是指在一定的環境條件下，由於某些岩石的性質對土壤形成起了很大的延緩作用，使土壤仍然較多地保持著岩石的某種特性，與環境條件不完全協調的一些土壤；本區的風沙土主要分布地區是大興安嶺西側的呼倫貝爾沙地及西遼河地區的科爾沁沙地，風沙土的利用首重防風固沙，設置沙障、植樹造林、封沙育草、引水平沙、引洪淤灌，都是有效改善措施，當風沙土得到初步固定後，就可以進行合理的農業利用；火山灰土主要分布在黑龍江省的五大連池和鏡泊湖地區，含氮少，但全磷、全鉀含量高，在地形比較平緩處，如果灌溉有保證，無論墾為旱地或水田，都是礦物養分豐富的土壤。在松嫩平原地勢稍高地段（例如白城）的暗色草甸土中，土壤含有鹼性特強的蘇打鹽土，當地農民習慣稱作鹼化草甸鹽土或蘇打草甸鹽土，酸鹼值超過pH9.5以上，強烈腐蝕植物根系，大多數植物難以生長，甚至是達到寸草不生的地步。

四、氣候

本區處於北半球的中緯地帶，歐亞大陸的東部，相當於溫帶的

最北部，屬中溫帶到寒溫帶。東部距黃海、日本海較近，氣候濕潤多雨；西部遠離海洋而接近乾燥的蒙古高原，氣候乾燥，全區形成了顯著的溫帶半濕潤大陸性季風氣候特點，並有明顯的四季更替，冬季漫長寒冷，夏季短促而日照充分。全年平均氣溫為攝氏零下6度～5度，最冷月份1月均溫為攝氏零下32度～零下17度，最熱月份7月均溫為攝氏16度～23度，西北部氣溫最低。氣溫由東南向西北逐漸降低，南北溫差近攝氏10度。夏季氣溫高，降水多，光照時間長，太陽輻射資源豐富，年日照時數一般在2,200～3,000小時，年降水量南部約在550～910毫米，北部約為400～700毫米，無霜期約為3～5個月，具有雨熱同季特點，適宜農作物生長。

　　春旱、夏澇、秋霜凍為主要自然災害。霜凍期從每年9月開始持續到翌年的4～5月，是中國最冷的經濟區域。此外，本區還有一個少為人知的氣候災害——強烈氣旋，多發生在松嫩平原和三江平原，春耕期間西南大風持續時間之長，風力之大，分布地區之廣，為全區所少見。1956年4月14日一個氣旋中心氣壓低達966百帕（hPa）的東北氣旋，橫掃吉林省中西部地區，平原城市白城市14日8時許出現12級特強大風，平均風速每秒40公尺；中部平原城市風力普遍在10～11級以上；吉林省有幾百萬畝土地遭風災，肥料、種籽都被刮走；長春市沙塵蔽日，14時相對濕度達到0%；三岔河氣象站觀測場裡，狂風捲來的沙土堆集高達70公分。雙遼一帶是全東北地區大風最多的地方。

人文背景

一、歷史建制

　　歷史上，唐朝時期本區南部已入中國版圖，元朝以後全區成為中國領土。清光緒三十三年（西元1907年）為革新東北地區的管理體制，實行現代化行省制，基本沿襲清朝過去以軍領政期間的將軍轄區，將山海關外分為三大行省，也就是通稱的「東三省」。辛亥革命推翻清王朝，1912年1月，成立中華民國，東三省及其行政區劃基本上仍舊。1931年「九一八事變」後，日本侵略者為便利其施行殖民統治，逐步把省劃小並進行條塊切割，光黑龍江一省便切分多出興安北分省、興安東分省、龍江省、黑河省、濱江省、北安省等六省份。

　　1945年「九三」抗日戰爭勝利後，國民政府重行劃分東北行政區域為遼寧、安東、遼北、吉林、松江、合江、黑龍江、嫩江、興安九省，以及大連、哈爾濱兩個中央直轄市。而後主要再經過兩項重要政策的頒布：1949年4月21日發布「重劃東北行政區劃令」，1954年6月19日「關於撤銷大區一級行政機構和合併若干省、市建制的決定」，三省格局又再重現。雖然再往後又經歷一些小的變動，如1969年7月5日、1979年5月30日中共中央對於大興安嶺地區的行政劃分，1980年進行「市領導縣、地市合併」，對經濟布局來說並無重大影響。

二、族群分布

　　本區長期以來就是漢族、滿族、蒙古族等活動和聚居之地。從清朝順治年間頒發「招墾令」伊始，華北農民陸續移入進行開墾，其後雖然官方實施封禁政策，卻未能阻止為生活所迫的大批漢族農民流入吉林省中部一帶，並向北、向東、向西擴展。光緒四年（西元1878年）設置官辦墾務局，漢族「闖關東」墾殖更添動力，經濟面貌大為改觀，並逐步形成東部農林地區、中部農業地區和西部農牧地區的產業特點。

　　少數民族人數約為820萬，佔全區總人口（約7,500萬）的11%，比例最高的是西部大興安嶺地區的31%，其次為吉林省的9.2%，黑龍江省則為5.5%左右。除漢族外，世居在此的少數民族中以蒙古族、滿族、朝鮮族對區內的經濟開發影響較大；蒙古族人口約370萬，主要分布在西部草原帶；滿族人口約220萬，以平原中部地帶城市居多；朝鮮族人口約160萬，為東北淪陷時期日本從朝鮮半島強遷過來的移民，主要分布在東部與朝鮮半島接壤處，例如延邊朝鮮族自治州、長白朝鮮族自治縣等民族自治地方，尤其擅長在寒冷的北方種植水稻的技藝。其他僅只於本區獨有的赫哲族（4,650人）、鄂倫春族（8,200人）、鄂溫克族（3萬人）、達斡爾族（13.3萬人），以三江下游平原、松花江沿岸和大、小興安嶺為主要聚居地，民族風情濃郁。值得一提的是本區北界與俄羅斯水陸相連的3,000多公里邊境線，25個開放口岸是中俄間開展各種交流的通道，長期以來形成別具一格的產業文化和外來文化，異國風情鮮明而活潑，為發展觀光旅遊業提供了有利基礎。

三、宗教信仰

　　除了少數民族本身特殊的族群信仰外，例如滿族的薩滿教、蒙古族的藏傳佛教（喇嘛教），隨著本區歷史發展進程和族群的多樣性，群眾的宗教信仰也呈現出不同的面貌，少數民族宗教信仰也隨之自由化，不再侷限於只能遵循過去的傳統信仰，甚至更進一步地能夠尊重群眾的信仰與不信仰的自由。本區一般的正式宗教，主要有：漢傳佛教、道教、儒教（孔孟信仰）、伊斯蘭教、天主教、基督教和東正教；漢族主要尊崇儒、道、佛思想，敬天祭祖、尚仁重義；伊斯蘭教演進到今日已經成為一種獨特的生活方式，信仰者統稱「穆斯林」（Muslim，意為「順從者」，但只服從於統一的宗教觀），西北區的少數民族為主要信教群眾，以遜尼派為主；天主教以及後來居上的新教——基督教，信仰群眾比例分別約為1%、10%，群眾差異性也較突出；東正教與前二者系出同門，起源於堅持「政教合一」，與羅馬教廷的「政教分離」（實質上是教權凌駕政權）主張歧異而分離，至於宗教的正統性如何，因為歷史久遠再加上宗教儀式與教義解釋的錯綜複雜，已經不是人們關注的重點，可惜東正教在中國變質為教權至上的主張，發展迅速沒落，目前只是屬於在官方默許下的俄羅斯族的民族信仰。本區在經濟較發達的中心城市裡，同時都設有這些宗教的經典會所（寺、廟、宮、觀、教堂），有著兼容並包的特色。

 資源稟賦

一、基礎資源（農林漁牧礦）

東北平原的土壤條件居中國之冠，有機質含量高於其它區域，黑土、黑鈣土和草甸土等佔耕地的60%以上，是世界著名的三大黑土帶之一。總耕地面積約1,400萬公頃，盛產大豆、小麥、玉米、馬鈴薯、水稻等糧食作物以及糧豆、油料、甜菜、煙、麻、珍貴藥材等經濟作物。東北大米質優飽滿名聞天下，近年來更提倡無污染、無公害、安全優質的綠色有機蔬果種植，耕作面積中國最廣。農民人均經營耕地面積、糧食人均佔有量、糧食商品率、糧食調出量、玉米出口量連續多年居冠，是中國最重要的糧食生產基地、世界著名的玉米帶，商品糧產量佔全區1/3強。東北森林資源主要分布在大、小興安嶺、完達山及長白山脈，林區總面積約4,300萬公頃，林業用地面積約2,900萬公頃，過去是最大的木材生產基地，供應量達一半之強，但也因長期的濫墾濫伐，造成東北西部地區風沙危害十分嚴重；大陸國務院於1978年啟動「三北防護林體系生態工程」，除了禁止濫墾濫伐外，更加強造林措施，企圖以「綠色萬里長城」鎖住風沙，減輕自然災害。三十年來的生態調養，使得森林資源快速增長，活立木蓄積量大幅累積更有助於林業的長期發展；目前森林樹種達100多種，利用價值較高的有30多種，尤其紅松、落葉松、樟子松、水曲柳、黃波蘿、胡桃楸等，是少有的珍貴樹種，值得一提的是內蒙古呼倫貝爾市紅花爾基鎮的沙地樟子松天然林帶，長250公里、寬20公里、總面積30萬公頃，是世界稀有、亞洲最

大、中國唯一集中成片的樟子松母林區，受國家級保護。本區西部
是世界著名的草原帶，以盛產羊草而馳名中外，主要草場有呼倫貝
爾大草原、科爾沁草原、松嫩草原等，草原總面積接近1億公頃，
其中的呼倫貝爾大草原是世界上天然草原保留面積最大的地方，是
中國最大的無污染源動物食品基地，也是牧業機械化程度最高的地
區，畜牧業綜合生產能力高居首位。

　　東北區的農林漁牧產值約佔大陸總產值的7.7%。由於地處內
陸，漁業產值只有55億元，不僅是本區整體結構中最低者，佔大陸
漁業總產值比例也只在1%左右份額，以河川湖泊等內陸淡水魚類為
主要漁獲來源。林業產值為次低者，約為175億元，佔大陸林業總
產值份額約9%。農、牧業方面，雖然平原面積較大、地力肥沃，
但受長冬限制，一年多為一熟，所以佔大陸農、牧業總產值份額約
8～9%，因人口較少，產品多輸往南方，是重要的糧倉。在農業方
面，糧食作物總產量約佔大陸份額14%，玉米產量約佔全區1/4強，
大豆產量高居首位，大米也是大宗產項，黑龍江省年產量直逼湖
北、四川，薯類也有中等產量；經濟作物中，麻類、甜菜佔重要地
位，水果產量達到中等規模，約有江西、海南產量水平。在畜牧業
方面，以大型牲畜牛、馬和羊隻的天然草原放牧為主，數量約達大
陸總量的12%；畜產品中以牛奶產量居全區首位，市場佔比將近三
成；綿羊毛的年產量也居前列地位，市場佔比約1/4。

　　主要查明的礦產分為金屬礦產與非金屬礦產兩大部門。金屬礦
產裡還分為：黑色金屬、有色金屬、貴金屬、稀土及稀有金屬、分
散金屬（通常以伴生形式出現在大型有色金屬礦床裡）以及原子能
金屬。以下逐項列示重要礦產及礦區分布情形：

(一)黑色金屬礦產

主要有鐵、鈦，已探明的重要礦區分布情形，鐵礦：黑龍江黑河市遜克縣翠宏山鐵礦（6,000萬噸，伴生鉬）；鈦磁鐵岩礦：黑龍江大興安嶺地區的呼瑪縣。

(二)有色金屬礦產

主要有銅、鉛鋅、鎳、鉬、鎢、錫，其重要礦區分布情形，銅礦：黑龍江省北部黑河市嫩江縣多寶山鎮（儲量362.6萬噸，伴生貴金屬錸、銀，金屬鉬）、內蒙呼倫貝爾新巴爾虎右旗烏奴格吐山礦區（儲量126.8萬噸）、吉林省吉林市永吉縣大黑山多金屬礦（儲量約50萬噸，伴生鍺）；鉛鋅礦：黑龍江黑河翠宏山、伊春西林、鐵力二股，吉林四平市依通縣放牛溝鋅礦，內蒙東部興安盟科爾沁右旗（伴生銀）、呼倫貝爾新巴爾虎右旗（伴生銀）、陳巴爾虎旗、額爾古納旗、錫盟東烏珠穆沁旗、赤峰市巴林左旗的白音諾爾（鉛72萬噸、鋅196萬噸）、浩布高（鉛1.7萬噸、鋅62.5萬噸）；鎳礦：吉林省吉林市盤石紅旗嶺（伴生鈷）、通化市赤柏松、延邊州和龍市長仁鎳礦；鉬礦：吉林永吉大黑山（儲量11.7億噸，亞洲第一，伴生錸）、黑龍江哈爾濱市阿城區五道嶺；鎢礦：黑龍江黑河翠宏山（12.2萬噸）；錫礦：內蒙赤峰市克什克騰旗（散布儲量合計約33萬噸，以黃崗梁礦區為主）、林西縣大井子。

(三)貴金屬礦產

以黃金、銀、鉑鈀為主要，其重要礦區分布情形，金礦：內蒙赤峰敖漢旗金廠溝梁鎮、紅花溝鎮，黑龍江伊春市烏拉嘎鎮（儲量52.3噸）、伊春市鐵力大安河、七台河市老柞山、大興安嶺地區呼

瑪（砂金）、漠河縣砂寶斯、黑河遜克縣富強，吉林省吉林市樺甸
夾皮溝、白山市金英金礦、延邊州安圖縣兩江鎮海溝金礦、延邊州
琿春（儲量26.9噸）；銀礦：吉林四平市山門；鉑鈀礦：黑龍江雞
西市雞東縣五星鉑鈀礦（儲量8.3噸）。

(四)稀土及稀有金屬礦

內蒙通遼市扎魯特旗大型重、輕稀土礦，吉林白山市臨江大栗
子鐵礦紅旗區伴生輕稀土礦。內蒙通遼市扎魯特旗，有巴爾哲大型
鈹鈮鉭礦。

(五)原子能金屬

內蒙呼倫貝爾市海拉爾盆地，發現特大型可地浸鈾礦資源，還
在持續探明儲量中。

主要非金屬礦產品有硼酸鹽、矽灰石、矽藻土、膨潤土、石
墨、玻璃用石英砂岩、石膏、寶玉石，其重要礦區分布情形為，硼
酸鹽礦：吉林通化市集安縣；矽灰石礦：吉林省吉林市磐石、四平
市梨樹（儲量1.32億噸，世界第一）；矽藻土礦：吉林省白山市臨
江長白礦床（儲量礦石3.85億噸，僅次於美國，居世界第二位）；
膨潤土礦：吉林省四平市公主嶺；石墨：黑龍江省雞西（柳毛）、
勃利（佛嶺）、穆稜（光義）、蘿北（總保有儲量礦物1.73億噸，
居世界第一位）；玻璃用石英砂岩：吉林省磐石；石膏：吉林省通
化市渾江縣；寶玉石礦：黑龍江黑河市寶山瑪瑙、珍珠岩，吉林玉
石以長白玉聞名，主產於吉林市磐石縣、白山市長白縣、長春市雙
陽區一帶，呈綠色，有蠟質光澤。

二、水電能源

　　東北區江河湖泊眾多，區內有黑龍江、烏蘇里江、松花江、嫩江和綏芬河五大水系，流域面積超過1萬平方公里的有18條，其中黑龍江全長4,370公里，僅次於長江、黃河，然而多數大型湖泊江河為國界線，開發利用有所侷限，水資源總量並不豐富，人均水資源量不到1,300立方公尺，還在大陸總體平均水平之下。全區大、中型水電站分別是：白山、蓮花、小山水和雲峰等4座，總裝機容量為281萬瓩（kw），設計年發電量達48.37億度；其中位處中朝邊界鴨綠江上游的雲峰水電站為兩國所共有。

　　本區主要能源以來自得天獨厚的石油、天然氣礦產所生的火力發電為主。按2007年統計數據，石油基礎儲量約7.7萬噸，佔全部已探明總量的27%，天然氣基礎儲量約2,062億立方公尺，佔全部已探明總量的6.5%，煤炭基礎儲量約87億噸，佔全部已探明總量的3%；最主要的油、氣盆地在松遼平原，主要的油、氣礦產地有大慶、吉林、松南、長春、科爾沁，石油、天然氣生產骨幹企業有延長油礦管理局、大慶石油管理局、吉林省油田管理局、東北石油局。石油年產量約佔大陸40%左右，主要產區集中在大慶－松原地帶；煤炭產區則以黑龍江的雞西－鶴崗地帶、吉林省的琿春市、內蒙東部呼倫貝爾市鄂溫克族自治旗為主；2008年原煤產量達12,000萬噸、原油產量達4,700萬噸。幾十年來，電力產業取得長足發展，2008年發電總量達1,200億度，是重要的能源工業基地。另外，吉林省安圖白頭山也有豐富的地熱能可以開發，還有一項新興綠色能源產業正在崛起，由於西南部地理位置接進蒙古強烈氣旋中心，風能資源豐富，吉林省西北部正努力打造成最大的風力發電基地和重要的風能裝備製造業中心。

三、生物資源

生物資源豐富，尤以長白山區野生動植物資源為最，是聞名中外的「東北三寶」——人參、貂皮、鹿茸的故鄉。長白山區有植物資源2,300多種，其中經濟價值較高的有900多種。靈芝、天麻、不老草、北芪及松茸、猴頭蘑等都在國內外很有影響力。擁有陸生動物資源達400多種，其中珍貴的一級重點保護皮毛動物有梅花鹿、紫貂、貂熊、水獺、猞猁、東北虎、金錢豹、花尾棒雞等；名貴藥源動物有馬鹿、麝、熊、獾子、田雞、林蛙等；經濟利用價值較高的有野豬、麅子、山雞等。

四、旅遊資源

本區旅遊資源以原始、粗獷、神奇和博大見長。「高山平湖水上山、北國風光勝江南」，描述的就是中國面積最大的火山群堰塞湖，位於東部黑、吉省界附近的鏡泊湖的瑰麗風光。截至目前為止，本區的「世界文化遺產」、「世界地質公園」等世界級的旅遊景點有4個，分別是：吉林省集安市的「中國高句麗王城、王陵及貴族墓葬群」文化遺產，以及內蒙赤峰市西北部克什克騰旗、黑龍江黑河市西南部的五大連池和牡丹江市南部的鏡泊湖等三處世界地質公園；187個國家級風景名勝區中本區就有7個，300多個國家級自然保護區中本區就有47個。火山、湖泊、濕地、原始森林、遼闊草原形成特色鮮明且生物多樣的富饒面貌，自然景觀原始壯麗，夏季是避暑的勝地，冬季是冰雪的樂園；舉辦了六屆的亞洲冬季運動會，其中有兩屆舉辦地就在哈爾濱和長春，可望爭取未來冬季奧運會的主辦城市。

經濟發展

　　東北平原經濟圈是中國老牌的工業基地和產糧大區,具有綜合的工業體系、完善的交通系統、豐富的基礎資源、雄厚的技術能力和優良的生態環境等優勢。1950年代為因應朝鮮戰爭(韓戰)的軍事需要,遷入大量重工企業;1960~70年代因應中蘇邊境衝突,大規模開發中西部油田(大慶)及東北部煤礦,形成具有年產5,000萬噸原油、7,000萬噸煤炭、1,000億千瓦時發電量和大量工業裝備的生產能力,同時在企業組織上偏向直屬中央的超大型國有重工業為主的特有經濟格局。經濟起步雖然較早,曾經為新中國的重工業發展做出歷史性的貢獻,但在改革開放後的民生商品市場經濟崛起時期,卻出現明顯的投資錯位,導致發展嚴重滯後;近年來,為加速促進經濟和社會快速發展,特別確立了新的發展戰略,在政策上給予扶持,在執行上加強關注。

　　從地理區位上來看,東北平原經濟圈是東北亞的日、韓發達國家通往歐洲距離最短的歐亞陸橋必經地,往南銜接以瀋陽為發展核心的遼東灣經濟圈,商品完全可以直接供應全區經濟總量最大的環渤海經濟區,區位優勢顯著,極具發展潛力。現有各類型國家一類口岸(河港、空港、鐵路、公路)45個和12個批准設立的中俄邊境互市貿易區(邊貿區),其中滿洲里是中國最大的陸路口岸。郵電通訊、公用電網發展迅速,已達國際先進水準,光纖、數位微波、衛星通訊、程式控制交換、行動通訊、數位通訊等連網全區、通達世界。與世界150多個國家和地區建立了經貿和科技合作關係,對外開放不斷擴大。長春市是陸路交通的中心樞紐,向四面八方輻射到全區重要城市,從而也加強了長春市做為區域政治中心地位。

近年來經濟發展總量持續成長，產業布局沿續資源稟賦形成的路徑依賴，主要有以石化、重機裝備為主導產業的中西部哈爾濱－大慶－齊齊哈爾工業帶（哈大齊工業走廊）；以煤化工為基礎的東北部煤電化基地建設區，主導產業為冶金和火力發電能源；東部倚仗著山區珍稀生物資源優勢，成功建立以生物科技為主導的產業地位；中南部的長春吉林綜合工業帶利用交通樞紐的優勢地位，建立汽車及光電資訊等高技術重點工業；值得關注的是傳統的平原農業區除了繼續抓緊農業基礎建設以做為全區商品糧供應基地外，並努力進行第一產業的結構調整，一方面繼續擴大綠色有機食品栽培規模，另方面則加快發展現代牧業經濟，以南部的四平、遼源為中心向兩翼展開實施「糧變肉」工程，提高禽畜飼養規模與品質，增加肉品、皮草的經營效益，進一步強化食品加工業的主導地位。

東北平原經濟圈2008年全年實現地區生產總值（GDP）12,912.7億元，佔同年度大陸整體生產總值的4.3%，較2003年的6267.8億元五年累積增長率為106%；據抽樣調查測算，2008年末戶籍總人口5,001.5萬人，比2003年末的4,813.7萬人增加3.9%，2008年人均地區生產總值25,818元，較2003年的13,021元增長98.3%，無論是總量或是人均，經濟雙指標都低於大陸總體發展結果，整體經濟增長速度並不理想。其中，第一產業增加值1,807.3億元，較2003年的962.6億元增長87.75%；第二產業增加值6,417.1億元，較2003年的2,985.6億元增長114.94%；第三產業增加值4,688.3億元，較2003年的2,319.7億元增長102.11%。2008年三級產業結構為14.0/49.7/36.3，較2003年的15.4/47.6/37.0呈現緩步優化趨勢；第一、二、三產業對GDP增長的貢獻率分別為12.71%、51.64%和35.65%。全社會固定資產投資2008年全年完成6,960億元，比2003年的1,715億元增長306%，平均每年增幅約61%；社會消費品零售總額（內需市場）2008年全年實現4,340億元，比2003年的1,630億元增長166%，平均每年增幅將

近33%；投資、消費對經濟總量佔比分別從2003年27.4%、26.0%提升爲2008年的53.9%、33.6%，明顯看出經濟增長結構仍以投資推動型爲主。對外經濟方面：進出口總值（外貿市場）2008年全年實現259.7億美元，比2003年的105.7億美元增長146%；2008年全年實際利用外資（FDI）爲34.6億美元，比2003年的14.5億美元增長138%；相較於五年前對外經濟起點較之還低的西南區，增長速度還不及其半數，對於接近日韓的東北區來說，是個必須警惕的信號。

 趨勢展望

東北平原經濟圈倚仗著雄厚的資源稟賦，雖然經濟總量從2003年SARS之後也呈現翻一番（2^1）的GDP累積增長率，但與同期大陸全區達158%的GDP累積增長率相比，顯然亟需加快向前追趕的腳步。所幸2006年2月「國民經濟和社會發展第十一個五年規劃綱要」（通稱「11五」）確立了「振興東北老工業基地」政策，並由大陸國務院成立專案小組直接領導與掌握，使得近年來本區固定資產投資增長幅度驚人，遠比同期大陸全區的213%要高出許多，這才稍微緩和了此前經濟呈現令人擔憂的局面；除了在既有的工業基礎上加大升級力度外，也提出一批新的發展項目，特別是吉林省現代牧業基地——四平、遼源以及新興工業基地——松原等三市，固定資產投資增長都以超過翻兩番（2^2）的幾何級數式躍進，未來前景值得關注。總的來說，本區發展的主要突破口有下面幾個重點：

一、計劃經濟的窠臼太深，群眾思想亟待進一步解放

改革開放三十年，市場經濟體系發展至今，沿海經濟圈因對外

開放程度較大，民營企業體制佔經濟結構較高，自由貿易、公平競爭觀念較普遍外，其餘位處內地的所有經濟圈幾乎都有這個共通問題，只不過本區問題的尖銳程度較爲突出；雖然對爲數龐大的國有制企業進行不斷的體制改革，表面上做到「官退民進」，實際上一般群眾還是習於見「官」行事，官方「指導」色彩以及「干預」主義非常濃厚，解決的辦法之一是大量引進外資和民營企業，特別是東南沿海發達區域的民間資本應該列爲重點，從他們積極進取的營商行爲一定能夠活化本地官民群眾的僵化思想。

二、亟力尋求出海口的近海內陸資源型經濟圈

制約本區發展的另一個關鍵要素是沒有自己的海港，長期以來東北平原的豐沃物產只能依靠環渤海的大連港吞吐，運載力嚴重受到遼東灣經濟圈的箝制。解決這個問題必須多面向進行努力。首先可以提高內河航運的承載力，哈爾濱只是松花江的一個河港，運載力實在有限，可以擴增條件更好的同江港及撫遠港規模，尤其是面對著俄羅斯遠東大城哈巴羅夫斯克（伯力）的撫遠港，兼具經濟發展與軍事戍邊的雙重戰略價值，值得關注；其次在出海港的爭取方面，除了繼續進行國務院的經濟區際和行政省際的協調，要求把遼寧省的丹東市重劃給吉林省外，還可以認眞考慮以延邊朝鮮自治州做爲突破口，尋找與朝鮮共和國合作開發「羅津先鋒自由經濟貿易區」，這樣鐵公路就可以從吉林的長春經延吉、琿春直通朝鮮的羅津港、先鋒港，經濟發展能夠直接和日、韓接軌；至於和俄羅斯共同開發符拉迪沃思托克（海參崴）的計畫，雖然有俄國領導人（普廷）的公開贊成以及莫斯科中央大員的高聲呼籲，但是因爲該城地處俄羅斯遙遠邊陲點，行政作爲落後及地方主義盛行，莫斯科鞭長莫及，再加上涉及歷史上敏感的領土主權爭議，對待中國人的態度

非常保留，想要在經濟合作領域上有所作為，2020年之前恐怕都還是停留在事倍功半的階段。

三、資源型城市的可持續發展問題迫在眉睫

這個問題出現在黑龍江省內尤其明顯，號稱省內增長極的哈大齊工業走廊經濟總量與佔比雖然較高，但是長期依賴資源優勢的發展路徑造成產業結構極端不合理；建城五十年的煉油工業城也是省內第二大城的大慶市，第二產業始終維持在85%的高水平，可想而知，這座城市的面貌除了政府鑽油井和政府大煙囪之外，剩下的也都是政府大餐廳、大酒店……等，公有經濟、黨國資本統制一切。如果和吉林省的二大城吉林市相比的話，問題就能夠看得更清楚：2008年大慶市的經濟總量幾乎快要是吉林市的兩倍，然而同期間全社會消費零售總額（內需市場）卻只是吉林市的八成左右，可持續發展問題令人憂心。齊齊哈爾的發展是平原都市群中最緩慢的，近年更被大慶南面的新興工業城吉林省松原市遠遠拋在後面，近五年經濟增長率只有65%，敬陪末座，發展堪憂。

問題的根本在於黑龍江省的幅員太大、地廣人稀、自顧不暇，相同情況也發生在鄰省外蒙東部的大興安嶺地區。因此解決的策略之一，可以考慮恢復過去的興安省行政區，轄區正是整個大興安嶺範圍，也就是將哈市以西的黑省與內蒙東部的呼倫貝爾市合併起來，省會在齊齊哈爾，大慶朝向多元化重工業發展。大興安嶺南段的廣大草原帶可以一起考慮併入吉林省，做為現代牧業經濟垂直整合的重要上游，這種安排勢必對南方經濟發達地區起到重要吸引作用。雖然全年長達半年左右的嚴冬期，在東北人眼裡是個經濟發展的致命傷，但在人均所得普遍較高的南方人眼裡卻具有無窮魅力，大興安嶺絕對有能力做出比日本北海道的札幌還要好的冰雪經濟；

另方面，南方常年高溫濕熱，肉品加工配送所必須的低溫倉儲和冷凍物流配送設施投資成本巨大、維護費用高昂，東北天然的大冰庫所帶來的成本節省效益也是冰雪經濟的適用典範。整體上，東北平原經濟圈在全區八主八輔共計16～18個都市經濟圈上一輪的發展競賽中，明顯落後；如果未來能夠找到有效的突破口，憑藉其優勢條件，很有機會發展成帶動中國經濟區域向上增長的主要平台。

第九章

環渤海區

（遼中南、京、津、冀、魯中北）

◎遼東灣經濟圈

　（遼：瀋陽、大連、鞍山、撫順、本溪、錦州、營口、遼陽、盤錦、葫蘆島）

◎渤西經濟圈

　（北京市）

　（天津市）

　（冀：唐山、秦皇島、滄州）

◎濟青經濟圈

　（魯：濟南、青島、淄博、東營、煙台、濰坊、威海、萊蕪、濱州）

前言

　　環渤海區在地理形狀上，貌似一隻做出鉗狀環抱的左手虎口，山東半島、遼東半島分別爲鉗狀的南北兩翼，將整個渤海團團圍住；在行政劃分上，南起山東省（簡稱「魯」）濟南、青島一線（北緯35度左右），北抵遼寧省（簡稱「遼」）鐵嶺（北緯43度左右），虎口部位則爲渤海西面的河北省（簡稱「冀」）、天津市（簡稱「津」）以及具有特殊行政地位的北京市（簡稱「京」）。由於本區主要經濟地帶集中在渤海沿岸，故廣義上統稱**「環渤海經濟圈」**；然而考慮到地理範圍南北跨度達8個緯度之遙，在人地歸屬關係上可以再區分爲3個相對較獨立的都市經濟帶，分別是遼東灣經濟圈、濟青經濟圈、渤西經濟圈。

　　「遼東灣經濟圈」主要由瀋陽以南環繞著渤海北部遼東灣沿岸的遼寧省10座城市所構成，計有：瀋陽、大連、鞍山、撫順、本溪、錦州、營口、遼陽、盤錦、葫蘆島等，土地面積約8.9萬平方公里，人口約3,164萬人。**「濟青經濟圈」**主要由濟南－青島以北環繞著渤海南岸的濟南、青島、淄博、東營、煙台、濰坊、威海、萊蕪、濱州等九座城市所構成，土地面積約8萬平方公里，人口約4,238萬人。**「渤西經濟圈」**主要由渤海西岸的河北省唐山、秦皇島、滄州以及天津市、北京市等5座城市所構成，土地面積約6.3萬平方公里，人口約3,924萬人。

　　必須說明的是以上這種區分只是爲了地理關係上的解釋方便，讀者千萬不可反向地做出走向分化的理解。由於渤海海運的便利性，在歷史上整個環渤海區的人文共性就非常高，再加上近年來公共建設的不斷投入，生產技術與運輸條件的改進，煙大鐵路（煙台

直達大連）輪渡項目完成後，渤海海峽已不構成陸路交通障礙，本區資源共用的情況也越來越普遍，區域整合一體化趨勢明顯。2008年環渤海經濟圈全區土地面積共約23.3萬平方公里，總人口1億1,326萬，經濟總量達57,844億元，約佔全大陸20%，是中國經濟區域最大也是最重要的經濟區塊。

 環境條件

一、地理

　　環渤海區主要都市經濟帶，介於東經116度～124度、北緯35度～43度之間，環繞著海岸線的華北平原及遼河平原的位置。周邊僅有遼寧省東以鴨綠江接鄰唯一的外國——朝鮮，並以遼東半島的大連和膠東半島的威海、青島與發達國家日、韓隔海相望。北部的遼東灣經濟圈是東北經濟區和環渤海經濟區的重要結合部，也是東北地區通往關內的交通要道，由此逆時針方向有東北、河套、晉陝、鄭州、淮海等5個次要的經濟圈緊密地從旁輔助支持，突顯其作為東北亞經濟龍頭的地理區位優勢。

二、地貌

　　本區地貌主要特徵是周圍高中間低，向渤海傾斜的陷落盆地收斂走勢；此外丘陵直逼海岸加上河渠切割，形成海岸線破碎曲折，多灣、多港也是一大特點。周邊山脈除了西邊的呈東北－西南走向的太行山脈海拔超過2,000公尺，堪稱真正的大山外，可以說其他的

都只是主要山脈的末端延續，山勢平緩，以丘陵地形為主。例如東西向橫亙在魯中並向東延伸的泰山山群，主峰玉皇頂雖有詩人杜甫所謂的「會當凌絕頂，一覽眾山小。」之勢，其海拔也不過才1,575公尺。盤繞在遼寧省周邊的東北－西南向山脈，東部是長白山脈的延伸，山勢從北向南由平均海拔800公尺向500公尺以下丘陵過渡，西部的努魯兒虎山群則是蒙古高原的邊陲，山勢從北向南由海拔1,000公尺向300公尺丘陵過渡，北部與內蒙古高原相接，南部逼近海岸線形成海拔50公尺的狹長平原，是謂「遼西走廊」；由此往西南穿過山海關，銜接渤西經濟圈的秦皇島。

中華民族的母親河——黃河在魯北由西南向東北漫流入海，由於黃河下游河段泥沙淤積量大，河床高出地面近5公尺，建有長達1,400公里的防洪堤防加以約束，形成「黃河之水天上來」的「懸河」景觀；目前黃河的入海口位於渤海灣與萊州灣交會處，是1976年人工改道後清理重塑的新河道。最近四十年間，黃河輸送至河口地區的泥沙每年平均約為10億噸，每年平均新生陸地近25平方公里。黃河大堤以北到山海關的扇形區域是海灤河流域沖積平原，區域內水文複雜、交錯縱橫，簡單的說，舉凡是流入渤海灣的河川統稱海河（也叫海灤河水系），是華北平原的重要組成部分。再往北有遼河由東北向西南注入渤海的遼東灣，其與30餘條支流沖積形成遼南平原，土壤肥沃，另有大面積沼澤窪地、漫灘和許多牛軛湖。

三、土壤

本區的地帶性土類，長城以北主要為暗棕壤，長城以南以棕壤和褐土為主。在遼寧省東部的長白山脈區域，遍布暗棕壤，是東北區森林土類的延伸；在遼東半島和山東半島的山地丘陵區域，則遍布夏綠闊葉林或針闊混交林下常見到的棕壤。兩者都是屬於淋溶

土系列，是很重要的森林土壤資源，爲中國主要的林業生產基地。棕壤地區由於夏季氣溫高、雨量多，不但土壤中的黏化作用強烈，而且還會產生較明顯的淋溶作用，使得易溶鹽分和游離碳酸鈣都淋失，黏粒也沿剖面向下移動並沈積；由於落葉闊葉林凋落物的灰分含量高，從而阻止了土壤灰化作用的發展，但白漿化作用卻常發生，在丘陵和山地都可見到。從土壤利用情況來看，潮棕壤分布於山前洪積平原，用於農業，大都旱澇保收，是重要的糧食生產基地；普通棕壤分布於山麓和丘陵緩坡，也多用於農業，其中一部分水土流失較重，水肥條件較差，需要採取水土保持措施和進一步發展灌溉，並加強培肥；白漿化棕壤有的分布於剝蝕堆積丘陵，多用於農業，肥力甚低，需要改良，有的分布於山地，多用於林業；酸性棕壤分布於山地，多用於林業，有的還是荒山，需要種樹造林；粗骨棕壤分布於低丘陵的，多用於種植花生和柞嵐（養柞蠶用），分布於高丘陵和山地的，多爲荒山疏林，水土流失都很嚴重，亟應採取水土保持措施。另外，在遼西、冀北以及魯中等濕潤程度稍差的山地丘陵的林灌地區，則以半淋溶土綱的褐土爲主，這是一種介於濕潤森林淋溶土壤和半乾旱草原鈣層土壤的過渡性土類；這種土壤因所在地區人類活動歷史悠久，除部分山地森林還保存少數較完整的原始褐土地帶外，絕大部分都因人爲耕種活動的影響產生了變化，土壤肥力消耗很大，有機質含量普遍下降到1％左右，嚴重限制著單位面積產量的提高；因此，應注意廣闢肥源，擴大綠肥面積，增加土壤有機質含量，提高土壤肥力，同時將水土流失嚴重的山地、坡地退耕，植樹造林，發展果木，保持水土。

　　本區的平原土壤以半水成土系列爲主，遼河平原主要延續東北平原的草甸土，黃河中下游的黃泛沖積平原土壤成分主要則爲石灰性（黃）潮土。潮土是在河流沉積物上受地下水活動的影響，經過旱耕熟化而形成的土壤，它不同於積累較多有機質的草甸土，因

為在沈積之後，一般都未經過生長茂密草甸植被的階段便已進行耕種，在耕種過程中又繼續遭受洪水氾濫沈積的影響，所以有機質、氮素和磷含量偏低。黃泛區潮土帶有石灰質且易旱澇，在遼東灣、渤海灣、萊州灣的濱海地區容易出現鹽鹼化問題；但是潮土的礦質養分豐富，有利於深根作物生長，以種植小麥、玉米、高粱和棉花為主，自古以來就是中國的重要糧棉旱作區。

四、氣候

本區處於北半球歐亞大陸東部的低中緯度區，除了長城以北的區域屬於北溫帶半濕潤大陸性季風氣候外，大部分區域屬於暖溫帶半濕潤大陸性季風氣候區。冬季受溫帶大陸氣團控制，乾燥寒冷溫差大；夏季受溫帶海洋氣團或變性熱帶海洋氣團影響，濕熱多雨溫差小。越靠近沿海的都市越能獲得海洋的調節，海洋性氣候特徵越加明顯，例如大連、青島。一般而言，全年四季分明，春秋短暫、夏冬較長，雨熱同季，日照充足，天氣的非週期性變化顯著。全區年降水量約在600～750毫米，60%以上集中在夏季，越往內地集中情形越明顯，例如北京市竟高達80%。北部的遼東灣經濟圈年均溫約在攝氏7度～10度，年日照時數約2,400～2,600小時，無霜期約5～6個月；南部的濟青經濟圈年均溫約在攝氏12度～14.5度，年日照時數約2,800～3,000小時，無霜期約7～8個月，部分地區滿足一年兩作的農業條件；中部的渤西經濟圈則介於兩者之間。

春旱、夏澇是主要的自然災害。南水北調工程的實施，雖然緩解了春旱的問題，但降水高度集中在夏季的結果，嚴重考驗本區的水利系統。經常性的數日暴雨，往往還伴隨著白晝黑夜化的駭人景象，不但對農業生產威脅較大，交通事故意外叢生，也對都市生活造成極大影響。此外，近年來冰雪消融後的春末，起源於蒙古的特

大風暴夾帶沙塵經常襲擊本區，造成人員傷亡與經濟損失，同時天空混濁、能見度明顯下降，空氣質量惡劣，對人體健康產生直接影響。北京市是中國空氣質量最糟糕的城市，一年當中有1/3的天數空氣品質達不到二級標準，例如2006年4月17日清晨，北京市民發現周圍到處都是黃沙，平均每平方公尺堆積了約20公克厚，也就是說，估計總量有30萬噸的沙土一夜之間倒進了北京市，問題之嚴重可見一斑。

 人文背景

一、歷史建制

在歷史上，幾乎從遠古的夏朝就已經將本區全部範圍納入版圖，不過可以確定的是，從秦朝統一中國後設郡直轄開始，全區就一直都是中國的一部分。清末民初的「闖關東」運動，山東半島上千萬農民渡海北遷落戶，再加上日本、俄國的近距離威脅，近代中國許多重大歷史事件的發生，促使了本區更緊密結合成一個生命共同體。

1840年8月中英鴉片戰爭，英國軍艦開抵天津大沽，震動京師。1860年天津做為洋務運動基地，成為中國北方開放試點城市，影響遍及全渤海區。1895年中、日甲午戰爭在渤海發生，中國戰敗後，除了導致臺灣割讓外，還造成英、德勢力伸入山東半島。1899年山東發起義和團民族主義運動，卻引來1900年八國聯軍攻進津、京，封建帝王的舊中國瓦解。1911年孫中山先生領導的資產階級民主革命推翻帝制、走向共和，政治中心南移，本區陷入軍閥混戰的

無政府狀態幾近卅年。1928年蔣介石領導的國民革命軍北伐成功，取得中國形式上的統一，遷都南京並將直隸改稱河北省、北京改稱北平，次年將奉天改稱遼寧省。1931年9月18日日本偷襲瀋陽，次年「滿州國」成立。1936年～1945年日本侵華，全區淪陷。二戰結束後，第二次國共內戰爆發，三大決定性戰役中的遼瀋和平津戰役發生在本區，另一場則發生緊挨在南邊的「淮海經濟圈」，代表工農、無產階級利益的毛澤東最終取得這場世界上歷時最久、範圍最大的內戰[註1]勝利，1949年9月27日定都北平，重新更名為北京，蔣氏統治權退出中國大陸，政權移往臺灣。

1950年代初期，本區還有些影響較大的行政區劃問題，例如有平原省和遼東、遼西省的存在，但在中期過後很快就恢復了目前所沿用的省級區劃；1960年代除了進行少數省邊界地區的小調整，其他都沒有再做出重大的變動，基本發展格局底定；1967年元月天津市恢復其直轄市地位，標誌著環渤海區揮別過去百年間的滄桑與蹣跚，醞釀著另一階段的蛻變。

二、族群分布

本區少數民族以滿族、蒙古族、回族、朝鮮族為主體，主要聚集在關外的遼東灣經濟圈，對當地人口總數所佔比例約1/6，尤其以

註1：中國近代史上的這場內戰，從1924年蔣介石領導並結合中共菁英的國民革命軍準備進行北伐統一戰爭開始，先整合兩廣，接著由南打到北，之後國共兩黨在國家發展路線上產生重大歧異而分裂，又由東打到西，期間打打停停、停停打打，1945年驅逐日本帝國主義侵略後，美、蘇兩大國際強權也攪和進來，各自有了洋靠山之後，兩個陣營更是大打出手，再由北打到南，一直打到1949年。其後還發生零星的局部戰鬥，只做為戰略上的象徵性意義罷了。

滿族為重中之重，約達550萬人。入關後，多民族色彩急遽下降，少數民族對當地人口總數所佔比例也快速遞減，渤西經濟圈約為4％，再往南的濟青經濟圈則約為0.6％，少數民族的主體是回族。這裡要說明的是：民族色彩的多寡並不在於民族數量的多少，例如關內各省、直轄市少數民族數量上幾乎都有著50幾個，北京市還中國56個民族全到齊了，但關內現存的少數民族多為過去移民的子孫後裔，漢化已深，除了從身分證上的民族登記欄才能分辨外，走在大街上根本就不是那麼回事。民族風情，與東北區、西南區相比，大異其趣。

另外值得一提的是，從城市的本地人與外地人分布上來看，北京的本／外人口比約為1/8（上海7/13，天津9/11，重慶13/7），這突顯出北京具有一種獨特的「大氣」文化，她接受並包容外地人，還塑造出使外來移民樂意在此定居貢獻的城市氣候。這也是這座從遼、金建都，歷經元、明、清三代，高齡已達750歲的歷史古都，始終保持生機蓬勃、生意盎然的根本。

三、宗教信仰

1980年代以來，中國政府對於宗教信仰所持有的態度，認為信教和不信教是公民個人選擇的自由，都應該予以尊重和保護。與世界許多國家一樣，中國實行宗教與政治、經濟、教育分離的原則，尤其是在國民教育中，禁止對學生進行宗教教育。對於假借宗教名義，進行危害人民群眾正常生活和生產秩序的邪教組織，採取和歐美、日韓等先進國家相同的懲治措施。

群眾的宗教信仰，隨著本區歷史發展進程和族群的多樣性，呈現出不同的面貌，主要有佛教、道教、伊斯蘭教、天主教、基督教和信奉孔孟的儒教。滿族和蒙古族聚集地主要信奉藏傳佛教（喇嘛

教），回族則多信奉伊斯蘭教，經濟發達的中心城市則以西方的天主教、基督教爲流行信仰，例如北京基督教崇文門堂每週的主日禮拜有3,000多人參加，天主教北京南堂每週日有四台彌撒，有2,000多人參加，其中一台是專爲在北京的外國人舉行的英語彌撒。

 ## 資源稟賦

一、基礎資源（農林漁牧礦）

　　環渤海經濟圈的基礎資源佔據中國最重要的地位，農林漁牧總產值超過全大陸1/5。在農業方面，華北平原歷來就是中國最大的糧食產區，以小麥、玉米、油料作物、棉花、蔬菜、水果等爲主，山東、河北產量一直保持全區前茅地位，產量雖多，卻由於人口龐大較少輸出。在畜牧業方面，因爲接近經濟發達的消費地區，特別適合發展與農業相適應的圈養型畜牧業（這和大草原帶的天然放牧不同），生產集中規模龐大，生產水準也高，成爲中國肉、蛋、奶的重要生產基地。在漁業方面，渤海是中國內海，平均水深18公尺，面積約8萬平方公里，沿海漁業資源豐富，全區漁業生產總值約爲大陸1/4，山東水產品生產值量長期以來都保持首位。在林業方面，近年來東北林區實施維護生態平衡的保護政策，天然林木採伐大量減少，本區林業發展也隨之受到影響，林業產值約爲大陸10%左右。

　　主要查明的礦產分爲金屬礦產與非金屬礦產兩大部門。金屬礦產裡還分爲：黑色金屬、有色金屬、貴金屬、分散金屬（通常以伴生形式出現在大型有色金屬礦床裡）以及原子能金屬。以下逐項列

示重要礦產及礦區分布情形：

(一)黑色金屬礦產

　　主要有鐵和錳，其重要礦區分布情形為，鐵礦：遼中的鞍山－本溪－遼陽礦帶（儲量106.5億噸，佔總量18%，居首）、渤西的北京－唐山礦帶（儲量58.1億噸，居三）、魯中的萊蕪－淄博礦帶（儲量10.1億噸，伴生鈷）、冀西南的邯鄲－邢台礦帶；錳礦：遼西的朝陽瓦房子、太平溝（合計儲量約4,000萬噸，年產錳礦石133.5萬噸，全區第一）；釩鈦磁鐵岩礦：冀北承德市雙灤區的大廟鎮，北京市昌平的上莊和懷柔的新地；金紅石岩礦砂礦（可提煉金屬鈦）：魯東青島市萊西的劉家莊。

(二)有色金屬礦產

　　主要有銅、鋁土、鉛鋅、鉬，其重要礦區分布情形為，銅礦：遼東北撫順市清原縣的紅透山；鋁土礦（伴生稀有金屬鎵礦）：魯中的淄博（儲量約佔全區的3%，主礦床有：湖田、田莊、北焦宋、萬山）；鉛鋅礦：遼東北的紅透山、遼東南丹東市鳳城的青城子，冀北承德市南邊興隆縣的高板河、冀西北張家口市張北縣的蔡家營、冀中保定市西部淶源縣的大灣（共生鉬）、南趙莊；鉬礦：遼西葫蘆島市連山區的楊家杖子、蘭家溝，冀北承德市豐寧縣撒岱溝門、冀中保定市北部淶水縣野弧，京北延慶縣大科莊，魯東煙台市棲霞尚家莊、福山區邢家山。

(三)貴金屬礦產

　　貴金屬礦產以黃金（岩金）、銀、鉑鈀系列為主要，其重要礦區分布情形為：膠東半島的玲瓏、焦家、新城、三家島、尹格莊

（山東省岩金儲量約594噸，年產量約佔全區25%，高居首位），冀西北的張家口、冀東唐山的遷西，遼西的阜新－朝陽及遼東的五龍；銀礦：遼東南丹東市鳳城縣青城子、高家卜子，遼西葫蘆島市建昌縣八家子，冀北承德市豐寧縣；鉑鈀礦：冀北承德市豐寧縣。

(四)原子能金屬

本區主要的鈾釷礦床有：青龍鈾礦田（河北8,000tU）、連山關鈾礦床（遼寧本溪）。主要的核工業基地：遼寧本溪。

主要非金屬礦產品有高嶺土、硼酸鹽、滑石、矽灰石、膨潤土、石墨、玻璃用石英砂岩、石膏、自然硫、熔劑灰岩、菱鎂礦、金剛石和寶玉石，其重要礦區分布情形為高嶺土礦：北京南面的河北保定徐水縣；硼酸鹽礦：遼中的營口大石橋及遼東的鳳城、寬甸（儲量2,700萬噸，年開採量8萬噸，居全區第一）；滑石礦：遼中的海城、本溪（儲量4,800萬噸，全區第二），魯東的棲霞、平度、萊州；矽灰石礦：遼北的法庫、遼西的建平；膨潤土礦：遼西的黑山、建平，魯中濰坊；石墨：膠東半島的萊西南墅；玻璃用石英砂岩以魯中山區為主；石膏、自然硫礦：魯中泰安大汶口（儲量均超過八成全區佔比）；菱鎂礦（也是提煉金屬鎂的主要原料）：遼中的鞍山海城－營口（佔85%，全區第一）、膠東半島的萊州；熔劑灰岩，主要分布於遼東半島及本溪地區，年開採量800萬噸，全區第一；金剛石：遼東半島南端的瓦房店，儲量2,170萬克，約佔全區總儲量53%，為亞洲最大礦山；寶玉石礦以遼東半島的岫岩縣為主，有「中國玉鄉」美名，出產優質的巨型玉石，適合做成大型玉雕，遠景儲量約300萬噸，居全區之首，在實行限產後，年產量仍佔全區總產量的60%，需要加強礦藏保護措施。最後，由於本區得天獨厚的海岸地形加上淮河以北乾旱的氣候條件，中國五大海鹽產

地本區囊括了其中的三名，由北而南分別是遼南的復州灣鹽場、渤西的長蘆鹽場、魯北的萊州灣鹽場，鹽產量全區之首。

二、水電能源

　　本區水資源總量爲全大陸最稀少的地區，所佔比例僅爲3.5%左右，加上人口密集、工商發達，所有省區的人均水資源量都在500立方公尺以下，天津市尤其稀缺，無論在總量或是人均量上，都處於中國經濟全區敬陪末座的位置，用水問題成爲本區經濟發展亟須克服的重大議題。環渤海區雖然土地面積遼闊，三大水系流域廣泛，各型水庫約8,500座，對防洪抗旱起到重大功用，然而規模以上的大中型水電站僅有4座，分別是燕山山脈南麓的唐山潘家口、北京十三陵抽水蓄能電站，以及遼寧渾江水力總工程、中朝邊界鴨綠江下游的水豐、太平灣水電站（兩者中朝共用），總裝機容量約達250萬瓩，總設計年發電量達77.5億度。

　　本區的煤礦分布零星，產量有限，主要分布在遼中的撫順露天煤礦以及遼西的阜新－錦州－朝陽等地區，煤種以氣煤、長焰煤及褐煤爲主，年產量合計約6,500萬噸；渤西經濟圈則有京唐煤區（北京門頭溝、唐山開灤）及太行山東麓煤區（邢台、井陘、邯鄲），以煉焦用煤爲主；魯中北的龍口、淄博、新漢、肥城等平原煤礦，由於開採成本實在太高，主要仰賴魯南兗州－滕州煤區支持。整個渤海大陸架蘊藏著豐富的石油、天然氣與地熱能源；渤海南沿以東營爲主體並散布在黃河三角洲地帶有勝利油田（全區第二大油田），累計探明油氣儲量分別爲42億噸、370億立方公尺，海上地區探明石油地質儲量3.7億噸，平均每年新增探明石油地質儲量保持在1億噸左右，近年來保持著原油2,650萬噸、天然氣10億立方公尺的年產能規模；渤海北面以盤錦爲主體並散布在遼河三角洲區域有

遼河油田，油氣保有儲量分別為18億噸、670億立方公尺，近年來保持著原油1,500萬噸、天然氣17億立方公尺的年產能規模；此外渤海西岸還有唐山－秦皇島的冀東油田以及天津外海隸屬中海油公司系統的渤海油田，尤其是渤海油田儲量十分可觀，已探明石油地質儲量40億噸、天然氣地質儲量1,500多億立方公尺，預計2010年產量可望突破3,000萬噸，超越勝利油田。本區石油、天然氣生產骨幹企業有：遼河石油勘探局、冀東石油勘探開發公司、大港油田集團公司、華北石油管理局、勝利石油管理局、渤海石油公司。

電力來源主要是火力發電，發電的基礎倚靠著雄厚的燃料能源，本區發電總量高達5,000億度，約佔全區15%，是支持本區經濟騰飛發展的重要基礎。此外，還有豐富的地熱能源可以開發，地熱田中最主要的是：河北省懷來後郝窯、北京市昌平小湯山、北京市東南城區、河北省雄縣牛駝鎮、天津市王蘭莊、天津市濱海、山東省招遠。

三、生物資源

渤海沿岸多港灣、島嶼及灘塗，可供養殖的水域廣闊，海洋生物資源豐富，主要是浮游生物、游泳生物、底棲生物和潮間帶生物。由此衍生出的水產品種繁多，達520餘種，其中對蝦、扇貝、鮑魚、刺參、海膽等海珍品的產量居全區首位（山東）。動物種類繁多，有兩棲、哺乳、爬行、鳥類動物7綱62目210科492屬827種，其中有國家一、二類保護動物有70餘種，建於秦皇島和北戴河之間的海濱國家森林公園內的秦皇島野生動物園，佔地344公頃，是中國最大的野生動物園。境內有各種植物3100餘種，其中藥用類有830種；建於瀋陽植物園原址的世界園藝博覽園，佔地7.5平方公里，是全區最大的植物園。另外還有90多類溫帶果樹，棗、栗、

杏、柿、梨、桃、山楂、石榴、葡萄、紅富士蘋果爲主要出口日韓
果品,享譽國際。

四、旅遊資源

　　本區旅遊資源豐富,特色鮮明,型態差異非常大;關外的遼東
灣經濟圈因爲東、西部延續長白山脈與蒙古高原,型態上接近東北
區,以原始粗獷見長;入關後則完全是另一種截然不同的面貌,迎
面而來的是中國古代歷史上最後五代封建皇朝遼、金、元、明、清
的政治中心,穩重內斂、恢弘壯闊的氛圍籠罩周遭,體現出人類歷
史上最偉大的文明成就。

　　截至目前爲止,本區的「世界文化與自然遺產」、「世界地
質公園」等世界級的旅遊景點共達10個,分別是:周口店北京人遺
址、山東泰山、長城、明清皇宮(北京、瀋陽故宮)、河北承德避
暑山莊及周圍寺廟、北京天壇、北京頤和園、明清皇家陵寢(清東
陵、清西陵、十三陵、盛京三陵)以及山東泰山、河北房山等2個
世界地質公園;187個國家級風景名勝區中本區就有24個,300多個
國家級自然保護區中本區有35個。

　　除此之外,遼東半島和膠東半島海岸類型多,怪石嶙峋、礁林
錯落、秀峰藝谷、水質清澈,濱海風景名勝區的面積居全區之首;
濱海多天然沙灘,坡度平緩寬闊、砂質良好,海水清澈,氣候宜
人,是開發海水浴場、度假避暑和生態旅遊的良好場所。

🌐 經濟發展

　　環渤海地區位於太平洋西岸、東北亞國際經濟區的中心部分，也是歐亞大陸橋東部起點之一，在全球經濟協作及促進南北協調發展處於重要區位位置，這使得加快啓動本區經濟發展成爲必要選擇。日本爲擺脫1990年以來經濟結構調整的困境，正積極開發西海岸地區，把融入中國環渤海經濟區列爲二十一世紀的經濟戰略目標；韓國在2003年盧武鉉統領上任後，經濟戰略目標也是集中在環渤海地區，並對其西海岸城市經濟進行戰略調整。中國、日本、韓國新世紀經濟發展計畫不約而同地集中在本區的結果，加上三國之間區域經濟發展進程的不平衡性，又促使本區三國之間的城市在經濟的垂直與水平交叉分工的依存關係更趨緊密，這種緊密合作不但逐漸模糊城市間既有的邊境界線，更催化出騰飛的經濟成果。

　　改革開放以來，中國經濟版圖由南到北出現了三次重要跨越，1980年代（改革開放初期）珠三角經濟區崛起，突出點爲深圳；1990年代（改革開放深化期）長三角經濟區崛起，突出點爲上海浦東；新世紀（科學發展新時期）的經濟隆起板塊，毫無疑問的是環渤海濱海經濟區。2003年本區經濟總量約2.28萬億元，落後於臺灣西岸經濟帶、珠三角經濟圈、泛長三角經濟圈；2008年北京奧運會後，本區經濟總量躍升爲5.78萬億元，居全區第一位，突出點爲京津唐金三角（尤其是唐山）。京津唐金三角是整個環渤海經濟區的明珠，南北分別有濟青經濟圈和遼東灣經濟圈如雙掌般地把這顆明珠拱在手心裡。

　　濟青經濟圈顧名思義是以濟南、青島爲發展極的渤海南岸濱海都市經濟帶。主導產業有：冶金、機械、重型機車、家用電器、

生物醫藥、海洋化工、精密化工、資訊科技軟體、紡織、啤酒、捲煙、新能源等，這裡有中國最大的伺服器研發基地、最大的中介軟體研發基地、最大的商用加解密研究基地，同時也是中國的知名品牌創造基地，產業技術創新實驗風氣非常旺盛。青島港在2008年輸送量達到30,029萬噸，貨櫃（集裝箱）輸送量達1,037萬標準箱（TEU），為世界第十大貨櫃港。濟青經濟圈2008年全年經濟概況：經濟總量達21,222億元，五年增長率為146.6%，人均所得突破5萬元，五年增長率為140%；三次產業比例從2003年的9.5/54.9/35.6調整為6.3/56.7/37.0，第二、三產業比重五年來同步緩升1.5～2個百分點；全社會固定投資突破1萬億元，達到10,306億元，五年增長率為168%，對經濟總量所佔比例將近五成；全社會消費零售總額為6,581億元，五年增長率為168%，對經濟總量所佔比例超過三成，且重要性有提升的傾向；外貿總額達1,325億美元，五年增長率263%；實際利用外資金額為66.7億美元，較五年前衰退近29%，資本來源主要轉自內部。整體而言，經濟增長模式到了轉型的關鍵時刻。

　　遼東灣經濟圈是以瀋陽、大連為發展極的渤海北岸濱海都市經濟帶。主導產業有：冶金、機械裝備、汽車及零件、電子、資訊科技產品及軟體開發、農副產品加工、航空航天器製造業、造船、石化、輕紡服裝、傢俱建材、醫藥以及展覽業等，這裡有中國航空高技術產業基地、中國最大的船舶製造基地、國家軟體出口基地、半導體照明產業化基地。大連是除了北京市之外，中國北方第三產業發展比較成功的都市，大連商品交易所是中國三大期貨交易所之一，也是亞洲最大、全球第二的大豆期貨市場，中國北方最大的國際結算中心；此外佔地面積5.3萬平方公尺、淨展覽面積達8萬平方公尺的大連世界博覽廣場，擁有世界一流的展覽技術設備、高效管理和國際化水準，是東北亞會展場所的首選之地。遼東灣經

濟圈2008年全年經濟概況：經濟總量達13,693億元，五年增長率爲126%，人均所得爲4.33萬元，五年增長率爲121%；三次產業比例從2003年的8.6/50.9/40.5調整爲7.1/53.6/39.3，第二產業仍是整體發展重心；全社會固定投資8,440億元，五年增長率達360%，對經濟總量所佔比例超過六成，是經濟增長的主要因素；全社會消費零售總額爲4,341億元，五年增長率僅110%；外貿總額達701億美元，五年增長率爲187%；實際利用外資金額爲129億美元，較五年前增加140%。綜合而言，經濟增長模式還是依賴國內外投資的推動。

渤西經濟圈的核心區域在京津唐金三角，並且是以北京市爲單極的三角發展模式，可以設想成由北京伸出左右兩手，右手推天津衝擊河北滄州，左手推河北唐山衝擊秦皇島。主導產業有：糧油食品、鋼鐵、現代冶金、裝備機械製造、汽車、造船、石化、海洋化工、玻璃陶瓷、金屬壓延、紡織、造紙、航空航太、微電子和通信設備、生物製藥、新材料、電力、新能源、金融、物流、港口、服務外包等。天津港2008年貨物輸送量達3.54億噸、集裝箱輸送量突破850萬標準箱，年增長率20%，爲北方第一大港，世界第六大港。北京是綜合性產業城市，綜合經濟實力保持在全區前列，第三產業規模居中國大陸第一，佔地區生產總值的比重達到73.25%。北京是中國鐵路網的中心，也建有全區最大國際機場（亞洲第二大）；高等院校集中的密度和數量全區之冠，循此科學技術研究機構也自然是全區第一，奠定了北京做爲中國產業總部基地的良好條件，2008年「世界500強」中的境外跨國公司共有21家在北京建立中國地區總部，「中國企業500強」中共有94家總部設於北京。這些都有助於京津唐與長三角、珠三角在高科技產業領域的垂直分工，做爲電子資訊、生物醫藥、新材料等高新技術領域的上游基礎高端科研創新的基地。渤西經濟圈2008年全年經濟概況：經濟總量達22,929億元，五年增長率爲175%，人均所得爲5.84萬元，五年增長率爲

168%；三次產業比例從2003年的6.1/44.6/49.3調整為3.8/42.8/53.4，除了北京市已走穩了第三產業的發展經濟階梯外，第二產業仍是其他城市的發展重心；全社會固定投資9,710億元，五年增長率達155%，對經濟總量所佔比例為42%；全社會消費零售總額為8,055億元，五年增長率125%，對經濟總量所佔比例為35%；外貿總額達3,685億美元，五年增長率為265%；實際利用外資金額為149億美元，較五年前增加256%。總的來說，經濟增長還是依賴於傳統的投資與消費這兩駕馬車的拉動模式，而且更多地偏重在黨國資本的集中作用，對外貿易隨著日、韓等國經濟協作的融入，外向經濟要素也逐漸提升經濟所佔比重，然而內需消費傾向仍有待極力提升。

趨勢展望

　　環渤海濱海經濟區的優勢是自然資源豐富，有著雄厚的重工業基礎，由於是政治中心所在，經濟發展直接受益於（也受制於）政策影響。整體經濟實力從2003年SARS之後呈現快速增長，在奧運經濟的加持下，使得原來就已經高居全區前列的龐大基數，能夠再往前奮力推進，截至2008年底達到57,844億元的全區首位，累積增長率達到151%，將近中國大陸經濟總量的兩成；按此速度發展，可望在2010年達到全大陸總量1/4。2008年全社會固定資產投資達28,455億元，較2003年的9,490.8億元增長近200%；全社會消費零售金額2008年為18,977億元，比2003年的8,101.9億元增長134%；進出口外貿總額2008年為5,711億元，較2003年的1,619億元提升253%，外向型經濟越發明顯，這與本區接近東北亞且多天然良港的自然條件相適應；實際利用外資金額2008年為345億美元，佔全大陸該項目的比重超過三成五，尤其集中在京、津、瀋、大等4座城市。隨

著奧運熱潮的退去，近年來高度依賴投資推動型經濟增長的動力雖然仍有一定程度的續航力，但受到2008年末百年難遇的全球金融風暴衝擊，冷卻速度更是令人擔憂。未來增長的道路，可以考慮下列幾點，做為政策調整的參考：

一、加強環境治理具有政策調整的急迫性，應為重中之重的首要任務

提到環保的重要性，連小學生都能寫出上百字的文章，可實際執行起來就完全是另外一回事了。本區的水土、沙塵治理效果，基本上已經看出往好的方向進步，除了還要繼續努力外，不在此多做贅述，主要的重點將探討渤海的治理問題。由於渤海深入內陸的半封閉內海地形，海水交換能力最差，加上周邊城市工業化的增速最大，經濟發展與環境治理的矛盾最深，污染問題也最為突出。幾十年來，源源不斷的工業廢水、城市污水和其他污染物以每年上百萬噸計的數量傾瀉入海，為避免生態系統進一步遭難，大陸國務院於2001年啟動「渤海碧海行動計畫」，分為近、中、長等3個五年期間進行整治。2006年8月4日國務院副總理曾培炎對「碧海行動」第一個階段實施成果有著如下的結論：「渤海污染面積擴大……海岸帶生態系統更是遭到了嚴重破壞。」2002年渤海污染海域為0.36萬平方公里，而2008年又已增加到 1.38萬平方公里，傾倒入海的污染物總量更達217萬噸，萊州灣與天津附近海域污染最為嚴重。目前渤海海洋水產品每小時的產量只有4公斤，僅僅是1980年代的2%，基本上已喪失海洋生物孵育場功能，這使得水產資源改為需要大量抽用地下水的沿海養殖方式，長期以來造成1,200多平方公里地層下陷，發生海水倒灌，沿海城市出現大範圍缺水的惡化趨勢並未停止。至此，幾乎可以肯定「碧海行動」已經徹底失敗，渤海治理政

策必須進行調整。

　　渤海污染根源80%來自陸地，其中不乏中央直屬的大型國營事業涉入，違規罰款的辦法對它們來說毫不管用，事權歸屬涉及5個部門、13座城市，對於跨區域、多部門的重大事件，顯然需要一個更高的組織層級進行有效統籌。對於本區地方領導的施政績效，可以考慮採取綠色GDP做為評估的重要指標之一。至於本區多數的城市規劃都標榜著「中國宜居城市」，說實在的，渤海生態治理問題沒有獲得顯著改善之前，只要這個又毒又臭的大水坑繼續存在，這種宣傳就只能看成是方便房地產業者做生意的「世紀大呼呦」[註2]。

二、經濟體制發展模式必須重新定位，區際與城際的產業分工協作亟需統籌規劃、聯合發展

　　濟青圈2008年三級產業結構比為6.3/56.7/37.0，瀋大圈2008年三級產業結構比為7.1/53.6/39.3，渤西圈扣除北京市這個地位極端特殊的城市之後，三級產業結構比2008年為6.1/57.3/36.6；同時三者之間的支柱產業，都是以鋼鐵業、石油化工業為核心，並向周邊輻射形成工業聚集群，顯然本區3個經濟次板塊之間產業結構與產業型態具有高度資源基礎趨近的特徵。首先，這與東南沿海各經濟區過去賴以繁榮的基礎明顯不同；臺、港、珠三角甚至包括長三角，經濟崛起的模式都是在缺乏資源稟賦的背景下，選擇勞力密集型加工出口產業做為突破口，以人民長期的血汗為代價，積累一定程度資本後，形成先進國家的「內需市場」，再換取得來不易的技術升級。有些地區像這樣的發展模式走了四、五十年，到今天還是有著沉重的路徑依賴。環渤海區不需要、也不可以仿效這種東南模式，

註2：「呼呦」指像蛤蟆吐氣膨脹自己來嚇退敵人的樣子，邊吆喝邊虛張聲勢。

走這條路很可能的結局就是優質資源被大量掠奪，並落下一地等著收拾的工業垃圾，經濟增長短期出現繁榮但長期無法持續；資源條件、人文背景、政治氛圍、社會制度都相當接近的歐陸萊茵模式，可以援引做為下一階段經濟發展的體制改革重要思路。其次，3個經濟圈之間的競合關係應該給予更清楚的政策指向，瀋西工業走廊（瀋陽－鞍山－營口）和魯北工業帶（濟南－淄博－東營）做為地方重要發展極，產業布局高度一致，都是鋼鐵、機電、重車、重化再加資訊科技，晚近又有渤西的京津唐加入戰局，使得環渤海區的這場工業龍頭之爭，進入白熱化階段；相同經濟圈內城市之間的產業分工協作關係更需明確有序：濟青圈的協作發展漸趨成熟，以青島為核心的膠東半島深入日韓市場，與德國漢堡神似的青島第三產業崛起勢頭凌厲，產業結構所佔比例由2004年的38.4%提升為2008年的44.1%，四年之間提高將近6個百分點，五年增長率為181%，對GDP增長貢獻度將近50%，確立了經濟的對外嚮導地位；然而，大連和天津的第三產業近年卻呈現大幅下降趨勢，對GDP增長貢獻度雙雙跌落到40%以下，形成掉頭對內的工業競爭態勢；要避免重複建設及資源浪費的擴大，根本解決之道在於北京市的發展定位，下面將重點說明這個問題。

三、北京市發展定位牽動全區經濟格局，妥善運用市場機制並加強行政控制手段，落實和諧社會目標

2008年北京市的經濟總量突破1萬億元，達到10,488億元，五年增長率為190%，平均年增長率為38%；戶籍人口約1,230萬、常住人口1,695萬，平均年增率為3%，僅次廣州、略勝上海；人均GDP超過8.5萬元。率先在大陸地區基本實現現代化，構建出現代化國際大都市的基本框架，完成「三步走戰略」階段目標的第一步。要按

照目前發展狀態持續下去的話，到2020年肯定是全世界最「富」的政治中心，全面實現現代化（第二步）不是問題，卻也同樣會有更多不相適應的社會矛盾出現。

北京的首要問題不是患寡而是患不均；三級產業結構比從2003年的2.6/36.0/61.4轉變爲2008年的1.1/25.7/73.2，第三產業五年增長率高達246%、對GDP增長貢獻度將近八成，高居大陸之冠；城鄉收入差距比從2003年的2.14：1擴大到2007年的2.3：1，絕對數值從7,094元擴大到12,430元，2008年的奧運經濟勢必將這種差距再度拉大。患不均的主要來源有二：首先是拼政治還更拼經濟的必然結果，其次是人口膨脹問題得不到妥善解決。北京做爲政治中心，三環內十字軸線上大量中央級別的行政機構到處林立，這使得北京的第三產業已經具備比其他都市更高的起點，再加上擁有全區資源分配的決策權力，過去幾年刻意把發展地方經濟列作施政首要目標的情形下，「權錢交易」造就全區各路資源向此集中，經濟自然提升了；然而，龐雜無序的經濟職能又吸引各式各樣、各種目地的人民群眾在此紮堆，造成每年將近有1億人口「到此一遊」，北四環內的交通基本處於全天候地嚴重癱瘓狀態，空氣刺眼、噪音刺耳，各項環境與人文發展指標也隨著經濟成長急遽惡化，長期下來，到處是「渣堆」。北京多元化發展目標：政治、文化、教育、研究、科技、交通、金融、經濟……等中心一把抓的結果，吸引越來越多的人前仆後繼的湧入，而現行文官任用體系使財富集中在極少數的黨國代表階級身上，分配在大多數民眾手上的份額就顯得更少，貧富差距更加拉大，城市發展矛盾也越來越突出。

由於北京極爲特殊的政治地位，北京的未來發展定位不只是北京當地的地方發展事務，而是更全面地影響到整個環渤海區未來多極聯合、均衡共進的形勢；如果北京繼續堅持單極獨大、全面通吃的發展道路，包括天津、大連乃至青島，都很可能必須掉頭重建

以第二產業爲主的結構模式，形成對唐山、瀋陽、濟南的內部惡性競爭；如果北京定位成「政治特區」（D.C.），專注中國未來全區的政治經濟、社會文教、金融監理、醫療健保……等長期均衡發展職能，其他屬於市場經濟的「賺錢營商」職能，遷移至相應適合發展的地區，那麼天津、大連、青島的第三產業將持續壯大，形成虎爪之勢，深攬東北亞咽喉之地，不但能夠活化環渤海區下階段經濟持續增長的紐結，還可以帶動周邊5個次要經濟圈的加速發展。做爲政治特區，首要是營造與智識能力（智庫）相適應的生態環境，除了將嘈雜的營商環境卸載遷移外，還應該考慮縮小現有的行政區界，減少與地方省級行政區爭利的矛盾，提高政治特區應有的文教氛圍與生活水平，採取行政與市場雙重手段分流群眾到經濟型城市謀生發展，以維持北京做爲政治特區所必需的三公（公平、公正、公開）地位與超然境界；畢竟，中國政治體制的改革是未來經濟發展去瓶頸工程極爲重要的環節，許多重要的命題需要寧靜的空間謹愼思考。

第十章

上河區

（黃河中上游區：豫中北、晉、陝中北、隴東、內蒙中、寧）

◎中原（鄭州）經濟圈
　　（豫：鄭州、開封、洛陽、平頂山、新鄉、焦作、許昌、漯河、濟源）
◎關中經濟圈
　　（陝：西安、咸陽、銅川、寶雞、渭南、商洛）
　　（甘：天水）
◎晉陝能源經濟圈
　　（陝：延安、榆林）
　　（晉：太原、大同、陽泉、朔州、晉中、忻州、呂梁）
◎河套經濟圈
　　（內蒙：呼和浩特、包頭、鄂爾多斯、巴彥淖爾、烏海）
　　（寧：銀川、石嘴山、吳忠）

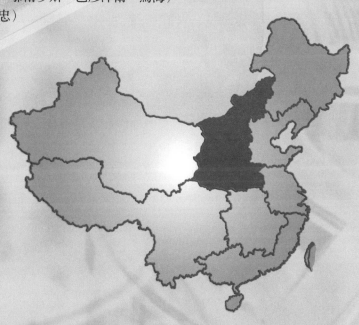

前言

　　上河區主要是因位處黃河中上游流域為名，在行政劃分上以伏牛山主脈到沙潁河一線以北的河南省（簡稱「豫」）、山西省（簡稱「晉」）、河套平原所屬的內蒙中部、寧夏回族自治區（簡稱「寧」）、秦嶺以北的陝西省（簡稱「秦」）為主體，此外還包括甘肅省東隅（隴東高原）接近陝西省的部分。

　　本區主要經濟地帶因地形的切割比較分散，經濟規模也相對較小，大體上分作4個相對獨立的都市經濟帶：以河南省省會鄭州市為中心城市的「**中原（鄭州）經濟圈**」，共有鄭州、開封、洛陽、平頂山、新鄉、焦作、許昌、漯河、濟源等9座城市，總土地面積約5.88萬平方公里，2008年戶籍總人口約4,087萬人；以陝西省省會西安市為中心城市的「**關中經濟圈**」，共有西安、咸陽、銅川、寶雞、渭南、商洛以及甘肅省東南隅的天水等7座城市，總土地面積約8.93萬平方公里，2008年戶籍總人口約2,872萬人；以山西省省會太原市和陝北的榆林為發展極的「**晉陝能源經濟圈**」，共有太原、大同、陽泉、朔州、晉中、忻州、呂梁以及陝北高原的延安、榆林等9座城市，總土地面積約18萬平方公里，2008年戶籍總人口約2,480萬人；以內蒙首府呼和浩特市為中心城市的「**河套經濟圈**」，共有呼和浩特、包頭、鄂爾多斯、巴彥淖爾、烏海以及寧夏北部的銀川、石嘴山、吳忠等8座城市，總土地面積約23.31萬平方公里，2008年戶籍總人口約1,222萬人。

環境條件

一、地理

　　上河區主要地理範圍是黃河中上游流域地區。按黃河水利委員會的劃分方式，黃河從源頭到內蒙托克托縣區河口鎮爲上游，河長3,472公里；河口鎮至河南鄭州桃花峪爲中游，河長1,206公里；桃花峪以下爲下游，河長786公里。本區主要都市經濟帶介於東經105度～114度、北緯34度～42度之間錯落的盆地、溝壑、綠洲和平原上。東過太行山可入渤海經濟區，西越賀蘭山、六盤山接鄰西北區，南抵秦嶺－淮河一線，北達陰山山脈與蒙古國南界接壤。

　　中原（鄭州）經濟圈，以縱向的京廣鐵路與橫向的隴海鐵路相交十字軸出發，向周圍輻射，整個都市經濟圈形狀略呈尖頭朝西的蛋型，範圍大致上介於東經111度10分～114度50分、北緯33度30分～35度40分，地勢西高東低，海拔從2,000公尺以上向70公尺左右的平原傾斜。關中經濟圈，橫跨長江與黃河流域，東起陝西渭南潼關縣，沿著歐亞大陸橋的隴海鐵路向西發展到甘肅天水，整個都市經濟圈形狀呈東西向長條狀，範圍大致上介於東經105度～111度10分、北緯33度40分～35度30分，地勢西高東低並向中央平原陷落，海拔從1,100公尺向350公尺過渡。晉陝能源經濟圈，涵蓋秦、晉二省中北部地區，整個都市經濟圈形狀略呈東北向西南傾斜的長方形，範圍大致上介於東經114度、北緯37度50分～40度50分平行移動到東經108度30分、北緯35度30分～38度30分，平台高原地勢，海拔在1,000～1,500公尺之間。河套經濟圈，主要都市帶沿著賀蘭

山以東、呂梁山以西、陰山以南、長城以北的黃河上游帽子形狀沖積平原羅列，範圍大致上介於東經106度～112度、北緯38度～42度，地勢由西向東微傾，海拔約1,000公尺左右的平坦台地。

二、地貌

　　本區地勢主要特徵是除了東南部分向華北平原傾斜外，面積約40萬平方公里、海拔介於800～2,500公尺的黃土高原隆起佔據著本區中間大部分陸地，高原以西毗連山地型的青藏高原，以北則多為杳無人煙的沙漠。黃土高原以及黃河是形成本區地貌的兩個最主要因素。黃土高原，範圍東起太行山、西至烏鞘嶺、南達秦嶺、北抵長城，是世界上最大的黃土堆積區，佔全球黃土分布的七成，通常厚度為50～80公尺，但也發現可達到150～180公尺厚的罕見情況。黃河，世界上最富戲劇性變化的大河，上游段從寧夏銀川到內蒙托克托，像少婦般溫柔纏綿，哺育著兩岸的農田，形成「塞外江南、荒漠綠洲」，創造極好的農業條件；過托克托大轉彎南向之後的中游段，像為保護孩子成長的剛強烈婦，以「風吼馬嘯、黃河咆叫」劈山破竹之勢，一路頑強拼搏、奮鬥不息；過鄭州桃花峪之後的下游段，像貴婦般令人景仰，地上「懸河」，高高在上，也真的就只能仰望了。

　　黃河重要的支流，例如洮河、汾河、洛河、涇河、渭河、伊洛河、沁河等在本區集中入黃，隨著植被的破壞，黃土高原受到黃河的侵蝕，被捲走大量的土壤，形成千溝萬壑的地表型態。山、原、川三大地貌類型是黃土高原的主體；聳峙在高原上的山地，猶如海洋中的孤島，例如隴東、陝北高原上的子午嶺、白於山、黃龍山等；原（或塬）是指平坦的黃土高原地面，著名的有陝北的洛川原，原面寬闊，適於機械化耕作，是重要的農業區，但也易受流水

侵蝕，進一步再被溝谷分割成長條狀的「梁」，以及有如饅頭狀的山丘——當地稱爲「峁」，梁和峁組成的黃土丘陵，高出附近溝底大都在100～200公尺左右，水土流失嚴重，黃河泥沙九成來自這裡；在梁峁地區地下水出露，匯成小河，河水帶來的泥沙沉積在兩岸形成小片河谷平原，稱它爲「川」。這裡的景色到了冬天，「山舞銀蛇、原馳蠟象；紅妝素裹、分外妖嬈」，這種致命的嬌媚，「引無數英雄競折腰」，如今的北國風光，萬里雪飄依舊，只不過望長城內外，不再是白茫茫的一片，取而代之，欲與天公試比高的，是一架架高聳入雲的油氣塔。

三、土壤

　　本區的地帶性土壤型態基本上可以長城爲界，長城以南是以濕潤程度稍弱但還稱不上乾旱的半淋溶土綱爲主要，長城以北則普遍較乾旱以草原土壤系列的鈣層土綱爲主要，平原河谷盆地多半水成土系列。

　　長城以南的半淋溶土系列的土壤性質，雖然因爲長期以來高度的人文發展而有所改變，但仍與其生成發育的黃土高原的黃土母質有著密切關係，主要土壤類別，有：褐土、（黃）綿土和塿土。褐土的分布地區相當廣泛，主要有與環渤海區的冀北遼西丘陵連接成片的晉北低山丘陵、豫西－關中－隴東的成片連續帶，另外以褐土性質爲準，較之更乾旱的高山中上層1,500～3,000公尺背風坡，例如：賀蘭山、六盤山西坡以及大青山（陰山山脈主體）北坡，有性質與之相近的灰褐土分布；除少數地區褐土還能維持原始面貌外，絕大部分都因爲耕種活動的影響產生了變化；由於多年種植，土壤肥力消耗很大，有機質含量普遍下降到1%左右，嚴重限制著單位面積產量的提高，因此，應注意廣闢肥源，擴大綠肥面積，增加土

壤有機質含量，提高土壤肥力，同時將水土流失嚴重的山地、坡地退耕，植樹造林，發展果木，保持水土。（黃）綿土的分布範圍遍布本區的黃土高原上，主要分布區域包括甘肅中東部、寧夏南部、陝西北部和山西呂梁山以西的廣大區域；（黃）綿土是不合理耕種與侵蝕共同作用下形成的，它的前身可能是黑壚土和褐土，由於長期廣種薄收，粗放耕作，在暴雨的沖刷下，以致原來的表土土層完全被侵蝕掉，而將底土（黃土母質）露在地面，土壤基本上沒有發育，完全保留著清一色的黃土特點；黃綿土區是土壤侵蝕最嚴重的區域之一，大部分地面被分割得支離破碎，溝壑面積超過總土壤面積的50%以上，不僅耕地面積縮小，土壤肥力和作物產量下降，而且常常造成下游河床嚴重淤塞，洪水危害；因此必須搞好水土保持，防止土壤侵蝕進一步惡化，改變過去片面抓糧食生產的局面，侵蝕嚴重的陡坡應退耕造林種草，緩坡地修築水平梯田，實行果糧條帶狀間作，此外還應增施有機肥料，加強耕作管理，把低產的綿土改為畜旺、林茂、糧豐全面發展的生產基地。壚土是半淋溶土中面積最小的類型，主要分布在陝西關中和山西西南部的汾河、渭河河谷平原階地上，河北、河南兩省境內的京廣鐵路兩旁也有少量分布；它是在褐土的基礎上，經過長期耕種和大量施用土糞堆積覆蓋，形成厚約50～60公分的「黃蓋壚」，適種性比較廣，小麥、棉花、玉米、小米等都生長得較好，產量也比較穩定，造就出西北著名的古老糧食基地──「八百里秦川」。

長城以北的草原鈣層土壤系列，主要分布在內蒙古高原的中東部，及其與寧夏、甘肅、青海、陝西等省區的交接地段，黑龍江省的松遼平原，新疆的昭蘇盆地，天山、阿爾泰山、崑崙山等山地上也有一部分，這些地區，除松遼平原開墾較早，從事農業為主外，其餘地區基本上都是牧業用的廣闊大草原，因此又名為草原土壤；由於分布的範圍很寬，無論水熱氣候條件、草原的類型和植被組

120

成，都有很大的不同，土壤自然也就會出現很大差別；本區主要的草原土壤類別，有：黑鈣土、栗鈣土、灰鈣土和黑壚土。黑鈣土基本區域分布，以東北區爲主，本區只在內蒙古陰山山脈迎風面的南坡上部有之。栗鈣土爲本區主要地帶性土類，也是草原土壤中的典型，因顏色有些像板栗的外殼而得名；分布的範圍很廣，面積也最大，在內蒙古自治區，包括黃河後套以東（鄂爾多斯的東部和山西大同盆地在內）的廣大草原地區，差不多佔據整個高原面積的1/2，成爲內蒙古草原土壤的主體；這裡既是中國主要的牧業基地，又有不少旱作農業，二者都因水分不足，生產很不穩定，經營粗放單一的結果造成區內沙漠化現象比較嚴重，局部地區還有鹼化現象發生（例如大同盆地），應根據具體條件，實行以農爲主或以牧爲主的農牧分區治理方式。灰鈣土是草原土壤中向乾旱沙漠地區過渡的一種土類，因顏色淺淡略顯灰色而得名，它也是由黃土母質所形成的土壤，分布範圍不廣，主要集中在黃土高原西部、甘肅河西走廊烏鞘嶺以東的銀川平原、蘭州等地區，寧夏的賀蘭山山地上也有一部分；這裡的生產方式，與栗鈣土區類似，以半農半牧爲主，土壤問題也與之相近，爲了與乾旱鬥爭，在地農民採用一種特殊治理方式──「沙田」，在土面鋪壓沙石的方式進行種植，雖然起到了一定作用，但產量並不高；有效解決方法還是在於解決水源問題。黑壚土是鈣層土中面積最小的類型，以其有灰暗色、好像燒過的爐灰顏色土層而得名，也是由黃土母質形成的；主要分布在黃土高原的陝西北部、寧夏南部、甘肅東部三省的交界地帶，往東穿過黃河，順著呂梁山山腳向北沿著長城一線延伸到大興安嶺南梢的赤峰附近，斷續分散長約1,500公里，貌似夾在北面的栗鈣土區與南面的黃綿土區、褐土區之間的一條狹長皮帶區，常出現在土壤侵蝕較輕，地形較平坦的黃土塬上，例如六盤山東邊的董志塬和洛川塬；絕大部分的黑壚土區都和塬土區一樣被開墾爲農田，種植小麥、玉米、糜

子、穀子、大豆、花生等莊稼，耕種的歷史很長久，但是土壤問題，則類似黃綿土區，水土流失嚴重。除上述主要土類之外，本區長城以北的地區還有風沙土，分布地區主要是：小騰格里、毛烏素、庫布齊、烏蘭布和等內蒙古中部沙漠。

平原地區的主要土綱，爲半水成土系列，主要土壤類別，有：潮土、灌淤土。本區的潮土主要分布地區，是河南省中東部屬於黃河中下游沖積平原的區域，渭河、汾河谷地則與壚土形成複區。灌淤土是北方平原旱田裡的常見土類，主要分布在寧夏銀川平原、內蒙古河套平原；由於中國北方的乾旱和半乾旱地區，發展農業所使用的引水灌溉渠道中常含有較多的泥沙，形成特殊的灌淤層，其性質與原來的土壤大不相同，通稱「灌淤土」（乾旱地區的灌淤土，又稱綠洲土），灌淤土是乾旱和半乾旱地區灌溉農業的產物，同時也是重要的農業生產基地，由於當地的光照條件好，農作物單產水準頗高，但因灌淤土富含碳酸鈣，而且有機質含量較低，故易板結，在地下水位元高的地區（如河套平原），還存在不同程度的鹽鹼化現象，因此，防止土壤板結和次生鹽漬化，鞏固和提高土壤的肥力，是利用灌淤土時所必須注意的問題。

四、氣候

本區氣候大致可分爲4個類型，各類型按緯度與地勢高低依次過渡。

中原經濟圈與關中經濟圈屬於暖溫帶半濕潤季風氣候區；年平均氣溫在攝氏12度～14度，最冷月1月平均氣溫攝氏零下3度～1度，最熱月7月平均氣溫攝氏24度～27度；年降水量600～800毫米，由於降雨量年內分配不均，常出現季節性旱澇，山區雨量集中在夏季情形更爲明顯，經常暴雨成災；全年無霜期大約爲7個月。

　　陝北以及晉中的黃土高原屬於暖溫帶半乾旱氣候區；由於溝壑地形的高低變化劇烈，除了考慮緯度因素外，又有明顯的垂直變化，山地氣候則與晉北類似；年平均氣溫在攝氏7度～11度，最冷月1月平均氣溫攝氏零下10度～零下4度，最熱月7月平均氣溫攝氏21度～24度；年降水量400～600毫米，而降水量的年度差異非常劇烈，例如太原市雨少時僅50毫米、雨多時竟高達700毫米，且暴雨經常夾帶冰雹，毀壞大片莊稼；蒸發度隨著緯度的提升也相對增加，長城一線蒸發量普遍超過降水量；全年無霜期大約為5～6個月；各地的年日照充足，一般都在2,000～3,000小時之間，由南向北逐漸增多。

　　晉北以及陰山山脈以南的河套地區屬於中溫帶大陸性半乾旱氣候區，陰山山脈以北的內蒙古高原屬於中溫帶大陸性乾旱氣候區，都具有降水量少而不勻、寒暑變化劇烈的顯著特點，也都是適合農牧結合的氣候，只是陰山以南以農為主，反之類推；年平均氣溫在攝氏3度～8度，最冷月1月平均氣溫攝氏零下20度～零下11度，最熱月7月平均氣溫攝氏20度～24度；年降水量150～400毫米；全年無霜期大約為4～5個月；日照時一般可達3,200小時。春旱及冬季的暴風是為影響農牧業生產最主要的自然災害，風沙、霜凍、冰雹亦可成災。

 人文背景

一、歷史建制

　　本區是中華民族的發祥地，尤以長城以南的豫、晉、秦三省

為核心，今天絕大部分中國人的祖居地——「河洛」、「洪桐大槐樹」、「軒轅黃陵」都坐落在這片土地上，地方戲曲和方言中還保留了許多古文用法和漢語古音，尤其在山林間的村落居民講的許多地方土話用語，在形容自然現象方面，竟與東南區的閩、粵、客家方言說法一樣；不僅是中華文化的起源地，更是世界文明的重要組成部分。中國八大古都，這裡就佔了五個，而且都具有兩千年以上歷史，普通農民在田裡打口灌溉井，挖出上千年的古文物，已經不是什麼新鮮事，其中為首的西安市還更入列於「世界四大文明古都」，想要探究古代的世界歷史，必須追根到這裡。一言以蔽之，「古老」是這裡最大的資產。

做為歷史悠久的文明發源地，傳統的積累也是非常深厚的，有時候這種深厚往往變成沉重的包袱，甚至是進步的枷鎖。幾千年來，君臣父子的社會秩序在這裡深植民心，加上農業條件的有限，使得老百姓習慣「面朝黃土背朝天」，咬緊牙關、默默耕耘、苦幹實做，年輕人更是不被允許表達意見，「冷娃」是這裡人給外地人的印象，用現代的流行語言講就叫「酷」；然而，不說話並不表示沒想法，實在被逼急了，掙脫枷鎖、改朝換代的想法，直接就轉成做法，哪來的那麼多說法！中國歷史各階段的發展進程，對於維持傳統秩序的要求與追求現代化的改革訴求，兩者之間矛盾衝突發生最頻繁、爭取手段最激烈的地區就在這裡，要改革，從三代時的武王伐紂到現代的毛澤東西出延安，是中國歷史上發動武裝鬥爭（革命戰爭）最集中的地方；求穩定，從遠古時黃帝的逐鹿之戰到現代的抗日戰爭，也是中國歷史上抵抗侵略、捍衛傳統最有力的地方。這裡的人文能量醇厚充沛，載舟覆舟，不多囉嗦。

本區長城以南的行政區劃，近代以來除了1954年河南省省會從開封遷到鄭州外，並無重要變化；長城以北行政區劃的改變就相當地巨大。寧夏的定名始於1287年，元滅西夏後設「寧夏」府路，

名稱一直沿用到民國初年被回族軍閥佔據後改名爲朔方道，1929年
國民革命軍北伐完成統一後成立寧夏省，1954年大陸國務院將之裁
撤，並將阿拉善等旗劃歸內蒙，其餘部分併入甘肅省，之後考慮到
穆斯林等少數民族的多數聚居因素，1958年10月重劃成立寧夏回族
自治區，至今未有改變。外蒙古的治權歸屬問題，從清末民初的混
亂局面，糾纏到1946年國民政府承認其獨立，再到1961年當時在聯
合國代表中國行使表決權的蔣介石政府棄權，聯合國大會通過第
1630號決議案，蒙古國正式成爲聯合國一員，至此已成定局，本書
只對內蒙古進行探究；內蒙始自中國清朝，清統一蒙古後以漠南蒙
古居內地稱作內蒙古，民國初年分屬熱河、察哈爾、綏遠等特別行
政區，後均改省；1947年中共黨人在烏蘭浩特市（王爺廟）決議民
族區域自治，成立內蒙古自治區，其後分別在1954～1956年間併入
綏遠、熱河以及甘肅省的蒙古族自治區域，就成了目前的九市三盟
行政區域範圍。

二、族群分布

　　本區自古以來就是中國境內溝通四面八方的重要樞紐，唐、宋
以來，阿拉伯、波斯、中亞等地的商人、外交使節、宗教職員在這
條路上不斷來往，並且有相當數量的人，由於多種原因，先後定居
下來。本區少數民族以回族、蒙古族、滿族爲主要，並以民族自治
區爲主要聚集地；例如：回族主要聚集於寧夏，該區回族人口約佔
全區人口1/3，佔全區回族總人口的17%；內蒙古的蒙古族約佔全區
人口18%，佔全區蒙古族總人口70%。長城以南少數民族佔人口比
例驟降，秦、晉二省不到1%，河南則約有1.25%，以回族和蒙古族
爲主。

三、宗教信仰

宗教活動則與民族風情相結合，回族信奉伊斯蘭教，蒙古族信喇嘛教，漢族以漢傳佛教、道教、儒教為主，區內多佛、道聖地，中國四大佛教聖地之一的五台山即在此，中心城市的基督教和天主教活動也相當盛行，還設有神學院。

 資源稟賦

一、基礎資源（農林漁牧礦）

上河區的農林漁牧總產值約佔大陸總產值的15%，除了漁業因地處內陸較貧乏外，農、牧業則佔有重要地位。在農業方面，糧食產量達大陸總產量的20%，尤其是河南省產量居冠，該省其他經濟作物如花生、棉花、蔬菜、水果等產量，也一直名列前茅；陝西的蘋果產量也較為突出。在畜牧業方面，內蒙中部和南部的乾旱草原降水較為充足，牧草種類、密度和產量雖不如東北部的草甸草原，但牧草富有營養，適於飼養馬、牛、羊等各種牲畜，這使得內蒙的奶類產量居全區之冠，並且優質羊毛、駝毛等毛織品品質與產量也是第一；河南歸屬華北平原的一部分，圈養型畜牧業發達，建有牛和瘦肉型豬生產基地，肉類供應量居第三位；陝西則是最大的奶山羊基地。在林業資源方面，考慮到強化黃土高原水土保持功能，從1978年啟動、迄今已有三十年的「三北防護林體系生態工程」，企圖建造一道「綠色萬里長城」來維護生態，因此過去長期以來天然

林木採伐大量減少；預計本區林業發展將隨著生態的回復，未來林業產值的提升具有高度可期的發展潛力。

主要查明的礦產分為金屬礦產與非金屬礦產兩大部門。金屬礦產裡還分為：黑色金屬、有色金屬、貴金屬、稀土及稀有金屬、分散金屬（通常以伴生形式出現在大型有色金屬礦床裡）以及原子能金屬。以下逐項列示重要礦產及礦區分布情形：

(一)黑色金屬礦產

主要有鐵、錳、鉻鐵和釩鈦，其重要礦區分布情形為，鐵礦：晉北忻州五台－嵐縣礦帶（30.8億噸）、晉東北角的大同靈丘縣平型關礦帶、內蒙包頭市白雲鄂博鐵鈮稀土礦區（16.3億噸），豫中漯河市舞陽－許昌鐵礦帶；錳礦：晉東北大同市靈丘小青溝、晉東南晉城市高平上村，內蒙烏蘭察布市四子王旗西里廟；鉻鐵礦：內蒙古錫林郭勒盟賀根山（儲量180萬噸，佔17%，居第二位）；鈦磁鐵岩礦：山西晉中市東南左權縣桐峪鈦鐵礦，豫中漯河市舞陽縣趙案莊。

(二)有色金屬礦產

主要有銅、鋁土、鉛鋅、鎢、鉬，其重要礦區分布情形為，銅礦：山西中條山地區（主要分布在垣曲縣，儲量近300萬噸，伴生鈷），內蒙巴彥淖爾市烏拉特後旗霍各氣、炭窯口礦區（儲量約110萬噸）；鋁土礦（伴生鎵）：以晉豫二省儲量最豐，山西省（估計可達20億噸，居全區第一）主要分布在呂梁市的孝義、交口、汾陽、興縣，陽泉市的礦區、盂縣，忻州市的寧武、原平、保德及運城市的平陸等地區，河南省（估計達10億噸，居全區第二）主要分布在京廣線以西的黃河南岸地區；鉛鋅礦：內蒙狼山地區

（巴彥淖爾市烏拉特旗，伴生鎘）的東升廟（鉛46萬噸、鋅408萬噸）、霍各氣（鉛97萬噸、鋅78萬噸）、甲生盤（鉛18萬噸、鋅127萬噸），陝西省寶雞市鳳縣鉛硐山，豫西盧氏縣曲里鋅礦、桐柏破山鉛鋅礦；鎢礦：豫西洛陽市伏牛山北麓欒川縣三道莊、南泥湖（保有儲量65萬噸，居第二位）；鉬礦（伴生錸）：河南洛陽市欒川上房溝——嵩縣雷門溝（儲量206萬噸，約佔總量的30％，居世界第三，亞洲第一），陝西關中東部華山南北麓緊追在後，已開採的中國鉬都——華縣金堆城，礦石量達14億噸，鉬金屬量128萬噸，居世界前列，是世界六大鉬礦床之一。

(三)貴金屬礦產

以金、銀為主要，其重要礦區分布情形為黃金：內蒙中哈德門金礦，晉北大同，豫陝交界處的小秦嶺金礦成片帶（主要礦山有：銀洞坡、金峪、大湖、潭頭、上宮、太白）；銀：山西大同靈丘縣支家地、刁泉銅，陝西省商洛市西北柞水縣銀硐子，河南破山銀礦。

(四)稀土及稀有金屬礦

稀土、稀有金屬：內蒙古白雲鄂博超大型輕稀土礦，儲量8,770萬噸，佔全區95％，也居世界之首。白雲鄂博的鈮、鉭儲量也相當巨大，河南盧氏縣中小型鋰、鈮、鉭礦，陝西關中東部華山南坡洛南縣的黃龍鋪鉬礦中伴生大型鍶礦（青天石保有儲量約504萬噸）。稀散金屬礦產中以鍺礦為主要，賦存在山西大同、內蒙錫盟的煤礦中。

(五)原子能金屬

　　主要的鈾礦床有：陝西西安市藍田鈾礦床（2,000tU）、河南三門峽陝縣的黃村鈾礦床；已經建成和新建的核工業基地有：藍田鈾礦。

　　主要非金屬礦產品有耐火黏土、硫鐵礦、水泥灰岩、膨潤土、石墨、芒硝、鎂鹽、石膏、螢石、寶玉，其重要礦區分布情形爲耐火黏土：主要分布在山西、河南、內蒙，以山西耐火黏土礦最多，約佔全區總保有儲量三成；硫鐵礦：分布於內蒙的東升廟、甲生盤、炭窯口，河南焦作，山西陽泉；水泥灰岩：儲量以陝北最多，佔10%；膨潤土礦：內蒙烏拉特前旗、烏蘭察布興和縣；石墨：內蒙興和縣，陝西華山南麓銀洞溝、寶雞眉縣銅峪；芒硝礦：內蒙鄂爾多斯市達拉特旗，儲量34億噸，是世界上最大的芒硝礦之一；鎂鹽礦：山西運城鹽湖；石膏：內蒙鄂托克旗，山西太原，寧夏中衛；螢石礦：內蒙烏蘭察布四子王旗、西部阿拉善盟的額濟納旗；寶玉石礦：內蒙古的瑪瑙，瑪瑙產量極大，西從阿拉善盟額濟納旗到東邊的呼倫貝爾盟的莫力達瓦達翰爾大戈壁中，唾手可得。

二、水電能源

　　本區水資源總量非常稀少，不到全大陸的5%，尤其是寧夏回族自治區，水資源總量僅10億立方公尺左右，無論在總量或是人均量都是全大陸墊底的情況，全區除了內蒙的人均水資源量能達到千立方公尺水平外，其餘都在500立方公尺以下，算是相當匱乏。主要水力資源是黃河，黃河出青銅峽後，沿鄂爾多斯高原的西北邊界向東北方向流動，然後向東直抵河口鎮。沿河所經區域大部分爲荒

漠和荒漠草原，基本無支流注入，幹流河床平緩，水流緩慢，兩岸有大片沖積平原，是謂「河套平原」（廣義解釋）。河套平原西起寧夏下河沿，東至內蒙古河口鎮，長900公里、寬30～50公里，是著名的「黃河百害，唯富一套」灌溉區。黃河出河口鎮往南一路奔騰咆哮到龍門口，這段是河道幹流上最長的一段連續峽谷——「秦晉峽谷」，河面落差很大，水電資源豐富；龍門口至三門峽區間，河段接納了汾、渭等重要支流，河谷寬展，水流緩慢，是秦晉兩省的重要農業區。三門峽至小浪底，河道穿行於中條山、崤山之間，為黃河幹流上的最後一段峽谷。本區重要的水利樞紐，自上而下，分別有：寧夏「青銅峽」、內蒙磴口「三盛公」、山西偏關與內蒙古準噶爾旗交界的「萬家寨」、山西保德與陝西府谷交界的「天橋」、河南「三門峽」、河南濟源「小浪底」共6個，發電裝機總容量為370萬千瓦、年發電可達105億千瓦時，以小浪底、萬家寨為主要。做為綠色能源，除了水力發電，還有地熱能，本區主要的地熱田有：陝西省咸陽地熱田（中國地熱城）、陝西省西安市長安區灃浴溫泉、晉南臨汾市曲沃溫泉。

　　本區富含優質煤礦，是中國最重要的煤炭生產基地，由於煤炭在各種形式的能源生產結構中所佔比例達七成五，所以本區也成為最重要的能源供應中心。重點煤礦：山西省有大同、王坪、小峪、平朔、軒崗、西山、太原、寨溝、東山、陽泉、蔭營、汾西、霍州、潞安、韓城、晉城等，內蒙古有札賚諾爾、伊敏、大雁、霍林河、平莊、烏達、海渤灣、五間房、白彥花、巴彥寶力格、那仁寶力格等，陝西省有銅川、浦白、澄合等，寧夏有石嘴山、石炭井、靈武等，河南省有鶴壁、義馬、焦作、鄭州、平頂山等。煤田主要集中在內蒙南部、晉中北及陝北等大片地區，探明儲量超過6,000億噸，其中的「神府－東勝煤田」是中國已探明的最大煤田，也是世界七大煤田之首，面積22,860平方公里，預測儲量6,690億噸，探明

儲量2,300億噸。除了煤炭之外，火電能源中的重要組成元素還有石油、天然氣，最主要的含油氣盆地有：鄂爾多斯（陝甘寧）、二連浩特（內蒙北），主要投產開發的油氣礦產地是：長慶、延長、陝北、二連、中原，全區石油、天然氣生產骨幹企業有：長慶石油勘探局、延長油礦管理局、中原石油勘探局，而將這些火電能源大集成的地區，當屬有「中國科威特」之稱的陝北高原，尤其以榆林市為代表；2008年陝北榆林的煤炭、石油、天然氣產量分別為1.55億噸、800萬噸、90億立方公尺，電力運輸裝機容量達到628萬千瓦，已經形成了空中輸電，地上火車運煤，地下管道輸氣，這樣立體的運輸能源的大通道；如果把價值轉換成概念的話，大概可以說榆林的每一平方公里的土地下就有10億元的礦藏資源，佔整個陝西省的礦藏資源的95%。每年世界頂級車廠必須到陝北專場開辦巡迴展覽會，場上最貴的車輛被農民模樣的人當場繳錢開走已經不是新聞，站在陝北的縣城裡，隨處可見頂級豪華汽車滿街跑的富裕景象，如果你以為今天的陝北還跟古代一樣，老百姓過著住窯洞、啃包穀稈的日子，那證明你的知識體系真的需要加快腳步向前趕上了。

三、生物資源

　　本區生態條件多樣，物種繁多。生物資源以有著「中華生物基因庫」之稱的秦嶺為首要，有野生種子植物3,300餘種，約佔全區的10%，其中的中華獼猴桃、沙棘、絞股藍（神仙草）、富硒茶等極具開發價值，生漆產量和品質居全區之冠，紅棗、核桃、桐油是傳統的出口產品，藥用植物裡的天麻、杜仲、苦杏仁、甘草等在全區具有重要地位。野生動物600餘種，約佔全區的30%。其中珍稀動物69種，大熊貓、金絲猴、羚牛、朱鷳等12種被列為國家一級保護動物。除了秦嶺之外，其他地區較為重要的生物資源有：河南焦作的

四大懷藥（懷山藥、懷地黃、懷牛膝、懷菊花）；山西的保育類特有珍禽——褐馬雞；寧夏的枸杞和黑鶴、中華秋沙鴨、金錢豹、馬鹿、岩羊、藍馬鳥、紅腹錦雞等稀有動物；內蒙古特有的馴鹿、野驢和野駱駝，是世界上絕無僅有的野生獸類。

四、旅遊資源

本區景觀以長城爲界，長城以北主要是一望無際的大漠和草原，景觀雖然單調缺乏變化，但是以回族和蒙古族爲主的民族風情卻十分突出；長城以南的黃土高原，地形夾雜著千變萬化的丘陵溝壑，周圍還有太行山、秦嶺等大山聳立，自然景觀除了海洋之外，天池鹽湖、萬年冰洞、雲海日出、瀑布激流之類的天工造化，幾乎是全部到齊了；截至目前爲止，本區的「世界文化與自然遺產」、「世界地質公園」等世界級的旅遊景點共有11個，分別是：長城、陝西秦始皇陵及兵馬俑、山西平遙古城、河南洛陽龍門石窟、山西大同雲岡石窟、河南安陽殷墟、山西五台山以及河南的雲台山、嵩山、伏牛山和王屋山－黛眉山等4座世界地質公園；187個國家級風景名勝區中本區有20個，300多個國家級自然保護區中本區有27個；鄭州經濟圈是本區旅遊資源最豐富的地區。另外，自2006年10月規劃啓動，預計2010年開園的秦嶺植物園，佔地達640平方公里，將是世界最大的綜合性植物園。

 經濟發展

上河區地處中國地理疆界的幾何中心部位，具有承東啓西、通南達北的交通運輸樞紐地位，同時也是支持環渤海區穩定發展的重

要後盾。

中原（鄭州）經濟圈是以河南省省會鄭州市為主要發展極的交通樞紐型都市經濟帶。鄭州交通地位重要，京廣、隴海兩大鐵路幹線在此交錯，未來中國南北、東西方向的兩大高速鐵路幹線也在此交會，是亞洲最大的陸路交通集成站點，形成了公路、鐵路、航空、管道（南水北調、西氣東輸工程）與通信兼具的綜合性立體交通樞紐，這些都促成了鄭州市成為中國內地最重要的現代物流與會展中心，也使得鄭州得以率先成立商品期貨交易所，所形成的「鄭州價格」成為中國糧食生產和流通的指導價格。主導產業有：有色金屬、食品、煤炭、捲煙、機械電子、石油化工、建材、輕紡等。鄭州是大陸重要的棉紡織工業基地，重要的冶金建材（耐火材料）工業基地；擁有亞洲最大的磨料磨具企業，擁有亞洲規模最大、工藝技術最先進的客車生產企業；氧化鋁產量突破170萬噸，位居亞洲首位；速凍食品佔全區總產量的50%以上。中原（鄭州）經濟圈2008年全年經濟概況：經濟總量突破1萬億元，達到10,562億元，五年增長率約170%，人均所得突破2.5萬元，五年增長率約160%；三次產業比例由2003年的11.8/53.8/34.4調整為9.1/60.0 /30.9，第二產業比重五年來提高6.2個百分點，結構調整尚屬優化；全社會固定投資5,908億元，五年增長率將近350%，對經濟總量所佔比例由2003年的33.6%躍升為2008年的55.9%；全社會消費零售總額為3,243億元，五年增長率為135%，對經濟總量所佔比例由2003年的35.2%下降到2008年的30.7%；外貿總額達123.9億美元，五年增長率為262%；實際利用外資金額為31.8億美元，較五年前的6億美元增長數倍。整體而言，經濟增長屬於投資推動型增長模式，並將在短期內維持一定的路徑依賴慣性，然而如何提振內需將是未來重要的發展課題。

關中經濟圈以有著三千一百年城市連續發展歷史的十三朝古

都——陝西省省會西安市，爲發展極的關中平原都市經濟帶。西安是中國經濟發達地區向外擴張的重要門戶，也是待開發地區追求現代化的學習窗口。如果把中國大陸的鐵公路運輸體系比喻成一張撒向東面的魚網，那麼西安就處在收網的結點位置；預計將在2010年啓用的西安火車站，規劃爲18台34線，將是亞洲最大的火車站。以科技和文化爲主，西安市擁有「五區兩基地」共7個國家級產業園區，分別是：高新技術產業開發區、經濟技術開發區、曲江文化產業示範區、滻灞生態保護示範基地、國際港務物流區、航空高技術產業基地、民用航太產業基地。做爲國家統籌科技資源試驗特區，西安是中國重點高等院校最爲集中的城市之一，在校學生人數僅次於北京、上海，是全區高校密度和受高等教育人數最多的城市（平均每6人中就有1人接受過大學本科以上教育）。比較優勢突出地表現在3個層次上：世界級的旅遊觀光資源優勢、國家級的科研教育和高新技術產業基地。主導產業有：旅遊業、機械、軍工電子信訊、電工、航空航太、輕工業等。關中經濟圈2008年全年經濟概況：經濟總量4,715億元，還不到鄭州經濟圈的一半，五年增長率爲上河區4個都市經濟圈中最低，只有144%，人均指標也是最落後，只有136%，總量與人均雙指標均落後於全大陸平均水平；三次產業結構基本上並無太大改變，結構比從2003年的12.0/45.3/42.7到2008年的11.1/48.0/40.9，結構調整稍嫌緩慢；全社會固定投資3,632億元，五年增長率達314%，對經濟總量的佔比由2003年的45.4%躍升爲2008年的77%，是經濟增長的主要因素；全社會消費零售總額爲1,959億元，五年增長率173%，對經濟總量所佔比例由2003年的37.1%提高到2008年的41.6%；外貿總額達82億美元，實際利用外資金額爲12.5億美元，都不具備外部經濟規模。綜合而言，經濟增長強烈依賴內部投資推動，經濟發展模式處於新舊交替的十字路口，摸索期過長導致發展有鈍化之虞。

　　晉陝能源經濟圈是以山西省省會太原市和陝北的榆林市爲雙發展極的都市經濟帶。本區是西氣東輸、西電東送、西煤東運的重要源頭，是支持環渤海區崛起的「中華鍋爐房」；新世紀伊始，隨著大陸國務院一系列宏觀調控政策和新能源工業基地建設政策的出台，由太原市承擔起產業結構調整和升級轉化領頭羊的重任，從過去以輸出能源、原材料、礦山機械爲主要特徵的單調產業型態，發展成今日以能源、冶金、機械、化工爲支柱，輕紡、電子、食品、醫藥、精密儀器和建材工業具有相當規模，工業門類比較齊全的現代化工業城市。以不鏽鋼生產基地、新型裝備製造工業基地和鎂鋁合金加工製造基地「三大基地」爲代表的優勢產業發展態勢良好。2008年全年經濟概況：經濟總量達5,995億元，五年增長率爲245%，人均GDP爲2.4萬元，五年增長率爲238%，其中增長速度最驚人的城市當屬陝北的榆林和延安，從SARS後分別以630%、400%的增長率拔沖而起；三次產業比例從2003年的8.6/53.3/38.1調整爲4.9/63.2/31.9，榆林和延安的二級產業結構所佔比例都近達八成；全社會固定投資3,211億元，五年增長率達297%，對經濟總量所佔比例由2003年的46.6%增加到2008年的53.6%；全社會消費零售總額爲1,752億元，五年增長率203%，對經濟總量所佔比例由2003年的33.2%下降到2008年的29.2%；外貿總額達120億美元，主要爲煤炭原料的出口，實際利用外資金額爲9.2億美元，規模尚小。總的來說，經濟增長模式主要依賴豐厚的資源稟賦，粗加工式的能源輸出型經濟普遍存在，生產效率的提升以及內需消費的提振，將是未來發展道路上必須面對的難題。

　　河套經濟圈是以內蒙首府呼和浩特市以及包頭、鄂爾多斯等三市形成發展的火車頭，拉動黃河上游沿河一溜的河套平原都市群，爬坡奮進。做爲支持環渤海區經濟發展的重要環節，本經濟圈除了依托富饒的基礎資源成爲重要的能源輸送基地外，更進一步

結合當地特殊的自然條件，發展出具有地方特色的優勢產業。主
導產業有：能源、煤化工、石油化工、核化工、有色金屬及稀土
冶金、食品飲料、捲煙、工程機械與重型汽車、建材、毛紡織、
生物製藥等；倚仗著最有利於奶牛成長的北緯40度～45度地理氣
候區間優勢，呼和浩特2008年豢畜奶牛達70萬頭、鮮奶產量超過
300萬噸，「牛氣沖天」地成為中國「乳都」；鄂爾多斯是世界羊
絨產業中心，並且建立了大陸目前最大的煤產業循環經濟園區，預
計2010年煤炭就地轉化率可達90%以上；包頭的稀土冶金建設出中
國最大的軍工兵器生產基地、中國核燃料元件和核材料生產、科
研基地，並與德國Benz、美國Terex成立重型車輛生產基地。2008
年全年經濟概況：經濟總量達6,284億元，五年增長率為278%，人
均GDP突破5萬元，達5.14萬元，五年增長率為246%，其中鄂爾多
斯是增長速度最快的城市，五年增長率達492%；三次產業比例從
2003年的11.0/48.7/40.3調整為5.5/53.2/41.3，工業化轉進漸趨成熟；
全社會固定投資3,956元億，五年增長率達326%，對經濟總量所佔
比例由2003年的55.8%增加到2008年的62.9%；全社會消費零售總額
為1,690億元，五年增長率190%，對經濟總量所佔比例由2003年的
35%下降到2008年的27%；外貿總額僅62億美元，屬全區最少者；
實際利用外資金額達26億美元，在本區僅次於中原經濟圈。總的來
說，經濟增長模式由資源依賴型轉進為精密加工的向好發展趨勢，
過去對投資的挹注應該進一步引導到內需消費的提振，地處邊陲但
外向型經濟仍有待積極開發。

 趨勢展望

　　上河區的優勢是基礎資源豐厚，人文能量充沛，肯做敢拼；然而，受到周圍更強大的主要經濟發展區域（環渤海、長三角、上江區）牽引的影響，區內4個都市經濟圈的發展相對獨立，目前還沒有出現整合的態勢。整體而言，本區近年來的經濟發展結果，以鄭州為首的中原經濟圈總量表現最大，直逼長江流域，以河套及晉陝能源經濟圈最具發展潛力，其增長速度分居所有都市經濟圈的前列地位；然而，增長速度雖快，但因缺乏區域宏觀的協調發展規劃，各自為政、各行其道的結果，伴隨而來的是容易形成局部失衡，導致政府失能，更不利的後果則是地下經濟盛行，造成資源耗損過大的嚴重浪費。未來增長的道路，可以考慮下列幾點做為政策調整的參考：

一、能源經濟板塊環境生態亟需重建，基礎設施應由更高組織層級統一規劃執行並給予財政補貼

　　中國大陸改革開放三十年來，因為眾所周知的原因，令人感到最惋惜與委屈的地方是臺灣海峽西岸的福建沿海；而做出最大的犧牲、默默奉獻的地方，就是山西、陝北與內蒙南部這個能源經濟板塊。本章前面內容曾經形象地描述這個板塊是中華鍋爐房，因為它忍受著超高溫和重污染，一鏟一瓢地把煤、油、氣往鍋爐裡送，產出的電力源源不斷地送往每個工業角落促成經濟增長，偏偏這種辛苦還得不到應有的回報，別人都掙錢富裕起來了，能源的價格還是緊緊地掐住，恰似一個五星級豪華餐廳，搭配著環境骯髒、設備老

舊的廚房，現在也到了該從使用者口袋裡拿出一部分錢整修這個老廚房的時候了。

　　至於生態治理為甚麼必須由更高組織層級統籌掌握，因為如果讓地方政府自行處理的話，這等於跟一個富家子弟講勤儉持家的道理一樣，道理講得通，也聽明白了，但執行起來就走樣了；再加上整個板塊涵蓋三省行政區界，所以必須由國務院直接監管，可以成立專門委員會統籌規劃，定期檢討實施成效，也方便就近解決能源安全與外流的問題。另外，能源板塊各地政府也必須思考著未來發展道路該如何走下去，總不能叫這裡有點錢的人就四處挖煤坑、鑿油井，沒錢的人就抄傢伙幹油老鼠的勾當。對能源的下游產業鏈進行布局，例如勞力密集型的電力儲存設備、輸送設備、管線等的深加工，都是可以考慮的出路。

二、本區是中華民族謀求長治久安的重要突破口，藉由解決人口布局議題，得出可行的戰略思路

　　本區的人口分布結構相當懸殊，人口最多與最少的經濟圈都在這裡。做為中華人口第一大省的河南，目前總人口正式突破1億人，按照城鄉人口比3.5/6.5計算，河南省的農村人口數大約是6,500萬；根據中等發展水平的國家70％居民城市化標準設算，也就是說，估計還有一半以上的農民將湧向城市，而這還不包括未來新增人口數；整個河南省境內的城鎮加起來也沒有足夠的胃納量，對中原經濟圈的重點城市來說，巨量農民入城的安置問題更是一場讓所有人睡不著的夢魘；河南農民弟兄們的發展道路就是走出去，問題是要走到哪裡去？同樣是黃河流域，生活習慣語言文化差異不大，人口非常稀少的河套經濟區，應該實施政策鼓勵歡迎河南農民弟兄前往移民發展。以寧夏回族自治區為例，整個寧夏也只有600萬左

右人口，比海南省還少了將近250萬人，而農地面積達420萬公頃卻是海南的1.5倍，寧夏需要河南，河南也需要寧夏。

河套經濟圈除了呼、包、鄂適合發展重工業外，其他多數地方可以嘗試發展浙西模式的民生小商品經濟，並以此做為對穆斯林世界以及蒙古國深入交往的起點，這點是突破近百年來斯拉夫民族壓制中華民族抬頭的可行戰略，只能做不能說。長江下游以南的區域，那裡的人長期習慣了支離破碎、劃地自限，他們永遠也不能理解這件事情所具有的戰略意義和歷史內涵。

三、站在新舊交替十字路口的關中經濟圈，緬懷過去不如大膽地往前走、莫回頭

本區發展上最矛盾的都市經濟圈就是關中，無論是地理位置、基礎設施、人力資源，關中都是本區最具優勢的，說出來一長串的國家級開發區域與基地，中央補助支持力度也夠大的，但是發展結果卻恰恰相反，經濟總量與增長狀況都敬陪末座，這說明了過去以來那種新舊夾雜、中西混淆、具有實驗色彩的發展路線必須修正。關中位居內地深處，地形上平坦開闊，具有號召力的國際級景點也就只有一個——「始皇陵和兵馬俑博物館」，這種旅遊條件單薄且脆弱，旅遊業只能做為城市發展的共生系統，不足以拿來做為全面經濟發展的主軸；尤其是這裡很多地方大搞現代人仿古的東西，這種「復古」經濟完全不具備可持續發展的前景，應該適可而止。

關中經濟的發展模式長期以來就一直處於論證與摸索的階段，從早期仿效東南區的臺灣加工出口增長模式，後來又有走日本、德國的軍工改造之路，再到晚近集合北疆、上江、中江等區域的優點，再加上行政力量介入把經濟圈擴大的綜合整改方案，建議用心良苦，方案門類齊全；然而，多數方案的施行都遭遇到水土不服的

問題。臺灣加工出口模式只適用在閩東沿海和環北部灣，軍工改造首先要面對來自長春、瀋陽、天津、青島、包頭、重慶，乃至於鄰近的蘭州等城市的強大競爭，以行政凌駕市場經濟的綜合整改方案，恐怕會把問題更複雜化。其實，關中的優勢很明顯，秦川八百里、人口2,870萬，經濟應該很好發展，過去的摸索過程奠定了多面向綜合發展的有利基礎，大面積平原非常適合農業機械化規模經營，多種改良作物的市場化、產業化也有較大的進步空間。關中經濟發展有4個制高點：地理優越性、文化崇高性、產業高端性、教育領先性；北面接近世界能源、金屬核心地帶，南面是中國生物基因庫，西面有蘭州軍區衛戍，東面是中國物流與展覽中心，高級人才數量堪比北京、上海，科技研發實力全區前列，這些要素都是發展高層產業結構的良好條件，可以爭取成立「西北能源、金屬、新商品期貨交易所」，這裡的條件絕對具有區域金融訂價的實力；世界數據集成與通訊軟體設計服務中心，也是很適合的發展方向。

第十一章

西北區

（甘、新、青、內蒙西）

◎蘭青經濟圈
  （甘：蘭州、白銀、武威、定西、臨夏）
  （青：西寧、海東）
◎北疆經濟圈
  （新：烏魯木齊、克拉瑪依、昌吉、奎屯、石河子）

 前言

　　西北區主要是指甘肅省省會蘭州市以西、秦嶺－崑崙緯向以北（約北緯34度線）的廣大地區，在行政劃分上涵蓋甘肅省（簡稱「甘」或「隴」）、青海省（簡稱「青」）、新疆維吾爾自治區（簡稱「新」）、賀蘭山以西的內蒙阿拉善盟。本區有兩個主要經濟地帶，規模都比較小，分別是：以甘肅蘭州到青海西寧的蘭青鐵路沿線城市構成的「**蘭青經濟圈**」，並以甘肅省省會蘭州市和青海省省會西寧市為經濟發展中心，共有蘭州、白銀、武威、定西、臨夏、海東、西寧等7座城市，總土地面積約10.36萬平方公里，2008年戶籍總人口約1,399萬人；以新疆維吾爾自治區首府烏魯木齊市為中心城市的「**北疆經濟圈**」，共有烏魯木齊、克拉瑪依、昌吉、奎屯、石河子等5座城市，總土地面積約4.08萬平方公里，2008年戶籍總人口約496萬人。

 環境條件

一、地理

　　西北區主要地理範圍介於北緯34度～49度、東經73度～106度之間，中國疆域的最西點即在新疆帕米爾高原薩雷闊勒嶺山脊與郎庫里湖東北角（2002年5月劃定）。本區與外國接鄰最主要的省區就是新疆，邊境線長達5,600多公里，而且對外口岸最多，由北往

南逆時針方向分別與蒙古、俄羅斯、哈薩克斯坦、吉爾吉斯斯坦、塔吉克斯坦、阿富汗、巴基斯坦、印度等八國相鄰；此外，內蒙阿拉善盟和甘肅省西北角一小段也與蒙古國接壤。本區兩個主要都市經濟帶：蘭青經濟圈，範圍大致上介於東經101度～105度、北緯35度～39度，青海湖以東、六盤山以西、渭河以北、騰格里沙漠以南，地勢西高東低，海拔從3,500公尺向1,500公尺傾斜，蘭新、蘭青、隴海等鐵路為主要交通動脈；北疆經濟圈，主要在吐魯番盆地以西，介於準噶爾盆地西南緣、天山山脈北麓之間的條狀地帶，過奎屯市後改往北到克拉瑪依市區，整個都市經濟帶呈"L"形狀，範圍大致上介於東經85度～89度、北緯43度～45度，地勢周圍高並向中央盆地綠洲平原陷落，海拔從3,000公尺向500公尺過渡。

二、地貌

本區主要地貌特徵是海拔高低差距特別懸殊，是由特大山地高原環狀圍繞著特大凹陷盆地，並依序相間分布所組成的特殊地形，它的特殊性違反了自然地理的過渡性規律。全區最高聳的地理位置是南部的山地高原，由西向東有帕米爾高原（主峰7,500～7,650公尺）、崑崙山（主峰6,600～7,000公尺）、可可西里山（主峰6,305公尺）、唐古喇山（主峰6,621公尺）、巴顏喀拉山（主峰5,266公尺）、阿尼瑪卿山（主峰6,282公尺），長江與黃河均發源於此；間隔往北的第二級山脈，分別是：天山山脈（邊界主峰7,443公尺，境內主峰5,445公尺）、阿爾金山（主峰6,295～5,798公尺）、祁連山（主峰5,547～4,843公尺），中間間隔的是面積53萬平方公里、海拔800～1,300公尺的塔里木盆地，以及面積22萬平方公里、海拔2,600～3,000公尺的柴達木盆地，中國最長內陸河——塔里木河（全長2,179公里，流域面積19.8萬平方公里）與最大內陸湖——青

海湖（面積4,320平方公里）存在此間；間隔往北的第三級山脈，分別是：阿爾泰山（主峰4,370公尺）、北山山脈（主峰2,500～3,600公尺）、賀蘭山（主峰3,556公尺），中間間隔的是面積38萬平方公里、海拔500～1,000公尺的準噶爾盆地，面積5萬平方公里、大部分地區在海拔500公尺以下、最低點低於海平面以下155公尺的吐魯番盆地，以及長1,200公里、寬100～200公里、海拔1,500公尺的河西走廊，走廊以北是內蒙古戈壁沙漠。

三、土壤

西北區幅員遼闊，是中國經濟區域裡陸地面積最大的區塊，面積約佔總陸地面積的1/3；然而，區內地帶性土類絕大部分屬於經濟利用效率極低的，甚至是毫無利用價值的，乾旱地區石膏鹽層土綱及森林鬱閉線（見146頁解釋）以上的高山土壤。

石膏鹽層土是對中國西北乾旱地區一些具有石膏和鹽分的土壤的統稱，因為這些土壤所處的地理環境遍布著浩瀚大漠，例如：騰格里、巴丹吉林、柴達木、庫姆塔格、古爾班通古特與塔克拉瑪干等，所以這一系列的土類的名稱都帶有一個「漠」字。石膏鹽層土在西北區的分布面積非常廣大，差不多要佔到60%；地理上的籠統分界，甘肅河西走廊的長城以北、嘉峪關以西、青藏公路（國道104號線）以西、崑崙山以北，屬於歐亞大陸乾旱中心的鄰近區域；一年的降水量，大部分地區達不到100毫米，若羌、羅布泊甚至只有10毫米左右，農業生產完全要靠引用高山冰雪和地下水（坎兒井）進行灌溉才能種植，屬於無灌溉即無農業的極端乾旱地區。其中較具有農業利用價值，土壤類別屬於灰漠土（貼近灰鈣土）的沙漠邊緣少部分地帶，主要分布區域有：內蒙古河套平原、寧夏銀川平原的西北角，新疆準噶爾盆地沙漠的南北兩邊山前傾斜平原、

古老沖積平原和剝蝕高原地區，以及甘肅河西走廊中段一小部分；由於年降水量100～150毫米，比其它漠土區濕潤，成土母質大多數是黃土的原因，並且在草長得比較多的地段（部分地區覆蓋度可達10％），可以見到少量嚙齒類動物活動的洞隙和小土包；新疆的灰漠土墾殖區，畝產小麥平均達100～150公斤、皮棉35～40公斤，實踐證明，儘管它有鹽化、鹼化的弱點，只要有足夠的灌溉條件和合理的耕作施肥管理，農業生產的效果還是比較好的。另外在棕漠土遍布的廣大地區，雖然土壤鹽鹼化程度低得多，但因礫石太多，氣候乾旱，多用來放牧駱駝；而在能引水灌溉的吐魯番的葡萄溝地區，沿等高線按一定距離挖溝，溝內填一定厚度的細土，種植葡萄（提子），取得了不小成績。除此之外的其他石膏鹽層土地區，廣布著流動風沙土，以及需要投入大量人力、物力進行特殊改良才能種植的龜裂土、鹽鹼土，在甘肅河西走廊、青海柴達木、新疆塔里木等地區，典型鹽土廣泛分布在沖積扇形地邊緣溢出帶的中下部，乾涸三角洲的中下部，以及湖濱平原、河灘漫地上，呈大面積分布，鹽層厚度一般在10公分以上，厚達半公尺者也非罕見；積鹽的型態，有以鹽結皮為主、結皮疏鬆層為主、疏鬆層為主和鹽結殼為主等不同狀況，整治難度加大，經濟效益難以掌握。

　　在普遍較濕潤的高山丘陵地帶，西北區因為垂直差距的地形特殊性，也顯現出比別的區塊更為豐富的土壤類型。在濕潤、熱能條件都相對較好的溫帶森林草原地區，森林植被下容易形成一種灰色深厚土層的灰色森林土（灰黑土），在淋溶土系列中，它的淋溶程度最弱，分布的面積也最小，屬森林土壤向草原土壤的過渡類型，常與草原植被下的黑鈣土組成複區，主要分布在新疆阿爾泰山、準噶爾盆地以西的薩烏爾山和巴爾雷克山；灰色森林土的潛在肥力和有效肥力都較高，養分條件不亞於黑鈣土，只因分布在山地上部，坡度較大，限制了農業生產的發展，但卻是很好的宜林資源。淋溶

程度更弱的背風坡，主要土類是屬於灌木林區的半淋溶系列的灰褐土，呈零星斑塊或稍大片狀，分布在甘肅的祁連山、興隆山，青海的日月山、唐古喇山，新疆的西部天山、帕米爾、西崑崙山等山地的陰坡、半陰坡部位，海拔高度大體在1,500～3,000公尺之間。隨著海拔高度上升，氣溫不斷下降，到一定高度後，熱量就滿足不了森林生長的需要，逐漸轉變為稀疏的矮樹和灌木，最終為草本植被所取代。茂密森林所能達到的最高處，稱為「森林鬱閉線」，凡是在森林鬱閉線以上或相當於這個高度以上的無林高山地帶的各種土壤，都應稱為高山土壤，尤其以海拔高度在4,500公尺左右的青藏高原為典型。青藏高原的高山土壤類別，可以蘭州－西寧－格爾木－拉薩的青藏公路、鐵路（國道104號線）為東西分野。高山（亞高山）草甸土，主要是104青藏線以東的地帶性土類，以及新疆阿爾泰山、準噶爾盆地以西山地和天山山脈的上段，分布地帶的地形，大多是比較平緩的分水嶺和平坦開闊的高原面，特別適於牧養犛牛、藏羊等牲畜，是優良的高山牧場、重要的畜產品生產基地，還可以選擇在向陽避風的地段發展高寒種植業，發展諸如蟲草、貝母等特有的藥材。高山（亞高山）草原土，主要是104青藏線以西及崑崙山以南的地帶性土類，在帕米爾高原、崑崙山、阿爾金山、祁連山西部等處也有分布；土壤所處氣候區比東部更為乾冷，例如青海高原的年均溫只有攝氏零下2度左右，年降水量300毫米上下，年蒸發量卻在1,500毫米以上；多數地區只用於放牧，但草質、草量均較差，以牧養綿羊為主。再更往西延伸至崑崙山主脈和帕米爾高原等海拔更高的山地峰段，地帶性土壤則是基本上沒有利用價值的高山（寒）漠土。

　　立地條件和水分狀況更差，根本滿足不了森林生長發育的山地丘陵緩坡地帶，對需水相對較少的草本植物來說，卻是很適合的，所以本區也有許多綠油油的肥美草場，是中國有名的草原和牧

區，例如：天山北坡、阿爾泰山南坡、祁連山東部的北坡、西傾山北坡、昭蘇盆地的部分等區域，土壤以黑鈣土為主；在更乾燥的草原區，土壤則轉向典型的草原土壤——栗鈣土，主要分布地區有：新疆的天山西北部、婆羅科奴山、塔爾巴哈台山、阿爾泰山等山地中上段，在青、甘兩省的阿爾金山、祁連山、哈梅爾達阪、庫庫諾爾嶺、日月山、西傾山等山地中上段；另外，在新疆的伊犁谷地，以及黃土高原西部、河西走廊東部的蘭州谷地、寧夏銀川平原附近的草原，土壤類別則為灰鈣土，因接近水源，草場發展也較好，農牧業生產水平逐漸提高。最後，草原鈣層土中最乾旱並向漠境地帶過渡的一種土壤——棕鈣土，在鈣層土中面積僅次於栗鈣土，主要分布在內蒙古高原的中西部、鄂爾多斯高原的西部，新疆準噶爾盆地的北部、塔城盆地的外緣、中部天山北麓山前洪積扇的上部，在甘、青兩省的祁連山、阿爾金山、崑崙山等山地的中下部；地區草類主要是針茅、旱生小灌木組成的荒漠草原（或叫作草原化荒漠），覆蓋率15～35%，草長約僅5～15公分，畝產鮮草50～100公斤，是鈣層土中產草量最低的；底土層普遍有硫酸鹽等鹽分，鹼化現象也較普遍，土壤沙性大，礫石多，土層薄，如選擇有水源條件的低窪地、河谷低階地，開發地下水，發展井灌，建立人工草料基地，以及進行糧草輪作、農牧結合，這樣就有利於牧業的更好發展。本區在草原線以下，與草場比鄰的平原河谷地區，主要土壤則為半水成土系列中，北方乾旱地區的人為因素生成土壤——灌淤土（綠洲土），分布在甘肅河西走廊、新疆的伊犁谷地、塔城盆地和青海的湟水河谷地等地。

四、氣候

本區氣候類型基本上單調統一，除了蘭州以南稍顯濕潤外，

其餘全區都是典型的溫帶乾旱大陸性氣候，南部山地高原再添高地垂直氣候特徵；乾旱少雨，風大沙多，冬季嚴寒夏季燥熱，四季明顯，晝夜溫差超大；例如新疆每年春夏和秋冬之交，歷來有「朝穿皮襖午穿紗，圍著火爐吃西瓜」之說。蘭青經濟圈屬於暖溫帶半乾旱大陸氣候區，年平均氣溫在攝氏6度～9度，年降水量300～400毫米，集中在6～9月，全年無霜期大約為5～6個月，年日照時數2,500～2,700小時。北疆經濟圈屬於溫帶乾旱大陸氣候區，年平均氣溫在攝氏7度～8度，年降水量100～200毫米，全年無霜期大約為6～7個月，年日照時數2,700～2,800小時。

 人文背景

一、歷史建制

蘭青與北疆經濟圈從西漢起就正式入中國版圖，稱作西域，隨後每當漢民族內部局勢動盪之際，北方游牧民族便乘機對此進行侵擾，最後一次被侵擾是在明清之際；清雍正二年（西元1724年）滅青海厄魯特蒙古，青海設置「辦事大臣」，實施中央直轄，西寧府屬甘肅管轄；清乾隆二十二年（西元1757年）滅準噶爾部蒙古，直接導致西域完全伊斯蘭化，並正式起名「新疆」。本區最早建立現代行省制度的是甘肅，自元代正式設置迄今約有七百多年；新疆實行與中國內地一樣的省區行政制度是在清光緒十年（西元1884年），由巡撫統管全疆各項軍政事務，實行以軍府制為主體的多元行政管理體制到單一郡縣制的轉換，使新疆行政建置與內地趨於一致，政治中心由伊犁移至迪化（烏魯木齊）。青海直到1928年9

月才由南京國民政府決定新建青海省，治設西寧，隔年1月正式建制。辛亥革命後，本區受馬麒、楊增新等地方封建軍閥實施專制獨裁統治，計達四十年之久。1950年，甘肅、青海省政府正式組建，沿用至今；新疆於1955年改制為民族自治區。內蒙的阿拉善盟於1954年原為寧夏省蒙古自治區，之後由於區劃變更，在甘肅、寧夏、內蒙三省區間更迭變換，迄1980年4月，阿拉善盟正式成立沿用至今。

二、族群分布

本區長城以外自古以來就是北方游牧民族和漢民族雜居的地方，甘肅的少數民族在本區屬最少，以回族最多，人口約達120萬人，東鄉族、裕固族、保安族為甘肅的獨有民族，少數民族人口所佔比例約在9%，省內民族自治區域土地面積佔全省面積達四成。其他省區少數民族人口所佔比例均大幅攀升，以維吾爾族、哈薩克族、回族、蒙古族、藏族、撒拉族為主要，並以民族自治區為主要聚集地；例如：維吾爾族主要聚集於新疆，該區維族人口約佔全區人口45%，而全體少數民族總數佔人口比例近六成五，少數民族不少數，漢族反而成為實質上的少數民族；蒙古族多在阿拉善盟；藏族則以青海為多，少數民族人口所佔比例約43%。

三、宗教信仰

本區宗教信仰受歷史因素的影響，在區域上有著明顯劃分，由河西走廊一直到新疆的主要宗教是伊斯蘭教，成為維吾爾、哈薩克、回、柯爾克孜、塔吉克、烏茲別克、塔塔爾、撒拉、東鄉、保安等民族所信奉；伊斯蘭教在本區社會生活中有著較大的影響，清

眞寺將近3萬座，信衆約2,000萬人，並且設有伊斯蘭教協會、伊斯蘭經學院等大型宗教組織。青海及阿拉善盟的藏族、蒙古族、土族等主要信仰爲藏傳佛教（喇嘛教），回族、撒拉族信仰伊斯蘭教。基督教及天主教在本區基本少見。

 **資源稟賦**

一、基礎資源（農林漁牧礦）

西北區的農林漁牧總產值約佔大陸總產值的4%，漁業因地處內陸產量甚微，林產品以核桃佔優。在農業方面，糧食作物以小麥、玉米和薯類爲主，尤其是新疆在生產建設兵團的支持下，少數綠洲也生產稻米，該省區的經濟作物則有多項佔優，棉花、甜菜與水果類中的葡萄等產量保持全區領先地位，其中的天然彩棉更佔國際市場1/3份額，產量達到4.5萬噸。本區的畜牧業則佔有絕對優勢，大型牲口中的馬、牛、驢、犛牛、駱駝等都居全區重要地位，其中的駱駝更是全區唯一產區，年存欄數約20萬峰以上；小型牲畜裡的綿羊數量超過全區四成，毛織品因此也成爲全區大宗產品；因爲本區民族宗教信仰的因素，豬的畜養量非常少，所佔比例約僅2%。

主要查明的礦產分爲金屬礦產與非金屬礦產兩大部門。金屬礦產裡還分爲：黑色金屬、有色金屬、貴金屬、稀土及稀有金屬、分散金屬（通常以伴生形式出現在大型有色金屬礦床裡）以及原子能金屬。以下逐項列示重要礦產及礦區分布情形：

(一)黑色金屬礦產

　　主要有鐵、錳、鉻鐵、釩鈦，已探明的重要礦區分布情形為，鐵礦：甘肅酒泉肅北縣紅山鐵礦、張掖鏡鐵山鐵礦（總量佔比2%）、新疆哈密（總量佔比1.5%）天湖、磁海鐵礦；錳礦：新疆天山中段南麓巴音郭愣蒙古自治州北部和靜縣莫托沙拉、阿克蘇地區東北部庫車縣卡朗溝、伊犁哈薩克自治州西南部昭蘇縣；鉻鐵礦：新疆準噶爾盆地西側薩爾托海、塔城托里縣，甘肅酒泉肅北縣大道爾吉；鈦磁鐵岩礦：新疆哈密市的尾亞鈦鐵釩礦區。

(二)有色金屬礦產

　　主要有銅、鉛鋅、鎳、汞、銻、鎢、鈷，其重要礦區分布情形為，銅礦：甘中金昌市金川礦區（300萬噸），新疆（210萬噸）準噶爾盆地北側哈巴河縣阿舍勒、富蘊縣、哈密東天山地帶；鉛鋅礦：青海柴達木盆地北側錫鐵山（伴生鎘），新疆北部富蘊縣可可塔勒（鉛90萬噸，鋅193.5萬噸）；鎳礦：甘肅金昌市金川白家嘴子礦區（世界第二大，伴生碲），新疆阿勒泰地區富蘊縣喀拉通克、哈密東天山的黃山，青海省西寧市湟中縣元石山；汞礦：青海東部同德穆黑、瑪多苦海；銻礦：青海格爾木東大灘；鎢礦：甘肅酒泉肅北縣塔兒溝、紅尖兵（約22.3萬噸）；鈷礦：甘肅金昌市金川（與鎳共生，儲量14.42萬噸，約佔全區總儲量的30%），新疆喀拉通克。

(三)貴金屬礦產

　　以黃金、白銀、鉑鈀系列為主要，其重要礦區分布情形為，黃金：青海東南角與四川比鄰的斑瑪縣，新疆西天山阿希礦區、東天

山哈密礦區；銀礦：甘肅省白銀市小鐵山、金昌市白家嘴子，青海柴達木錫鐵山；鉑鈀礦：新疆富蘊縣喀拉通克（3.9噸），甘肅金昌市金川白家嘴子（167噸）。

(四)稀有金屬礦

新疆東北側阿勒泰地區富蘊縣可可托海鈹鋰鈮鉭（超大鈹礦）、柯魯木特鈹鋰鈮鉭礦，青海柴達木盆地西台吉乃爾鹽湖超大鋰礦、東台吉乃爾鹽湖大型鋰礦、一里坪鹽湖大型鋰礦，青海柴達木盆地西北部花土溝鎮超大鍶礦（保有天青石儲量近1,600萬噸）。

(五)原子能金屬

主要的鈾礦床有：甘肅金川市永昌縣芨嶺鈾礦床、新疆伊犁鈾礦床、新疆準噶爾西部白楊河鈾礦床。已經建成和新建的核工業基地有：伊犁鈾礦。

主要非金屬礦產品有石英岩、雲母、石棉、膨潤土、各種鹽礦、芒硝、石膏、重晶石、寶玉，其重要礦區分布情形為，石英岩：青海西寧、海東地區（全區第一）；雲母：新疆準噶爾盆地北側阿勒泰北屯（儲量佔全區七成，總保有儲量6.31萬噸，居世界第三位）；膨潤土礦：甘肅金昌，新疆準噶爾盆地西北側塔城地區和布克賽爾、吐魯番地區托克遜；各種鹽礦：集中於青海柴達木察爾汗鹽湖，鉀、鎂、鋰鹽儲量分別為4.4億噸、48.2億噸、1,392萬噸，佔全區九成以上，氯化鈉儲量3,236億噸，世界第一；芒硝礦：青海柴達木盆地中央格爾木市察爾汗鹽湖（儲量68.6億噸，約佔全區40%），新疆哈密七角井東鹽湖；石膏：甘肅武威天祝縣；重晶石：甘肅隴南文縣；石棉：青海柴達木盆地與新疆交界處的茫崖縣（佔全區65%），新疆塔克拉瑪干沙漠東南緣的若羌、且末等；寶

玉石礦：新疆塔克拉瑪干沙漠西南和田縣的和闐玉和阿勒泰的海藍寶石。

二、水電能源

本區水資源總量雖然稀少，僅爲全大陸7％左右，但是某些省區因爲人口稀少的緣故，人均水資源量以青藏高原最爲豐富，青海省人均水資源量超過12,000立方公尺，僅次於西藏。青海境內江河有流量在每秒0.5立方公尺以上的幹支流217條，總長1.9萬公里。較大的河流有黃河、通天河（長江上游）、札曲（瀾滄江上游）、湟水、大通河。黃河發源於巴顏喀拉山的北麓，長江發源於唐古喇山的主峰格拉丹東雪山西南側。全區大中型水力樞紐集中在蘭青經濟圈，都是開發黃河上游水電資源，分別是李家峽、龍羊峽、大峽、八盤峽和鹽鍋峽等5座水電站，總裝機容量有412萬千瓦，年發電量可達165億千瓦時；水能開發空間仍然很大。

在能源類資源（石油、天然氣與煤炭）方面，本區的重點煤礦，有：新疆烏魯木齊、哈密的準東煤田等，最主要的含油氣盆地，有：準噶爾、塔里木、焉耆、吐哈、柴達木、酒泉等，投產開發的油氣礦產地，分別是：克拉瑪依、準東、焉耆、塔北、塔西南、塔中、土哈、青海、玉門等，全區石油、天然氣生產骨幹企業，有：新疆石油管理局、塔里木石油勘探開發指揮部、吐哈石油勘探開發指揮部、青海石油管理局、玉門石油管理局、西北石油局。能源類資源已探明基礎儲量，石油佔中國陸地資源量約20％，天然氣佔比約25％，煤炭佔比約6％，地區主要集中在新疆。新疆主要的產油地區分別是準噶爾盆地西部克拉瑪依油田、塔里木盆地北部塔河油田；2008年，克拉瑪依油田原油產量爲1,220萬噸、油氣34億立方公尺，塔河油田原油產量爲600萬噸、油氣12.7億立方公尺，

全疆原油產量為2,715萬噸、油氣236億立方公尺、煤炭6,064萬噸，總發電量達480億千瓦時。除了新疆，青海與新疆邊界的花土溝油田，已開發原油產量超過220萬噸、油氣34億立方公尺，且仍在持續探勘中，柴達木聚寶盆油氣資源的前景產量十分看好。

三、生物資源

本區在生物資源方面和東北區類似，因為人煙稀少的緣故，所以野生生物資源也相對豐富。南部的山地高原由於海拔高度的地形限制，生物資源以北部和西部為主要。新疆有野生植物近3,569種、脊椎動物近700種、無脊椎動物約1.5萬種以上，國家重點保護動物116種，約佔全區保護動物的1/3；其中有許多是國際瀕危野生動物，如蒙古野馬、藏野驢、藏羚羊、雪豹、棕熊、白肩雕、藏雪雞、黑頸鶴、白鶴等。本區的野生植物以稀有中藥材最為著名，如當歸、大黃、紅花、貝母、天麻、杜仲、靈芝、羌活、冬蟲夏草、甘草、貝母、雪蓮、黨參、阿魏、肉蓯蓉、秦艽、麻黃、枸杞等產量可觀。

四、旅遊資源

本區的旅遊資源型態較為特殊，由於浩瀚的沙漠和綿延的雪山，使得一般民眾望之卻步，但對於喜愛另類旅遊的冒險家來說，絕對是探索的樂園。旅遊路線有兩條主要幹道，都是以蘭州為起點，一條是沿著古絲路出河西走廊前行到新疆天山南北麓的西北路線，另一則是沿著青藏鐵路經夏都－西寧越青藏高原抵西藏拉薩的西南路線；無論哪條路線，民族風情與景觀風貌都能叫人留下深刻印象，但也都要求要有較好的身體素質。截至目前為止，世界級的

旅遊景點只有2個，分別是：甘肅河西走廊的長城和敦煌莫高窟等「世界文化與自然遺產」；187個國家級風景名勝區中本區只有6個，300多個國家級自然保護區中本區有25個。隨著人文活動的日漸頻繁，本區的旅遊資源有著極大的開發空間。

 ## 經濟發展

西北區位處中國最重要的邊陲地帶，向來為多民族聚集之地，是內地通往中亞、西亞、中東與歐洲的交通要道與戰略要地，歷來就是漢民族與其他多民族、多國家的交往窗口。

蘭青經濟圈是以甘肅省省會蘭州市和青海省省會西寧市為雙發展極所形成的都市經濟帶。蘭州有4條鐵路幹線交會，東以隴海線連接淮海平原，西走蘭新線串接北疆經濟圈、過阿拉山山口直抵哈薩克斯坦，南有蘭青線連接青藏鐵路未來可通南亞，北走包蘭線接通河套平原，是西北重要的交通紐結。主導產業有：石油化工、機械電子、冶金、建材、農副產品加工、清真食品、輕紡、皮草、鹽化工和生物醫藥等，門類漸趨多樣齊全的工業體系，成為我國西北主要的重化工、能源、原材料與核工業基地。蘭州高新技術產業開發區在有機化學、重離子核子物理、冰川凍土、沙漠化、生物工程、成礦理論、高原大氣等基礎科學研究方面，處於國際前沿地位，擁有一大批先進的科研設備與測試手段，嘉峪關是西北區最大的鋼鐵工業基地，酒泉是著名的衛星發射中心，西寧擁有中國最大的電解鋁廠。蘭青經濟圈2008年全年經濟概況：經濟總量僅2,030億元，五年增長率約112%，人均所得1.3萬元，五年增長率約107%，總量與人均雙指標都敬陪末座；三次產業比例由2003年的13.4/46.9/39.7調整為10.3/46.0/43.7，第二產業比重五年來並無明

顯變化，第三產業主要受益於蘭州的旅遊及商貿流通業近年的蓬勃發達；全社會固定投資1,067億元，五年增長率143%，對經濟總量所佔比例由2003年的46%增長爲2008年的52.3%；全社會消費零售總額爲773億元，五年增長率爲111%，對經濟總量所佔比例維持大約38%水平，五年來無明顯變化；對外經濟規模非常微小，幾可忽略。整體而言，經濟增長模式依賴初級原料的移轉輸出，工業化程度有待積極提升。

北疆經濟圈是以新疆首府烏魯木齊市和石油城克拉瑪依市爲雙發展極所形成的都市經濟帶。烏魯木齊市自然資源十分豐富，北有準東油田，西有克拉瑪依油田，南有塔里木油田，東有吐哈油田，且地處準噶爾儲煤帶的中部，市轄區內煤炭儲量就達100億噸以上，被稱爲「油海上的煤船」。克拉瑪依是維吾爾語「黑油」的音譯，克拉瑪依油田是中共建政後開發的第一個大油田。主導產業有：石油化工、冶金、建材、農副產品貿易集散等。北疆經濟圈2008年全年經濟概況：經濟總量2,238億元，五年增長率約150%，人均所得4.5萬元，五年增長率約120%，總量雖低但人均指標名列前茅；三次產業比例由2003年的9.5/49.1/41.4調整爲7.7/55.9/36.4，第二產業比重受到克拉瑪依市一枝獨秀的石油工業影響，造成結構數據扭曲；全社會固定投資808億元，五年增長率109%，對經濟總量所佔比例由2003年的43%下降到2008年的36%；全社會消費零售總額爲570億元，五年增長率爲113%，對經濟總量所佔比例由2003年的29.8%下降到2008年的25.5%；對外貿易總額2008年達92億美元，較2003年的24.5億美元有顯著增長幅度；實際利用外資規模小到可以忽略。整體而言，剔除克拉瑪依市石油工業影響後，北疆圈的經濟增長模式與蘭青圈有著相同的處境，都是嚴重依賴初級原料移轉輸出，工業化程度有待積極提升。

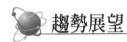 **趨勢展望**

　　西北區的優勢是基礎資源豐厚，幅員遼闊，可開發地區還很多；然而，由於距離主要經濟發達區域相當遙遠，區內兩個都市經濟圈的發展也就相對滯後，尤其是蘭青都市經濟圈的人均GDP及其增長率這兩項重要經濟指標都墊底，最值得關注。西北區是中國連結「金磚四國」中的俄羅斯和印度的重要樞紐，也是把東部先進商品轉化成符合穆斯林市場特色，對中亞、中東等穆斯林國家實施走出去戰略的重要根據地，可以把北疆都市經濟圈看成是戰略前哨站，蘭青經濟圈是前進指揮所，關中則是司令部；但是在這裡濃郁的多民族色彩，卻也增添許多經濟發展上的不安定性。未來增長的道路，可以考慮下列幾點，做為政策調整的參考：

一、民族問題必須提到國家安全的宏觀戰略層級並獲得有效解決，經濟才能有可持續發展的基礎

　　西北區要發展的首要問題，既在於經濟問題，也在於政治問題。自古以來，中國就有所謂「西北定、東南安」的說法，2009年7月5日發生在新疆烏魯木齊的組織犯罪恐怖襲擊事件，應該給了所有人對這個說法更充分的認識與覺醒。民族問題的解決必須提到國家安全的戰略層級，政治、經濟、軍事等宏觀措施應該多管齊下、分頭並進。首先，面對幅員龐大的南疆塔里木盆地地區，可以考慮新建省區，對各種問題的掌握與解決能夠及時有效以利發展，同時連新疆當地人都搞不清楚的「自治州－地區－市縣」的行政隸屬關係，也可以一併通盤檢討；其次，原材料豐富的蘭青經濟圈、天山

南北麓地區非常適合發展民生必需品類別的勞力密集型產業，做好之後直接上鐵皮拉到邊境口岸直銷東歐市場，前景火爆得很，勞動力的缺乏可以從內地引導過來填補人力缺口；再者，經濟建設的初級階段要求溫飽自足，新疆生產建設兵團制度長期以來的實施成效相當良好，為配合西北區未來經濟發展的需要，不但應該堅持實施，還應該在兵團內部進行市場化改革調整後擴大規模編制。最後，「三個離不開思想」應該在所有民族區域加強宣導、提高認識，尤其在西北區大部分的民族自治區域內，漢族實際上才是少數民族，要進步求發展，漢族需要其他民族、其他民族需要漢族、各民族之間相互需要，要把這件事情說清楚、講明白。

二、應加大與資源相匹配的投資力度，提高交通、能源、生態等基礎建設

西北區自從2003年SARS之後到2008年止，全社會固定投資在全區範圍內來看，是總量最小、增長率又低的區域，以蘭州和烏魯木齊為例，近五年來固定投資金額從2003年的211億元、207億元提升到2008年的432億元、366億元，增長率分別僅105%、77%。蘭州是經營中國整個大西部的戰略基地，交通運輸、能源管道等基礎建設應該走在全區前列，然而固定投資總額卻只是約當陝北延安的規模水平；烏魯木齊雖然離海最遙遠，卻是中國到歐洲的捷徑，具有發展前往歐洲空運中轉站的優勢地位，而且它還是新疆各種能源資源的集中地，可惜固定投資規模還不如山西呂梁。其實，蘭青經濟圈很適合嘗試也是多民族、高海拔、內陸型的歐洲內陸發展模式，可以蘭州－西寧為東西兩邊分別發展大規模軍工企業和瑞士國際公園的生態保護模式，特別是青海的生態容不下絲毫污染破壞，只能重點發展生態旅遊、精密工業等高附加價值的產業項目；天山南北

麓具有多門類發展的資源優勢，非常適合以民生必需品類爲優先的發展路線，例如臺灣的統一企業就是在烏魯木齊發展成爲世界級的食品集團。隨著中國經濟融入世界經濟格局的勢頭越來越明顯，中國東部沿海尤其是華東地區，長期以來依靠圈入外資、加工出口、只進不出的封閉型貨幣數量增長模式，將隨著區域經濟的富裕以及第三產業的發展需要，解除資本項目的流動管制近在眉睫，換言之，東部地區群衆必須認識到過去只進不出的資金在未來很可能變成只出不進，因此經濟發展必須及早謀求未雨綢繆的途徑，而大力投入西北區基礎建設正是確保東部經濟可持續發展的有效道路。

第十二章

西南區

（長江上游區：陝南、隴南、川、渝、滇、黔、藏）

◎上江（巴蜀）經濟圈
　（重慶市）
　（川：成都、自貢、資陽、廣安、眉山、瀘州、德陽、綿陽、遂寧、內江、樂山、
　南充、宜賓）
◎川滇經濟亮點
　（川：攀枝花）
　（滇：昆明、曲靖）

 前言

　　西南區全區由於長江上游（包括金沙江）在地理上廣泛涵蓋，在經濟區劃上也可以簡單以「上江區」表示；在行政區劃上主要有：重慶市（簡稱「渝」）、四川省（簡稱「川」）、雲南省（簡稱「滇」）、貴州省（簡稱「黔」）、西藏自治區（簡稱「藏」）等5個省級行政區的全部，以及陝西省秦嶺以南和甘肅省隴南地區。本區主要經濟地帶集中在四川省省會成都市和唯一的內地直轄市——重慶市周圍都會區，這一片地區古稱巴、蜀（重慶、成都），是故稱作「上江（巴蜀）經濟圈」，也按其簡稱名為「成渝經濟圈」；主要城市包括重慶、成都、自貢、資陽、廣安、眉山、瀘州、德陽、綿陽、遂寧、內江、樂山、南充、宜賓等14座城市，土地面積約20.8萬平方公里，人口約9,891萬人。

 環境條件

一、地理

　　西南區整體幅員相當遼闊，東從渝黔東界起，西到中印邊界的喀什米爾地區，南抵雲南西雙版納，北達崑崙山－秦嶺一線，大約介於東經79度～109度、北緯22度～34度之間，橫跨30個經度與8個緯度之廣；和西北區類似，大部分地區都是不毛之地的雪原。主要都市經濟帶介於東經103度～107度、北緯28度～32度之間的四川盆

地位置。以西藏和雲南這兩個省、自治區，與周邊的南亞與東南亞多國接鄰，由西向東依序分別為：印度、尼泊爾、不丹、緬甸、老撾（高棉）、越南等六國[註]。

二、地貌

本區地貌主要由西部山地高原、東部盆地平原與南部縱谷丘陵等三大部分所組成。西部板塊整片由平均海拔超過4,000公尺的山地高原盤據，是「世界屋脊」——青藏高原的主體部分，周圍由崑崙山、唐古喇山、拉達克山、喜馬拉雅山所環抱，境內海拔超過7,000公尺的山峰有50多座，其中在中尼邊境的珠穆朗瑪峰海拔8,844.43公尺，是世界最高峰，被譽為除了南極、北極外的「地球第三極」，還是東亞主要江河的發源地。東部以平均海拔500公尺以下、面積16.5萬平方公里的四川盆地為主體，四周山地環繞，西為龍門山、邛崍山，北為大巴山，東為巫山，南為大婁山，長江幹流自東北切三峽向西南斜穿，烏江、嘉陵江、涪江、綦江、沱江、岷江等長江重要支流也在山地丘陵間切出許多峽谷，成都平原海拔降到約230公尺。南部縱谷丘陵是中國西部第一級階的青藏高原向東部的江南、兩廣地區過渡的第二級階雲貴高原，海拔約在1,000～2,000公尺、面積約50萬平方公里；在雲南省境的元江河谷以西，主體地形屬於青藏高原南延部分，怒江、瀾滄江、元江等水系縱斷山脈，雄偉險峻，蔚為壯觀，長江上源金沙江在北為與四川的行政區界，元江河谷以東，地無三里平的「壩子」、「喀斯特」地形隨處

註：錫金國，1975年4月遭印度軍事佔領，隨後舉行「全民投票」，正式把錫金變為印度的一個邦；目前除了流亡美國紐約的前錫金納穆加爾王朝第十三世國王，仍繼續尋求他的王國重獲獨立以外，大部分居住在錫金的人民早已認同印度對錫金的主權。另外需注意，泰國與中國並無接壤。

可見。

三、土壤

　　本區的土壤，可以用「色彩繽紛、艷麗炫目」來形容，是山地高原丘陵的地帶性土壤類別表現最完整的地區，主要的地帶性土類是富鋁土系列以及與之矛盾性極強的岩性土系列。

　　富鋁土是在熱帶和亞熱帶濕潤氣候條件下，土體中的鋁矽酸鹽礦物徹底分解，鉀、鈉、鈣、鎂、矽等成分不斷淋失，而鐵、鋁、錳、鈦等成分相對富集，其中鋁的穩定性最強，且土壤中氧化鐵的含量高，顏色多泛紅，呈酸性反應，是中國分布最廣的土壤類型之一。在北緯22度以南的雲南西雙版納熱帶雨林地區，冬季多霧，夏季多雨，土壤中鋁的富集作用高度發展，土壤顏色類似窯燒的紅磚，是為磚紅壤；雨林植物繁榮茂盛更替快速，生物積累作用旺盛，全年的枯枝落葉可達每畝770公斤，養分充足，地力肥沃，糧食稻穀一年三熟，適宜栽種橡膠、咖啡、可可、香蕉、鳳梨、油桐、劍麻、胡椒等熱帶經濟作物，並可利用橡膠幼林行間，有計劃地種植雲南大葉茶、金雞納、可可、肉桂、三七等多種短期熱帶作物，是發展熱帶生物資源的重要基地。再往北移，大致在北緯22度～25度之間的滇南大部分區域，主要分布土類為過渡類型的赤紅壤，適合種植油茶、茶葉、柑桔等中亞熱帶經濟林木和果樹外，也能栽培木瓜、芒果、鳳梨、香蕉、洋桃（楊桃）、荔枝等熱帶果木，三七、紫膠樹、木棉也能生長，橡膠樹和咖啡等熱帶經濟植物只能選擇在局部向陽靜風環境下栽種。緯度再往北移，滇北、黔南的富鋁土壤以呈現均勻紅色的紅壤為主，並且可以往西延伸到青藏高原東南的橫斷山脈及西藏東南角的察隅縣，成土母質在低丘陵多為第四紀紅色黏土，高丘陵和低山多為千枚岩、花崗岩、砂頁岩

等，不僅能種糧、棉、油、糖、菸等農作物和經濟作物，而且是亞熱帶經濟林木、果樹的重要產地，可農林結合，因地制宜發展杉木、毛竹、茶葉、油茶、油桐、桑樹、漆樹、柑桔、枇杷等。本區整體緯度最北的四川盆地周圍山地，以及貴州高原大部，主要的富鋁土類別為黃壤；大部分黃壤與紅壤地區同屬一個緯度帶，生物條件也大體相近，惟黃壤區的雲霧天氣比紅壤地區多一半以上，日照比紅壤地區少30～40%，乾濕季節較不明顯；植被主要為闊葉林，在生長環境濕潤處，林內苔蘚類與水竹類生長繁茂。在雲南南部的紅河（元江）峽谷，由於相對高度差距在2,000公尺以上，形成焚風地形，主要土類是燥紅壤；本地帶旱季長達7個月，年蒸發量大於年降水量二至三倍，植被類型為熱帶灌木叢林草原，灌木樹種大都有刺，仙人掌以及人工栽培的木麻黃樹，生長狀態很好；在水源問題未解決前，適宜種植如劍麻、番麻等耐旱熱帶作物，在解決灌溉水源問題後，可發展水稻、甘蔗、木瓜、西瓜、花生等。在高度垂直變化方面，主要以暖溫帶森林的（半）淋溶土系列土類，層次漸進地均勻分布在青藏高原東側到東南部邊緣山地峽谷，例如褐土主要分布在從隴南到川滇西部的金沙江、瀾滄江縱谷，黃棕壤、暗棕壤、漂灰土，依次形成各山地的垂直土壤帶譜。更高的青藏高原上，主要土壤類別則是與其它系列迥異的高山土綱，青藏公路以東部分是高山（亞高山）草甸土，公路（往南拉到羊卓雍湖一線）以西則為高山（亞高山）草原土，再向西去則是緯度與高度都更高的高山寒漠帶。

　　岩性土系列是指在一定的環境條件下，由於某些岩石的性質對土壤形成起了很大的延緩作用，使土壤仍然較多地保持著岩石的某種特性，與環境條件不完全協調的一些土壤；例如在熱帶、亞熱帶地區，全年氣溫高，降水充沛，風化作用形成酸性的富鋁化土綱，但在同一地區的紫色岩和石灰岩上，卻形成了保留著母岩特性

的紫色土、黑色石灰土和紅色石灰土，並沒有明顯的脫矽富鋁化特徵。紫色土的母岩，主要是由含有石英砂粒成分的紫色砂岩、頁岩所構成，成土時間一般都較短暫，許多性狀常直接與母岩的性質相聯繫，四川盆地是紫色土分布最為集中的地方，其次為雲貴高原；不同岩層形成的紫色土，在生產性能和生產力上雖有差別（生產力和紫色深淺成正比），但總的說來，它是南方丘陵地區一種比較肥沃的土壤，在做好水土保持的地區，無論糧、棉、油作物及其它經濟作物，如甘蔗、菸草、果樹等，幾乎都能獲得好收成，而且品質優良。在南方的石灰岩山地丘陵地區，例如雲貴高原，常因母質岩本色及氣候乾溼程度的不同，零星分布著紅色或黑色的石灰土，大都形成於石灰岩山地的山麓坡地，以及山間各種微起伏地形的凹地中，故在當地常被稱為「石卡拉土」；這種石卡拉土是熱帶、亞熱帶地區比較肥沃的土壤，多數都開墾種植玉米、豆類等旱作物為主，只要水土保持得宜、水源供應適中，就能獲得較好收成。在雲南的騰衝地區，有第四紀以來的火山活動，火山灰土也是當地岩性土系列的一種較少見的特殊土壤。

本區地勢較平坦的地區，在長江中上游往北方向的支流上游流域，個別零星的山地河谷平原，土壤類別有以旱作為主的潮土分布，但是面積小，而且很分散，例如陝南的漢水谷地。其他大部分低窪的水成土地區，除了四川西北部高原的若爾蓋地區有沼澤土外，大部分已經開墾為稻田，培育成中國特有的土類──水稻土。水稻土是不同母土（或成土母質）在人類農業生產活動中，通過水耕熟化過程而形成的特殊土壤，主要分布在秦嶺─淮河一線以南，本區以四川盆地最為集中，是中國極重要的土壤資源。稻田土壤每年都要受到泡田、翻耕、耙細、磨平、排水烤田，以及輪作施肥等農業技術措施的強烈影響，人們為了加速增厚耕層和改造耕層的性質，還大量施入富含有機物和礦物養分的河泥，使得原來的各種土

壤（地帶性土壤、半水成土、水成土）受到強烈改造，形成水稻土所特有的型態和性質。秦嶺、淮河以南，北亞熱帶成都平原的水稻土，群眾名其「大土油沙」，一年多為稻、麥兩熟，也有種雙季稻的，冬作物主要是小麥、油菜或綠肥，保肥性能好，礦物養分含量也較高，年產量在每畝千斤以上，在一般情況下能夠旱澇保收，高收高產，是其他水稻土改良的典範。

四、氣候

西部的青藏高原全區大部分屬於乾旱高原氣候，且垂直變化明顯，依據海拔高度的不同分別有高原溫帶、高原亞寒帶、高原寒帶等多種高原氣候類型，氣候特點總體來說表現為空氣稀薄、含氧量少、氣壓低；年日照時間長達3,100～3,400小時，是日照時間最長的地區；乾燥嚴寒，風力強大，年降水量自西北向東南遞增，年均降水量50～300毫米，年均溫多在攝氏0度以下，藏北羌塘地區全年約有半年封凍期，以及每秒超過17公尺的大風日數；高原的東南裙帶（川西、滇西北）屬於亞熱帶亞濕潤季風氣候，年日照時間約2,000～2,500小時，年均溫在攝氏4度～12度，年均降水量500～900毫米，山南面向印度洋孟加拉灣的迎風帶年降水量偶有超過2,000毫米的情況，尤其集中在夏季；由於青藏高原特殊地質構造，地震、雪崩、暴雨、山洪、泥石流等成為主要自然災害。

東部的四川盆地屬於亞熱帶濕潤季風氣候，溫暖濕潤，冬暖夏熱，雨量充沛，春早秋短，終年少霜雪、多雲霧；年日照時間約900～1,600小時，從地域上由西向東遞增，年均溫在攝氏16度～18度，夏季均溫將近攝氏30度，是長江上游著名的「火爐」；年均降水量1,000～1,400毫米，集中春夏之交的夜晚，秋冬時節多濃霧；乾旱、洪澇、綿雨、低溫霜凍、冰雹、大霧，是主要自然災害。南

部的雲貴高原，除了雲南在北回歸線以南地區有熱帶特徵外，其餘全區大部屬於亞熱帶高原濕潤季風氣候，冬暖夏涼、四季如春、溫暖濕潤、雨熱同期；年均溫在攝氏15度～20度，年溫差小，日溫差大；年均降水量1,100～1,500毫米，多集中5～10月份；常年相對濕度在70%以上，年陰天日數通常超過一百五十天，是陰天最多的地方，有「天無三日晴」之說；冰雹、綿雨、凌凍、蟲害、地震、滑坡、泥石流等，成爲主要自然災害。

 ## 人文背景

一、歷史建制

本區自古以來就是中國領土與中華民族生存空間的共同組成部分。東部的四川盆地及雲貴高原早在秦朝時已正式設郡直轄，西藏此時尚爲羌族游牧散居地，直到西元七世紀初（約中國唐朝）由松贊甘布建立農工奴隸制政權的吐蕃王朝；元朝併吐蕃，後設置宣政院（另稱「總制院」）正式直轄，四川盆地設置陝西四川行省、雲貴高原設置雲南行省；明朝實施「改土歸流」政策，貴州正式從雲南剝離，兩地分別設置布政使司，吐蕃地設置烏思藏、朵甘二都指揮使司；清康熙年間正式將青藏高原定名爲西藏，實施駐藏大臣與喇嘛教領袖共同領導制，滇、黔正式定名爲雲南省、貴州省；四川盆地因之前中原混戰牽連，人口銳減，明清兩代分別實施「湖廣填四川」的移民政策，1895年「馬關條約」開重慶爲口岸，率先引領本區步入現代化。

辛亥革命後，四川盆地進入軍閥混戰局面，大小戰事將近

四百八十次，雲貴高原則分別被唐繼堯的滇軍、興義系軍閥和桐梓系軍閥所割據，國民政府更無暇顧及西藏，任由喇嘛領袖自治；1935年國民政府中央軍「剿共」，尾追紅軍入川、黔，順勢取代當地軍閥統治，建立中央直轄的政權；1937年抗日戰爭爆發，國民政府移駐重慶；1938年北京大學、清華大學等著名高校拒絕為日本侵略者服務，遷往昆明繼續辦學，成立國立西南聯合大學；1939年設立西康省，實施川、康分治；1940年國民政府確定重慶為中國陪都，使重慶成為中國抗擊日本侵略戰爭的最高指揮部，世界著名的反法西斯中心，中國大後方的政治、經濟、文化中心；抗戰期間，三百萬川軍、數十萬滇軍出境抗敵，付出巨大代價，西南區為中華民族的偉大復興做出輝煌貢獻。1949年12月國民政府「轉進」臺灣，蔣氏父子由成都飛往臺北；1950年中共中央在重慶設立西南局，鄧小平出任書記；1952年四川恢復省制，1954年重慶改由四川省轄；1955年裁撤西康省，將金沙江以東併入四川省，以西劃歸西藏地方；1959年西藏進行民主改革，結束長期以來農工奴隸制的黑暗宗教專制政權，在這之前，這裡的人均壽命只有35.5歲，1965年正式成立西藏自治區；1997年重慶恢復直轄市地位，實施川、渝分治，重慶市重新成為西南區域發展的中心要塞。

二、族群分布

　　西南區是少數民族類別最多樣化、民族風情最濃郁也最奇特的地區；西部的青藏高原主要世居的少數民族以藏族為主要，另外還有門巴族、珞巴族、納西族等，藏族佔總人口90%以上；四川盆地及其周圍的少數民族，主要有土家族、彝族、苗族、藏族、羌族和回族，另外還有瑤族、傈僳族、納西族等，少數民族總數約600萬人，是最大的彝族聚居區和唯一的羌族聚居區，民族自治區域面積

約達65%；南部的雲貴高原少數民族約有2,400萬人，約佔總人口1/3，各民族分布呈現分布廣、大雜居、小聚居的特點，主要有：苗族、彝族、壯族、侗族、土家族、布依族、白族、傣族、回族、藏族、傈僳族、仡佬族、哈尼族、景頗族、佤族、拉祜族等，都有其民族自治區域，而有著全中國少數民族類別最多的省區──雲南省，那裡世居著25個少數民族，其中白、傣、哈尼、佤、德昂、拉祜、景頗、布朗、阿昌、普米、怒、獨龍、崩龍、基諾族，是雲南獨有的。

三、宗教信仰

本區宗教信仰受民族因素的影響，在區域上有著明顯劃分。西部的青藏高原由於藏族人口居絕大多數，藏族又幾乎全部是信教群眾，宗教信仰在這裡十分普遍；除了原來就在這片區的民族傳統信仰──「苯教」外，還有後來由中國中原地區傳入的漢傳佛教結合當地少數民族具有神祕色彩的文化內容而興起的藏傳佛教（喇嘛教），後者發展出浩繁的教義系統，目前具有絕對優勢，它不但對西藏社會產生深刻影響，也在中國歷史上佔有一定地位；藏傳佛教除了在中國的青藏高原地區傳播外，在納西、珞巴、普米、漢等民族中也有少數信眾，在歷史發展過程中先後傳入不丹、尼泊爾、蒙古等國家和拉達克、俄羅斯的布里亞特地區，二十世紀還遠播歐美先進地區；目前藏傳佛教的主要派別有寧瑪派（紅教）、薩迦派（花教）、噶舉派（白教）、格魯派（黃教）等，其中格魯派最後出現，卻成為主流地位的一支，達賴喇嘛和班禪額爾德尼是格魯派最大的兩個轉世活佛系統；舊西藏奴隸制政權時代，要求每個多子女家庭都必須貢獻兒女出家入宮服役，1951年西藏僧尼達10餘萬，佔當時藏族人口的1/10，1959年西藏實行民主改革後，宗教也進行

現代化改革，西藏民眾開始具有宗教選擇的自由，也不再有被迫出家的恐懼，目前在職的住寺僧尼約4萬餘人。

　　本區的東部比較普及的宗教一般有佛教、道教、伊斯蘭教、天主教以及基督教等，其中佛教以漢傳體系為主要，但是在一些比較邊遠的少數民族聚集地區，還存在著風俗奇特的民族傳統信仰，例如納西族的東巴教、白族的本主崇拜，神祕色彩令人費解。四川盆地及其周圍信教群眾約1,000萬人，大乘佛教約在東漢末年傳入，道教則發源於此間，由東漢明帝時曾任巴郡江州（重慶）令的張道陵，吸取當地氐羌人的巫術創立道派（五斗米道），這兩個宗教信仰較廣地分布在漢族地區，並且留存許多舉世矚目的佛、道遺跡，中國四大佛、道聖地，佛教的峨嵋山、道教的鶴鳴山，都在此間；川西的藏族聚居地幾乎全民信仰藏傳佛教；伊斯蘭教大約在元代傳入，主要分布在川西北和川西南的回族群眾聚居地；天主教約在明末清初傳入，基督教則在清末傳入，信眾則多分布在長江沿線的城市帶；除了各種宗教儀式場所外，還設立有各種宗教學院與協會。雲貴高原信教群眾約500萬人，群眾的宗教信仰與分布和四川盆地雷同，比較值得關注的信仰現象是，基督教正以超過理解的速度被西南少數民族普遍接受並融入，估計光是雲南的少數民族基督教徒就超過50萬，數量甚至超過東部沿海經濟發達省區；基督教教義和少數民族所崇尚的拜物、巫術等原始信仰存在巨大衝突，然而教區牧師不但能夠使其放棄原有信仰，還深入匡正原先的群婚制、近親婚姻等社會結構，以及酗酒、賭博等個人不良嗜好，這種能夠在短期間內和平解放、和諧演變積壓了上千年的文化矛盾的巨大力量，非常耐人尋味。

 資源稟賦

一、基礎資源（農林漁牧礦）

西南區的農林漁牧總產值約佔大陸總產值的13%，除了漁業因地處內陸產值僅佔3%外，其餘的農、林、牧業等都佔有重要地位。在農業方面，全區產值約佔12%，屬中等規模；糧食作物以稻米、玉米和薯類為主，特別是薯類，佔全大陸總產量四成左右，四川盆地與雲貴高原的四省市分佔前列；經濟作物中，四川盆地以油菜籽、茶葉、蠶繭、柑橘、梨，雲貴高原則以菸葉（烤菸型）、甘蔗、茶葉，名列前茅。在林業方面，全區產值約佔16%，是目前大陸木材的主要來源區域，其中以雲貴高原為最，林產品中的橡膠、核桃、松脂、油桐脂等佔有絕對優勢。在畜牧業方面，全區產值約佔18%，四川盆地的豬隻畜養全區第一，也是本區主要肉品來源，大型牲畜中的牛、馬、騾，數量佔重要地位，但大多用作山區的駄運工具，少有用作肉類主副食品，小型牲畜裡的山羊與藏綿羊在數量上也算大宗，可惜以之做為輕紡原料的毛織品加工體系，顯然還沒有完全發揮。

主要查明的礦產分為金屬礦產與非金屬礦產兩大部門。金屬礦產裡還分為：黑色金屬、有色金屬、貴金屬、稀土及稀有金屬、分散金屬（通常以伴生形式出現在大型有色金屬礦床裡）以及原子能金屬。以下逐項列示重要礦產及礦區分布情形：

(一)黑色金屬礦產

主要有鐵、錳、鈦、鉻鐵，已探明的重要礦區分布情形為，鐵礦：四川攀枝花－西昌鐵礦帶（儲量67億噸，居第二位；伴生鈧）、滇西南普洱市瀾滄縣惠民鐵礦（儲量11.2億噸）、滇中玉溪－昆明鐵礦區、陝南漢中市略陽縣魚洞子鐵礦；錳礦：渝、湘、黔三角帶的秀山－花垣－松桃礦帶（儲量7,700萬噸，居第二位），陝南渝北大巴山區，甘肅隴南市文縣溝嶺子，滇東南硯山－建水礦帶，黔北遵義銅鑼井；鈦磁鐵岩礦：川滇之間的特大型多金屬釩鈦磁鐵礦帶，不僅是鐵的重要來源，而且伴生的釩、鈦、鉻、鈷、鎳、鉑族和鈧等多種元素組成，具有重要的綜合利用價值，主要礦床有川南的攀枝花、紅格、米易的白馬、西昌的太和（鈦礦儲量約6億噸，世界第一；釩礦儲量2,596萬噸，世界第三），以及滇北的武定－祿勸－富民礦帶；鉻鐵礦：西藏羅布莎（儲量約400萬噸，已佔半數份額，居第一位）。

(二)有色金屬礦產

主要有銅、鉛鋅、鋁土、鎳、錫、汞、銻，其重要礦區分布情形為，銅礦：西藏拉薩市墨竹工卡縣的驅龍銅礦（儲量約800萬噸，全區第一），藏東昌都地區的玉龍－馬拉松多礦帶（儲量約650萬噸，全區第二），滇中東川－易門、玉溪新平大紅山、滇西北迪慶州中甸地區；鉛鋅礦：滇西北怒江州蘭坪縣金頂鉛鋅礦（全區第一，鉛儲量263.5萬噸，鋅儲量1,284萬噸，伴生鍺、銦、鎘、鉈、鍶），川南涼山州的會東－會理礦帶，甘肅隴南市成縣－徽縣－西和縣（鉛120萬噸，鋅儲量585萬噸）；鋁土礦：黔中的遵義－貴陽鋁土礦帶（儲量約10億噸，全區第三；伴生鎵），滇東南

文山州丘北縣飛尺角；鎳礦：陝南漢中略陽縣煎茶嶺，川南攀枝花鹽邊縣冷水菁、楊坪，川中甘孜州丹巴縣楊柳坪，滇南哀牢山末梢的金平白馬寨、墨江金廠；錫礦：滇南紅河州箇舊礦區（保有儲量約172萬噸，是世界著名的錫都）；汞銻礦：甘肅隴南市西河縣崖灣，渝東南的秀山、酉陽，黔東銅仁地區，陝西安康市旬陽縣。

(三)貴金屬礦產

以黃金、銀、鉑為主，其重要礦區分布情形為，黃金：陝南商洛鎮安縣丘嶺礦段東溝金礦，甘肅隴南文縣陽山礦帶安壩礦段南部金礦，川北阿壩州松潘縣東北寨金礦，滇南普洱市墨江縣，滇黔桂、川陝甘金三角（這兩處超大類卡林型金礦儲量居世界前列）；銀礦：滇南紅河州蒙自箇舊礦帶；鉑礦：滇西大理州彌渡縣金寶山礦區，川西甘孜州丹巴縣楊柳坪礦區。

(四)稀土及稀有金屬礦

西南區稀土礦，主要分布在川西南涼山州北部冕寧縣犛牛坪、黔西畢節地區東南角織金縣新華，屬於大型輕稀土原生礦床。稀有金屬礦方面：川西甘孜州康定縣的甲基卡發現特大型鋰、鈹礦，阿壩州金川縣可爾因也有大型鋰礦，但是稀有金屬儲量最豐富的地方則是西藏日喀則地區仲巴縣的扎布耶湖，蘊藏的鋰、硼、鉀、銫、銣等礦產總價達3,000億元，被稱為是一個「用斗量金的金湖」，鋰儲量佔世界總量的一半；另外在西藏最大的溫泉帶——日喀則昂仁縣搭格架地熱田和山南措美縣布雄朗古地熱田發現有超大型銫礦床，潛在經濟價值達536億元。稀有金屬裡的鍶礦（天青石）和碲礦，通常以伴生形式出現在其他大型多金屬礦床中，獨自存在的高純度礦床在全世界都屬於罕見的寶藏；本區的渝西銅梁－大足的鍶

礦，儲量高達700萬噸，品位將近60% SrSO4，質量居世界首位；川西雅安石棉縣大水溝發現一處獨立鉍碲礦床，是世界目前唯一發現的原生礦種，已被稱爲「第二國寶」。

(五)原子能金屬

主要的鈾礦床有：雲南騰衝鈾礦床（6000tU）、川北阿壩州若爾蓋鈾礦床。

主要非金屬礦產品有石英砂岩、石膏、重晶石、石棉、菱鎂礦、耐火黏土與矽石、磷石、鈉鹽、芒硝、硫鐵、矽藻土、硼鹽，其重要礦區分布情形爲，玻璃用石英砂岩礦：滇中昆明，儲量約2,000萬噸；石膏：川中樂山市峨邊縣；重晶石：陝鄂渝交界的陝東南平利縣洛河礦區（儲量2,800萬噸，質量亞洲第一），黔東湘西的天柱縣；石棉：川西雅安市石棉縣；菱鎂礦：藏東昌都地區類烏齊縣巴下礦區；耐火黏土與矽石：川中樂山市夾江縣；磷礦、鈉鹽礦、芒硝：滇中昆明的滇池礦區；硫鐵礦：川東南介於川滇黔三省交界附近的敘永、興文、古藺，滇東曲靖富源縣；矽藻土：滇中昆明尋甸縣、滇西保山騰衝縣；硼礦：藏北高原的扎布耶、茶拉卡等鹽鹹湖。

二、水電能源

本區水資源是全大陸最富裕的區域，總量所佔比例超過四成，人均水資源量幾乎都超過2,500立方公尺水平，雲南達到5,000立方公尺以上，西藏更是獨佔鰲頭，人均量直逼153,000立方公尺。區內水資源主要來源有三：青藏高原東南部的雅魯藏布江及三江水系、四川盆地的長江水系、雲貴高原的烏江與南北盤江水系；青藏高原

東南部的水資源總量可達9,000億立方公尺,水力理論蘊藏量超過2億千瓦;四川盆地的長江水資源總量約6,500億立方公尺,水力經濟可開發量超過2,000萬千瓦;雲貴高原的水資源總量約1,200億立方公尺,水力可開發量接近2,000萬千瓦。全區大型水力發電站共計9座,分別是:二灘、天生橋Ⅰ、Ⅱ級、安康、寶珠寺、大朝山、東風、烏江渡、銅街子、龔嘴等;中型水電站5座,分別是:碧口、太平驛、映秀灣、普定、羊卓雍湖等,這14座水力發電站總裝機容量達1,200萬千瓦,年均發電量為580億千瓦時,為上江(巴蜀)經濟圈基礎能源中的主要來源(水能所佔比例高達八成),未來水能可開發空間仍然很大。此外,青藏高原無污染的高山冰川,以及雲貴高原石灰熔岩地形,是天然礦泉良好的育成源地。

在能源類礦產(石油、天然氣與煤炭)方面,重點煤礦:貴州省有水城、六枝、林東、盤江等,四川省有攀枝花、廣旺、達竹、華鎣山等;最主要的含油氣盆地是四川盆地,投產開發的油氣礦產地是川中,全區石油、天然氣生產骨幹企業有:四川石油管理局、滇黔桂石油勘探局、西南石油局。四川盆地的天然氣是中國最集中的地方,探明儲量約11,000億立方公尺,但是多屬於中小型氣田,儲量大於100億立方公尺的只有威遠、臥龍河、中壩和古老的自流井氣田等4個;石油和煤礦則探明的基礎儲量甚少,煤礦探明儲量約僅130億噸,石油產量非常小,還是以氣為主。雲貴高原的情況正好與四川盆地互補,煤礦儲量約達750億噸,而且煤種齊全、煤質優良,但是油、氣缺乏。西藏目前以綠色能源為主,除了水能外,風能、太陽能、地熱能都有不錯的發展潛力,地熱田中最主要的是:西藏的西部噶爾縣朗久湖、中部的青藏鐵路要站那曲縣、拉薩市的羊八井、南部日喀則的昂仁縣塔各加,四川成都市大邑縣花水鄉,雲南省的騰衝、昆明。

三、生物資源

　　本區動植物資源豐富。西部的青藏高原有脊椎動物近800種，大中型野生動物數量居全區之冠，野犛牛、藏羚羊、赤斑羚、羚牛、黑頸鶴、棕尾虹雉、滇金絲猴等是國家一級重點保護野生動物；有高等植物6,400多種，其中藥用植物1,000餘種，比較珍稀名貴的藏藥材有冬蟲夏草、西藏紅花、冰山雪蓮、天麻、貝母、靈芝、手掌參、藏茵陳等。雲貴高原集合了寒、溫、熱三氣候帶的動植物共處一區，素有「動植物王國」之稱，以物種繁多居冠；有脊椎動物1,700多種，昆蟲1.3萬餘類，高等植物1.5萬種，其中有近50種國家一級保護動物，主要特色物種包括：亞洲象、黑葉猴、滇金絲猴、浣熊、蟒、抗浪魚、華南虎、孟加拉虎、雲豹、野牛、長臂猿、白尾梢虹雉、白鸛、黑頸鶴、白頭鶴、中華秋沙鴨、金雕、白肩雕、白尾海雕等。有藥用植物5,000種以上，是四大中藥材產區之一，比較珍稀的藥材有冬蟲夏草、珠子參、三尖杉、扇蕨、艾納香、雞土叢、天麻、石斛、杜仲、厚朴、吳萸、黔黨參、何首烏、五倍子等。四川盆地及其周圍山地是中國最重要的古老物種園區，有高等植物近萬種，其中藥用植物5,000餘種，是最大的中藥材基地，還有300多種芳香類植物，也是最大的植物性香精產地；有脊椎動物1,200多種，屬於國家一級保護動物的有：大小熊貓、中華鱘、白鱘、大鯢、金絲猴、灰金絲猴、短尾猴、獼猴、華南虎、林麝、雲豹、毛冠鹿、穿山甲、白唇鹿、扭角羚、鬣羚、水獺、血雉、紅腹角雉、綠尾虹雉、白腹錦雞、紅腹錦雞等。

四、旅遊資源

　　西南區旅遊資源之豐富，不但高居中國全區之冠，在全世界也屬少見；尤其以四川盆地及其周圍山地爲代表。截至目前爲止，本區所具有的世界級的旅遊景點高達13個之多，分別是：四川黃龍國家級名勝區、四川九寨溝國家級名勝區、四川峨嵋山－樂山風景名勝區、四川青城山和都江堰、四川大熊貓棲息地、重慶大足石刻、西藏布達拉宮、雲南麗江古城、雲南「三江並流」自然景觀和中國南方喀斯特等10個「世界文化與自然遺產」，以及雲南石林、四川興文、四川自貢等3個世界地質公園；187個國家級風景名勝區中本區有46個，300多個國家級自然保護區中本區共有69個；囊括了將近1/4的全中國旅遊資源。自然風景壯麗，人文風情濃郁；自然風景可以用8個字來總結：「雄、奇、險、秀、幽、野、古、絕」，天下山水盡收此間；人文景觀獨樹一格，主要源自中原地區的大漢文化與本地的多種少數民族文化交融結合的文化創新結果，體現在儒、道、佛三教的代表性建築上，再加上對各民族的生活、風俗、語言、習慣的政策維護與尊重，在歐美民族國家來說已經相當罕見的少數民族風情，本區不但隨處可見，而且濃郁雋永。整體而言，西南區綜合性旅遊基地布局密集，在交通基礎建設漸臻完善的情形下，是中國極少數適合以旅遊業做爲經濟發展支柱產業的區域。

🌐 經濟發展

　　上江（巴蜀）經濟圈從1895年重慶市開埠以來，成爲引領中國廣大中西部地區面向世界的門戶，近代工業開始在此萌芽；經過

抗日戰爭、三線建設兩個重要發展時期，成渝之間逐漸發展成中國老牌的工業基地之一和產糧大區。隨著重慶市升格直轄、天然氣田的開發、三峽工程竣工長江運力加大等，在在促進了近年來成渝都市圈的經濟持續增長，並以軍工企業轉型發展起來的冶金、機電設備、儀器儀表、電子電力等傳統強項行業為基礎，更進一步發展出汽機車、化工醫藥、食品加工、建築建材、旅遊等五大支柱產業，晚近更吸引了資訊科技、生物工程、環保工程等高科技產業進駐，成為中西部最大的經濟中心和綜合性工業基地。自古以來，四川盆地有著「蜀道難、難於上青天」之說，現如今已發展出9條鐵路幹線、連通八方的輻射狀高速公路網，三峽竣工後萬噸江輪終年通達重慶，寸灘國際貨櫃港是內陸航運最大港，預計2011年吞吐量可達70萬標箱；而最值得關注的是空運，本經濟圈的民用空港高達9座，分別是重慶（3座）、成都、綿陽、瀘州、宜賓、廣元、南充，其中的成都雙流國際機場、重慶江北國際機場兩者合計旅客年吞吐量已超過3,000萬人次，僅次於京滬穗，蜀道，真的上青天了。

　　上江（巴蜀）經濟圈2008年全年實現地區生產總值15,387.5億元，佔同年度大陸整體生產總值的5.12%，較2003年的6,990.6億元累積增長率為120.12%；2008年人均GDP約1.56萬元，較2003年的0.73萬元增長112%；整體經濟增長情形受到2008年汶川特大地震影響而回落，綿陽、德陽的增速甚至放緩至個位數，總量與人均增長率都遠低於全大陸統計數。三級產業結構變化情形：第一產業增加值2,241.7億元，較2003年的1,196.8億元增長87.32%；第二產業增加值7,428.1億元，較2003年的3,002.9億元增長147.37%；第三產業增加值5717.9億元，較2003年的2,790.7億元增長104.89%；2008年三級產業結構為14.57/48.27/37.16，較2003年的17.12/42.96/39.92呈現優化趨勢；第一、二、三產業對GDP增長的貢獻率分別為12.44%、52.70%和34.86%。全社會固定資產投資2008年全年完成9,920.8億

元，比2003年的3,042.9億元增長226.03%，對經濟總量所佔比例由2003年的43.5%躍升到2008年的64.4%。社會消費品零售總額（內需市場）2008年全年實現5,849.6億元，比2003年的2,604.5億元增長124.6%，五年來佔經濟總量並無明顯變化，維持在37～38%水平。對外經濟有著顯著提升，2008年全年進出口總值與實際利用外資金額分別實現311.7、56.9億美元，五年增長幅度都超過300%。

除了上江成渝都市經濟圈之外，本區還有一個極具發展潛力的經濟亮點——「川滇經濟亮點」，構成城市有：川南的攀枝花以及滇北的昆明、曲靖，都是著名的工業城市；2008年全年經濟概況：經濟總量約2,820億元，五年增長率約124%，人均所得達2.3萬元，五年增長率約117%；三次產業比例由10.3/50.4/39.3調整為9.8/52.4/37.8，第二產業比重五年來緩步提高2個百分點，結構調整尚屬優化；全社會固定投資1,667億元，五年增長率將近211%，對經濟總量的所佔比例由2003年的42.6%躍升為2008年的59.1%；全社會消費零售總額為957億元，五年增長率為117%，對經濟總量的所佔比例由2003年的35.1%略降到2008年的33.9%；外貿總額達79億美元，五年增長率為274%；實際利用外資金額為6.4億美元，規模尚小。整體而言，經濟增長屬於投資推動型增長模式，未來重要的發展課題是如何加速融入上江（巴蜀）經濟圈。

趨勢展望

西南區有太多美不勝收的「天府之國」、「世外桃源」和「人間仙境」，那種恬淡自在的氛圍的確很容易叫人流連忘返，不但可以做為全區民眾的休閒度假基地，更值得以國家的力量投資建設成全世界富裕階級的皇家花園，這裡所具備的旅遊稟賦完全不是阿拉

伯世界中東地區產油的暴發戶所能望其項背。然而，不是專程來度假旅遊的外地人也輕易可以發現一個普遍現象，在馬路旁的大樹底下或者籬笆棚邊，三五成群的青壯男子大白天擺龍門陣，不是搓麻將就是侃大山、瞎嘮嗑，這種情況在重慶、成都等中心城市的中心城區裡也習以為常，當休閒成為生活常態，當旅遊只是出門買菜，感受別有滋味。

　　整個西南區的人力閒置情況非常嚴重，群眾的經濟意識還很落後，但落後的原因和東北區的官本位主義崇拜還不是一個樣，這裡比較沒有受到計劃經濟那種條條框框的影響，理論上來說，老百姓的頭腦應該很靈活，再加上基礎資源也很豐富，更有那麼多的好山好水，應該很好發展才對；群眾經濟意識的落後，可能有兩種主要型態，一是宗教性的安貧樂道觀點阻礙群眾改善生活的期望，二是資訊的封閉限制了人們冒險進取追求發展的道路；這種落後的意識型態與社會習性，是落後區域經濟發展所將面臨的最大障礙，只能從加強群眾教育這個環節著手改進。撇開主觀的意識型態問題，剩下的外在客觀發展問題，有以下兩點供作參考：

一、巴蜀都市經濟圈應該加強協調發展，以利化解矛盾差距

　　在大陸所有城市的經濟總量排名中，能夠名列前十五順位的中西部地區城市，就只有重慶和成都；重慶市更是五年來穩定排名在第七順位，經濟總量也是中西部地區唯一超過5,000億元的城市；只不過上江（巴蜀）經濟圈最大的問題也就在成渝之間。四川盆地最富裕的地區高度集中在成都和重慶西部地區，但是周邊區域落差極大，顯然經濟輻射效應有待加強。重慶市城中心所在的西部地區，人均GDP多在3萬元以上，大渡口區和雙橋區更高達53,205、64,103

元，可是越往東走就越令人感到心情沉重，涪陵區以東的廣大地區人民經濟條件幾乎還停留在脫貧階段，東北部的多數縣區人均GDP低於1萬元，其中縣城位於長江沿岸的有：酆都（8,960元）、忠縣（10,464元）、雲陽（6,563元）、奉節（8,813元）、巫山（6,769元）；四川省除了成都市人均GDP將近3.5萬元，其餘絕大多數地區連它的一半都不到，人均GDP低於1萬元的地級市有廣安（8,680元）、南充（8,031元）、資陽（9,405元）、遂寧（9,697元），教人驚訝與不安的是，這4個地級市全都位於成都到重慶之間，並且人口龐大，戶籍人口合計將近2,100萬。上江（巴蜀）經濟圈首要解決的經濟問題就是縮小矛盾差距，四川省應該加大對成渝之間的交通與工業區的基礎投資，這樣對重慶市的勞力密集型產業應該具有強大吸引力，而重慶只能走向產業升級的道路。

二、川滇經濟亮點應該倚靠巴蜀經濟圈為後盾，發展成走向南亞的經濟前哨

以昆明為發展中心的川滇經濟亮點，地處中國南沿，目前雖然已經開通往越南河內的國際路線，然而東盟自由貿易區目前已由北部灣經濟圈的南寧市主導，而且未來經濟增長模式，可以預見的，應該是移植臺灣模式，因此，川滇亮點唯一的發展道路就是加速向北融入上江（巴蜀）經濟圈，向南打通印度洋，走進星、馬、泰的前哨站角色。光靠昆明一市之力要掌握通往泰國曼谷、緬甸仰光的這兩條跨國路線，力量太薄弱，而重慶市如果只盤算東南沿海產業內移的份額，僧多粥太少；顯然兩者之間必須緊密結合，互惠互

補。對昆明經濟發展的建議有兩點提醒：一是對外貿易的能量應該還可以再提升：昆明2008年外貿總額為73億美元，比較同樣是省會城市的山西太原、陝西西安，分別為94、70億美元，內地城市居然可以趕上甚至超過邊境重要口岸城市，似乎昆明的對外貿易實力有些保留。二是水資源必須加強保護；如前所提，雲南是大陸水資源非常豐富的少數省區之一，可是昆明居然缺水！著名的美麗滇池被各路人馬齊聚攪和成雲南最大的化糞池，氮、磷、重金屬及砷大量沈積於湖底，屬於水源重度污染區，土著魚種（例如金線魚）瀕於滅絕；「春城昆明、宜居城市」？滇池污染沒獲得有效整治之前，這句口號只能當成是房地產業者售屋甩房的另一場呼呦。

第十三章

中南區

（長江中游區：鄂、湘、贛、豫南）

◎中江（武漢）經濟圈
  （鄂：武漢、黃石、鄂州、孝感、荊州、黃岡、咸寧）
  （湘：岳陽）
  （贛：南昌、九江）
◎長株潭經濟亮點
  （湘：長沙、株洲、湘潭）

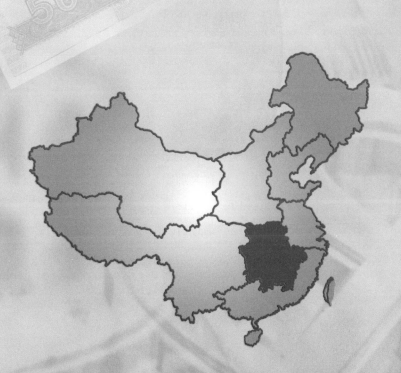

 前言

　　本區由於是經濟地理上的中部地區，且其自然地理位置在秦嶺淮河線以南，故經濟區劃上以「中南區」名之；在行政區劃上主要涵蓋：湖北省（簡稱「鄂」）、湖南省（簡稱「湘」）、江西省（簡稱「贛」）以及河南省南部地區。本區主要都市經濟帶集中在長江中游鄂湘贛三省交界處，是故名為「**中江經濟圈**」，其中又以湖北省省會武漢市為經濟發展中心城市，又名「**武漢經濟圈**」；主要城市包括湖北省武漢、黃石、鄂州、孝感、荊州、黃岡、咸寧，江西省南昌、九江，以及湖南岳陽等10座城市，土地面積約10.6萬平方公里，人口約4,908萬人。

 環境條件

一、地理

　　中南區整體處於長江中下游平原的西部，北抵伏牛山脈，南到南嶺，東有大別山、黃山、武夷山，西達雲貴高原東側；大約介於東經109度～118度、北緯25度～34度之間的菱形區域；主要都市經濟圈位於東經112度～116度、北緯25度～34度之間的長江中游沿岸。

二、地貌

　　本區地勢處於第二級梯向第三級梯過渡地帶，地貌主要由周邊的山地丘陵、長江中游平原與成串湖泊等三大部分所組成。菱形區域東側的山地丘陵平均海拔不到2,000公尺，武夷山的黃崗山峰高也僅止於2,160公尺，西側山地海拔較高，大巴山末端的神農頂峰高可達3,105公尺，是本區最高峰。長江中游沿江兩側有著成串的淡水湖泊，主要有荊北四湖（長湖、三湖、白露湖、洪湖）、洞庭湖、鄱陽湖，這些大湖都具有天然調蓄洪的重要功能，隨著水位升降變幅，湖泊面積變化也大，鄱陽湖是中國目前第一大淡水湖，高水位（21公尺）時為3,583平方公里，但低水位（12公尺）時僅500平方公里，以致「夏秋一水連天，冬春荒灘無邊」。湖泊周圍是著名的雲夢平原（江漢平原和洞庭湖平原的統稱）和鄱陽湖平原，如今仍可見到古代居民在此廣泛「挽堤圍垸」的遺跡，北面還有豫南的南陽盆地，地勢平坦，海拔多在50公尺以下。

三、土壤

　　中南區的土壤分類相對簡單許多，基本上可以長江為界，長江以北、秦嶺淮河線以南的地帶性土類以淋溶土系列的黃棕壤為主要，長江以南、南嶺以北，以及武陵山以東的地帶性土類則為富鋁土系列的紅壤和黃壤。

　　在湖南、江西等熱帶、亞熱帶的高海拔山地高原地區（一般海拔要超過600公尺以上），因為水濕條件是同緯度區比較好的，土壤類別以黃壤為主，黃壤除具有熱帶、亞熱帶土壤所共有的富鋁化作用和生物積累作用外，由於成土環境條件相對濕度大，土層經

常保持潮濕，致使土壤中的氧化鐵水化，形成黃色或蠟黃色土層（黃化作用），這是它和北方的黃（綿）土區土壤形成肌理不同之處，本區黃壤分布地帶地勢較高，以發展山地林業爲主，造林主要樹種爲杉木，還可發展毛竹、茶葉、油茶等，但應注意水土保持，農地要增施有機肥，並施用石灰，以改良土壤酸性。在低山丘陵地區，湖北南部和湖南、江西的大部分地區，土壤類別以紅壤爲主；在鄂北、豫南，土壤類別則轉爲亞熱帶北緣常見的過渡性土類——黃棕壤。這兩類土壤都是水分、熱量條件好、面積又大的重要農業資源，但是在黃棕壤區的栽培必須注意它分布於南北過渡地帶的特點，引種經濟林木和作物品種時，不能盲目行事，例如亞熱帶的茶、柑橘、甘蔗及其他經濟林木，只在一定的條件下才能發展，不然要遭受凍害，而暖溫帶的落葉水果如蘋果、水梨等，生長也遠不如人意，這主要是由於氣候條件不適合的原因；而兩者都必須加以注意的是，水土保持和培肥等措施，應該要予以強化。在湘中、贛中的丘陵地區，以及湖北的零星緩丘，還可看到岩性土系列的紫色土。

在平原河谷地區，除了長江以北的部分地區外，大部分都是人爲水田的稻土；鄂北的漢水谷地以及豫南的南陽盆地，土壤類別以半水成土系列的潮土爲主，不過長江沖積平原的潮土（曾稱灰潮土），相對於黃河中下游平原的潮土，不一樣的地方是石灰性較弱，有機質含量稍高，並且基本上沒有鹽化和鹼化現象。紅壤區的水稻土多在河谷平原、山間盆地和山地沖積扇上集中分布，全區農作物以水稻（大米）爲主，低海拔的開闊地形種雙季稻較多，多種油菜或綠肥，山區冷浸田則種單季稻。黃棕壤區的水稻土，是重要的糧棉產區，糧食生產以稻麥兩熟爲主，但長江中下游平原有雙季稻，甚至種雙季稻再加種多小麥的雙三熟制栽培方式，造成農時過緊，常有鐵質被淋失的「白土化」現象，無論是旱地白土或水田白

土，都是本區需要重點改良的低產土壤。山區大型水庫較多，在發展灌溉方面起到重要作用，但是對土地合理利用的重視不夠，山體滑坡、水土流失日益加劇，泥沙不斷淤塞水庫，是個需要重視的問題。

四、氣候

本區除了北緣的南陽盆地屬於亞熱帶半濕潤季風氣候向亞熱帶濕潤季風氣候過渡外，全區都籠罩在亞熱帶濕潤季風氣候區的範圍，氣候溫和，日照充足，雨量豐沛，四季分明。全年平均氣溫攝氏15度～20度，由南向北遞減；冬季1月平均氣溫攝氏2度～9度，夏季7月平均氣溫攝氏27度～30度，其中武漢是長江沿岸「三大火爐」之一。年降水量800～1,900毫米，由東南向西北遞減，山區多盆地少，且集中在夏季，東南緣從4、5月就進入梅雨季，越往西北雨季越晚。由於溫度和降水的年際變化大，故常出現乾旱、洪澇、寒流、霜凍等自然災害。

 人文背景

一、歷史建制

本區與上河區的中原文化同樣是中華文明的共同發祥地，有歷史可考的文明可以追溯到一萬年前；距今四、五千年前已有陶器製作和水稻種植，商朝中葉後，受中原文明的影響下，進入青銅器時代；春秋戰國期間，楚國建郢都（今湖北荊州）達四百多年，形

成根深柢固、有獨特風格的楚文化。南北朝時期中國經濟中心開始南移，中原居民大量南遷，加速兩湖地區的開發。宋代時期兩湖居民廣泛修築堤垸圍湖圈地，使湖泊周圍沼澤地變成主要農業區，江夏城（今武漢市武昌）和建康（今南京）、臨安（今杭州）並列爲南宋三大商業都會。元代設湖廣、江西行省，是時有民諺曰「湖廣熟，天下足」[註1]。清代分爲湖北、湖南、江西三省，自此行政區域始與現代趨同。

1911年10月10日，以孫中山先生爲首的革命黨人在武昌起義，辛亥革命成功，「中華民國」成立，終結中國二千多年來的皇帝專制政體，走向共和。1926年北伐軍進駐南昌時正式設南昌市，1927年8月1日中共在南昌（紅軍成立地）發起武裝鬥爭，1934年南昌又成爲蔣介石對中共實施軍事與文化雙重圍剿的發起地。1934年10月中共中央紅軍敗走贛南，長征繞行抵達延安，堅持工農救國路線，1939年蔣經國贛南視事，政治立場向工農階級傾斜，1948年下江東進上海「打老虎」。中南區遍布著許多近現代中國革命的搖籃與聖地。

二、族群分布

中南區的少數民族較多地集中在湖南省的西部地區，以苗族及土家族爲主，轄有一個民族自治州，其餘人口在10萬以上的少數民族還有侗族、瑤族、白族，少數民族人口總數約達641萬人，佔全省總人口的10%左右。湖北的少數民族約有260萬人，佔全省總人口約4.5%，也以苗族及土家族爲主，轄有一個民族自治州；兩湖的苗

註1：請注意這句民諺當時的時空背景是經過連年戰亂人口相對稀少的時代。

族及土家族人口總數約達610萬。江西省的少數民族相對稀少，總數所佔比例不到省人口1%，主要少數民族爲畬族約10萬人，分布在贛東北、贛南的邊遠山區。

　　江西雖然民族風情非常淡薄，但是從這裡開始出現中國族群文化裡的一項重要因素——漢語方言（地方土話），江西主要方言以贛語和客家話爲主，贛語主要用於江西大部、湖南東部、安徽西南部等地，使用人口約5,148萬；客家話主要使用在贛南地區，贛州市是全世界客家人大本營，客家人口將近700萬。從湖南以東、長江以南的中國東南地區，出現同一種民族卻說著彼此完全聽不懂的語言現象，這種方言上的差異並非像是在漢語官話系統^(註2)間，大部分只是在語調上有些不同而已，習慣之後也很容易溝通；從這裡開始進入贛語、吳語、徽語、閩語、粵語、平話、客家話等方言體系，彼此之間不僅語調、語音、語法差距極大，在同一個語系下，往往還要再細分東、西、南、北、上、下、左、右、城裡、城外等等之類的更小片區，對外地人來說簡直是詰屈聲牙、不知所云，無法溝通到彷彿置身於少數民族自治區的境地；而東南地區在主、客觀上有意無意地傾向以地方土話做爲條塊分割的區隔手段，這種人爲的侷限與區隔，等於是搬石頭砸自己的腳，對經濟發展非常不利。

註2：中國官話（Mandarin）可以概分為8個系統區，有東北官話、北京官話、華北官話、中原官話、蘭銀官話、西南官話、濟魯官話、膠遼官話。方言體系裡原有湖南片區所使用的湘語，因對外經濟發展快速，晚近在年輕族群裡使用的新湘語比較貼近西南官話系統，較利於溝通，年長輩使用的舊湘語則仍保留許多土音，難以理解。

三、宗教信仰

　　本區與其他漢族為主體的地區一樣，是多種宗教自由並存的區域。漢傳佛教在西晉年間傳入，道教在東晉時進入，佛、道都是大漢民族的傳統信仰，湖北的武當山、江西的龍虎山，是中國道教四大聖地之二。伊斯蘭教則於元末明初時，由元朝軍隊的參軍將士在此駐屯居業而傳布開來。天主教和基督教都是在清末鴉片戰爭後，傳教士由開埠口岸大批進入內地。宗教活動與民族風情相結合，區內多佛、道聖地，中心城市的基督教和天主教活動也相當盛行，還設有神學院與多種宗教團體。

資源稟賦

一、基礎資源（農林漁牧礦）

　　中南區的農林漁牧總產值約佔大陸總產值的17%，雖然漁業在第一產業的結構比最低且佔大陸總產值僅約13%，但已是內地省區份額最高者，主要是淡水養殖產品；其餘的農、林、牧業等份額都在15%以上，佔有非常重要地位。在農業方面，糧食作物總產量約佔大陸份額16%，特別是大米為最重要，佔大陸總產量三成以上，洞庭湖平原與鄱陽湖平原高居全區首位；經濟作物中，棉花、茶葉、油料、麻、柑橘、菸葉（烤烟型），名列前茅。在林業方面，以湖北的生漆、湖南的油茶籽名列第一，其它重要的還有松脂、油桐籽等。在畜牧業方面，全區豬隻畜養數高達大陸總量的20%以

上，豬肉也成為主要肉品來源。

　　主要查明的礦產分為金屬礦產與非金屬礦產兩大部門。金屬礦產裡還分為：黑色金屬、有色金屬、貴金屬、稀土金屬、稀有金屬、分散金屬（通常以伴生形式出現在大型有色金屬礦床裡）及原子能金屬。以下逐項列示重要礦產及礦區分布情形：

(一)黑色金屬礦產

　　主要有鐵、錳、鈦，已探明的重要礦區分布情形，鐵礦：湖北鄂東、鄂西鐵礦區，贛中新余－吉安鐵礦區，贛西蓮花縣株嶺坳、永新縣烏石山，湖南省婁底田湖、衡陽祈東、郴州市汝城大坪；錳礦：湘、黔、川三角地區的湘西州花垣縣民采錳礦（儲量0.28億噸）、湘中地區的湘潭錳礦、桃江響濤園錳礦、寧鄉棠甘山錳礦、永州－道縣礦區（儲量0.33億噸）；鈦礦：（鈦鐵礦砂礦）江西南部贛州市南沿定南縣的車步、赤水，湘北洞庭湖周圍的岳陽縣新牆河、華容縣三郎堰，（金紅石礦）鄂北襄樊市的棗陽大阜山，湘北洞庭湖周圍的湘陰縣望湘、岳陽縣新牆河、華容縣三郎堰，豫南泌陽－桐柏礦帶（金紅石礦5,000萬噸以上，亞洲第一）。

(二)有色金屬礦產

　　主要有銅、鉛鋅、汞銻、鎢、鉍，其重要礦區分布情形，銅礦：江西省上饒德興縣（亞洲第一）、九江城門山（伴生碲）、武山，鄂東黃石的大冶－陽新礦帶（伴生鍶）；鉛鋅礦：贛東貴溪冷水鎮礦區（近300萬噸），湘南衡陽常寧水口山礦區；錫礦：湘東南郴州香花嶺、紅旗嶺、野雞尾；汞銻礦：湘黔邊界的新晃汞礦，湘中婁底市冷水江錫礦山銻礦、益陽市桃江板溪銻礦、邵陽市新邵龍山銻礦、常德市桃源沃溪銻礦；鎢礦：本區鎢儲量約佔中國六成

左右，主要礦床遍布在贛粵邊境的大余礦區，以及湘南郴州柿竹園、瑤崗仙及永州新田嶺。鉍礦：湖南省郴州市金般塘礦區（資源量10萬噸，潛在經濟價值70億元，世界最大）。

(三)貴金屬礦產

以黃金、銀、鉑為主要，其重要礦區分布情形，黃金：湘西沅陵沃溪礦區，湘東平江黃金洞礦區；銀礦：鄂西北與陝南交界的竹山銀洞溝、鄂西宜昌興山白果園銀釩礦床，贛東貴溪冷水鎮礦區（近萬噸特大銀礦脈）。

(四)稀土及稀有金屬礦

本區稀土礦以輕稀土為主，主要分布在：贛南西華山、蕩坪礦床，鄂西北十堰市竹山縣廟垭、鄂北隨州市廣水，湘南永州市江華縣；湖南洞庭湖周圍還有多處特大型獨居石礦，例如華容三郎堰、岳陽口箕、湘陰望湘。鉭鈮鋰鈧礦主要分布區域有：贛西宜春、贛南閩西交界的石城縣海羅嶺、贛東北上饒市橫峰葛源特大鉭礦床，鄂西北十堰市竹山廟垭特大型鈮、稀土礦，鄂湘贛三省交界的湖北咸寧市通城斷峰山大型鉭鈮礦。另外，湘南郴州市臨武縣香花嶺有珍貴的鈹礦。鄂西南的恩施市，硒礦儲量位居世界第一。

(五)原子能金屬

礦脈主要分布在贛湘粵三角，以贛東撫州崇仁縣相山鈾礦田（儲量26,000tU）為最大，其它還有：贛南贛州市寧都桃山鈾礦田、湘南郴州郴縣鈾礦田、湘西永順產子坪鈾礦田。主要的核工業基地有：江西的上饒、撫州、樂安，湖南的衡陽、郴州、大浦街。

主要非金屬礦產品有滑石、石膏、石墨、重晶石、螢石、磷

石、芒硝、硫鐵、矽灰石、高嶺土、寶玉石，其重要礦區分布情
形，玻璃用滑石礦：贛浙閩交界的廣豐、贛南贛州市于都；石膏
礦：鄂中孝感市應城縣，湘中邵陽市邵東縣；石墨礦：湘南郴州市
魯塘；重晶石礦：湘西懷化市新晃縣貢溪（儲量2.8億噸），鄂西十
堰市竹山縣柳林；螢石礦：湘南郴州柿竹園（儲量近4,600萬噸）、
湘東北岳陽市臨湘桃林（儲量約600萬噸），豫南信陽；磷石礦：
鄂中鍾祥、宜昌，鄂西北襄樊市保康，鄂東北孝感市大悟，湘東長
沙瀏陽；芒硝礦：鄂中孝感市應城、贛中宜春市樟樹；硫鐵礦：贛
北九江城門山、武山，贛東北上饒市德興；矽灰石礦：贛中新余
市；高嶺土礦：湖南省衡山、汨羅、醴陵，江西省貴溪、景德鎮；
寶玉石礦：豫南南陽的獨山玉，鄂西竹山的綠松石。

二、水電能源

　　本區水資源是全大陸中等豐富的區域，總量所佔比例約15%，
並以地表水為主；人均水資源量以長江為分界，長江以北開始低
於大陸平均資源量（約2,050立方公尺），越往北走越稀少，豫南
地區更普遍低於650立方公尺，長江以南可以達到2,250立方公尺
（湘），甚至2,560立方公尺（贛）。區內水資源主要依靠自然降水
以及長江水系，全區大型水電站共計6座，分別是：湖北省境內的
三峽水力樞紐、丹江口水力樞紐、葛洲壩、隔河岩，以及湖南省境
內的東江、五強溪；中型水電站也有6座，分別是：湖北省境內的
高壩洲，湖南省境內的鳳灘、江埡、柘溪，江西省境內的萬安、柘
林等；這12座水電站總裝機容量將近2,670萬千瓦，年均發電量為
1,220億千瓦時。特別是位於湖北宜昌縣三斗坪，能夠「截斷巫山
雲雨」的三峽水力樞紐，主體工程總工期長達十五年，靜態總投資
954.6億元，是世界上規模最宏大的水利工程；大壩壩頂總長3,035

公尺，壩頂高程185公尺，正常蓄水位175公尺，總庫容393億立方公尺，每秒排沙流量為2,460立方公尺，每秒洩洪能力為11.6萬立方公尺；雙線五級船閘，可通過萬噸級船隊，年單向通過能力500萬噸；水庫淹沒耕地43.13萬畝，動遷113.18萬人，移民安置費用即佔總投資金額30%。水電總裝機容量達1,820萬千瓦（右岸預留六台總裝機容量420萬千瓦的後期擴增機組），年均發電量達846.8億度，除了供應中江、上江經濟圈所需外，並以正負600千伏直流輸電線向華東送電。長江三峽工程發揮防洪、發電、航運、養殖、旅遊、生態保護、環境淨化、開發性移民、南水北調、供水灌溉等十大效益，世界上沒有任何其他巨型水力樞紐能夠比擬。

在能源類礦產（石油、天然氣與煤炭）方面：煤礦探明基礎儲量約僅30億噸，零星分布在湖南、江西周圍丘陵，例如贛西的萍鄉、贛北豐城、贛東樂平等，煤炭資源儲量少、地質條件差、礦井災害因素多，而且存在礦井老化、規模小、生產技術落後、安全狀況十分令人擔憂，本區較大型鋼鐵產業需求主要靠豫北煤礦供應支持；石油、天然氣基礎儲量也很小，石油約僅2,500萬噸，天然氣約100億立方公尺，主要分布在南陽盆地和江漢平原，油、氣生產骨幹企業有河南石油勘探局、江漢石油管理局；上述傳統火力發電能源的基礎儲量都不到全區儲量的1%，產量呈現逐年下降趨勢。本區除了積極開發水能與核能外，地熱能也有不錯的發展潛力，鄂中孝感市應城湯池、鄂東黃岡市英山溫泉、湘東長沙市寧鄉灰湯、湘東南郴州市汝城靈泉、贛南安遠縣虎崗溫泉，都是中南區著名的地熱能源。

三、生物資源

本區有野生動物600多種，屬於國家一級保育類動物，有：白

鱉豚、華南虎、金絲猴、金錢豹、閩中羊、蘇門羚、毛冠鹿、江豚、獼猴、大鯢、金貓、短尾猴、穿山甲、黑熊、揚子鰐、梅花鹿、白鶴、白頭鶴、白鸛、黑鸛、黃腹角雉、白冠長尾雉、中華秋沙鴨；另有珍貴魚類：武昌魚、鱖魚、銀魚。有野生植物4,000多種，其中藥用植物2,500餘種，較盛產的藥材有：黨參、黃連、天麻、梔子、澤瀉、香芋、枳實、土茯苓、薄荷、山茱萸、辛夷花、杜仲。

四、旅遊資源

　　本區旅遊資源分布相當平均，歷史文化悠久，自然風光絢麗。截至目前為止，本區所具有的世界級旅遊景點有9個，分別是：湖南武陵源國家級名勝區、湖北武當山古建築群、江西廬山風景名勝區、明清皇家陵寢：明顯陵（湖北鍾祥市）、江西三清山等5個「世界文化與自然遺產」，以及江西廬山、龍虎山，湖南武陵源，河南南陽伏牛山等4個世界地質公園；187個國家級風景名勝區中本區有28個，300多個國家級自然保護區中本區有39個。

　　也許你可以在春末乍暖時節，到武漢市緬懷辛亥革命的起義壯舉，然後「西辭黃鶴樓」，南下洞庭湖，去岳陽樓感受范仲淹「先憂而憂，後樂而樂」的恢宏氣勢，最後東行繞經浩瀚的鄱陽湖，西側贛江之濱有中國三大名樓之首的滕王閣，一千三百年來它歷經二十八次興廢，如今依舊佇立在此「冷看春秋月，飽經風霜雪」，如果適逢暮秋傍晚，登閣縱目遠眺，「落霞與孤鶩齊飛，秋水共長天一色」，千年美景重現眼底。本區由於是楚文化扎根地，再加上詩人騷客的長期積累，人文風格表現出與北方的官體制和華東的商本位截然不同的形式，這裡充滿著濃厚的理想主義浪漫色彩，孕育出強有力的生命熱情，像煙火般燦爛，短暫但點亮了中國的每一個

角落，成爲近代中國革命事業的重要基地。

 ## 經濟發展

　　中江（武漢）經濟圈是中國內地水陸交通樞紐，京廣、京九、焦柳等主要鐵路幹線縱貫南北，漢丹、襄渝等鐵路支線橫穿東西，加上長江及其支流漢水從西到東流過全境，萬噸貨輪暢行無阻，素有「九省通衢」之稱。工業以鋼鐵、冶金、汽車裝備、電子、電力、化工、建材、棉紡織、菸草食品、醫藥等爲支柱；汽車產量居全區之冠，形成多層次、配套齊全的全系列生產基地，南昌－九江工業走廊倚仗著豐富的稀土、稀有金屬礦源，成爲中國重要的特色冶金工業基地。

　　中江（武漢）經濟圈2008年全年實現地區生產總值10,430億元，佔同年度大陸整體生產總值的3.47%，較2003年的4,733.4億元累積增長率爲120.35%；2008年人均GDP約2.13萬元，較2003年的1萬元增長112%；整體經濟增長情形與受到2008年汶川特大地震影響的成渝都市經濟圈極爲類似，總量與人均增長率都遠低於全大陸統計數，而且必須警惕的事實是：人均GDP從2003年大陸總體均值以上的水準，翻落到2008年總體均值以下，三級產業結構變化情形：第一產業增加值1,192.3億元，較2003年的654.7億元增長82.11%；第二產業增加值4,969.3億元，較2003年的2,157.9億元增長130.28%；第三產業增加值4,268.3億元，較2003年的1,920.7億元增長122.22%；2008年三級產業結構爲11.43/47.64/40.92，較2003年的13.83/45.59/40.58，緩步向上；第一、二、三產業對GDP增長的貢獻率分別爲9.44%、49.35%和41.21%。全社會固定資產投資2008年全年完成5,741.8億元，比2003年的1,599.1億元增長259.06%，對經

濟總量所佔比例由2003年的33.78%躍升到2008年的55.05%。社會消費品零售總額（內需市場）2008年全年實現4,322.2億元，比2003年的1,992.5億元增長116.92%，五年來佔經濟總量並無明顯變化，維持在41～42%水平。對外經濟規模，2008年全年進出口總值與實際利用外資金額分別爲220.6、54億美元，較2003年的59.7、31.5億美元，五年增長率達270%、71%。

　　本區主要都市經濟帶除了武漢經濟圈之外，還有一個極具發展潛力的經濟亮點——「**長株潭湘三角**」，係由湖南省的省會長沙市及株洲、湘潭等3座城市構成交通、經濟、生活一體化的都市圈，總人口約1,334萬，面積約2.8萬平方公里。2008年全年經濟概況：經濟總量約4,565億元，五年增長率約189%，人均所得達3.4萬元，五年增長率約172%；三次產業比例由10.8/43.7/45.5調整爲8.2/52.5/39.3，第二產業比重五年來大幅躍升8.8個百分點，結構調整穩健適宜；全社會固定投資2,579億元，五年增長率將近274%，對經濟總量所佔比例由2003年的43.7%提升爲2008年的56.5%；全社會消費零售總額爲1,765億元，五年增長率爲159%，對經濟總量所佔比例由2003年的43.2%修正到2008年的38.7%；外貿總額達82億美元，五年增長率爲187%；實際利用外資金額爲24億美元，比五年前的7億美元有著顯著提升。整體而言，經濟增長模式擺脫過去那種低總量卻實行所謂「投資消費均衡發展」的雙頭馬車增長型，健康轉變爲適合經濟總量還低的投資推動型增長模式，並以輕工業爲支柱產業，加速吸引珠三角經濟圈做爲產業升級的突破口，積極向北融入武漢都市經濟圈以取得重工業支持，成爲中南區經濟發展的南極是未來重要的發展課題。

🌐 趨勢展望

　　中南區是大陸主要的糧食產區和基礎資源的供應基地，在區位上也是運輸網絡的中心區域，卻曾經在中國區域經濟發展的版圖上「塌陷」，直到2006年4月大陸國務院10號文件出台，正式實施「中部崛起」戰略，給予「兩個比照」政策扶持，這才又促使產業回填；三年來，在產業回填的外部推力與本區既有產業的內生動力相互結合下，做為綜合經濟稟賦最優的區域，中南區正在跨入產業集群和都市經濟圈共同加速發展的新階段。2009年中江（武漢）經濟圈的總投資規模將達12,874億元，有利於進一步提升區內基礎設施和支柱產業的發展，而對資源節約型和環境友好型這兩型的產業投資項目也不在少數，相信對推進建成「兩型社會」的目標能夠起到更大的示範作用。未來增長的道路，可以考慮下列幾點做為政策調整的參考：

一、加強群眾進步意識，認清處在落後的環境現實，投身經濟現代化所需要的改革隊伍

　　中江（武漢）都市經濟圈未來發展的最緊要議題，不是城鄉二元結構，也不是社會資本的稀缺匱乏，而是群眾落後的意識型態；然而，這種意識型態和上江區那種來自閉塞型社會結構的又明顯有別，可以說原因正好完全相反，是起因於資訊過度開放的趨同心理、示範作用造成的負面效應。武漢經濟圈2003年全社會消費零售金額為1,992.5億元，全社會固定投資1,599.1億元，2004年以上兩者分別為2,257.6、2,015.7億元，都是消費大於投資的情形，份額主

要來自大型的中心城市的投資消費傾向。經濟發展與成長模式適用於消費拉動型者，其經濟發展階段已達到人均所得快速增加並且有大量儲蓄剩餘的成熟階段，或者是另一種極端相反的情形也會使消費在結構上超過投資，那就是在貧困線下掙扎的落後經濟階段，對中南區的多數城市來說，這兩種情況都不適用。本區由於距離珠三角、臺港澳等發達經濟區域很近，在資訊的傳導下受到這些區域的生活方式影響，形成一股要求跟進的強烈意念，反而很少人能夠徹底地認清自己所處的落後環境；近兩年在中部崛起政策大力扶持下，社會固定投資規模和速度增長很快，然而群眾的消費攀比情況也水漲船高，街道上充斥著霓虹閃爍的娛樂場所，有種讓人誤以為到了經濟發達的珠三角的表面錯覺。

二、妥善融合周圍經濟發展區塊，提升對發達地區的產業吸引力，共進共榮

　　中江（武漢）經濟圈過去五年來的經濟發展情形，與上江（巴蜀）經濟圈有著異曲同工的相似之處，固定投資都太過於集中在中心城市的傳統城區，造成區域經濟發展極端不協調，使得城鄉二元體制結構的矛盾問題更加突出：2008年武漢市的人均GDP達到4.75萬元，但是在其周圍的孝感、黃岡、荊州、咸寧等地市的人均GDP卻都在1.25萬元以下，除了孝感之外，其它三市都有「黃金水道」——長江幹流流過，有那麼好的水運港口條件，而且還是資源豐富的城市，黃岡、荊州竟還處於貧困線邊緣，連1萬元都達不到；相較於同樣是中部省區的中原（鄭州）經濟圈，兩者的經濟總量、規模、人均都很接近，但後者當中沒有任何地級市人均低於1.4萬元，更別說河南人口數量還是全中國最多的。武漢經濟圈在「和諧社會」方面還應該可以做到更好。

　　說到底，這裡的人口還不到5,000萬，有最優良的長江水利（力），江漢、洞庭、鄱陽三大平原土壤肥沃、氣候適宜，堪稱天下糧倉，應該很好發展才對。在基礎資源方面，礦產開發利用的便利性可以排入全區前列，礦產資源的豐富性在南方無能出其右者，資源優勢堪比北方的河套經濟圈，因此第二產業提升空間應該很大，在目前的三級產業比重中再拉高5個百分點完全有可能。武漢都市經濟圈的視野可以更加開闊，不可以只單管湖北一省（更甚者說就只武漢一市）的發展，與贛北南昌－九江工業帶、長株潭湘三角，三者的長期發展是相互依存的唇齒關係，昌九與長株潭的最優發展路徑就是融入武漢都市經濟圈；光靠吸引東部發達地區的產業移轉，僧多粥少是絕對不夠的，戰略發展應該重新定位，可以考慮以昌九工業走廊做為東部的長三角產業移轉接收基地，以長株潭湘三角做為南部的珠三角產業移轉接收基地，而武漢經濟中心已經具備了直面世界先進地區的工業基礎，能夠以發展成全球產業移轉磁場為訴求；經濟發展模式似乎有意朝向美國芝加哥的經濟自由主義路線，只不過人家的起點非常高，能夠採用百花齊放式的多元模式，整個中南區距離那樣規模的經濟條件還差得很遠，倒不如實際抓緊具有優勢的工業主軸，再加強注意節能減排，一定能夠做為中部崛起的典範，創造出共進共榮的三贏局面。

　　最後需要再加以說明的一點，並且可以做為本章結論的是：經濟成長的規律是循序漸進、按部就班地走過每個不同的發展階段，每一個在別人口中傳述的所謂「經濟奇蹟」，背後都是經歷無數汗水辛勞所夯實的基礎，奇蹟是指在不進則退的嚴苛競爭下、在資源貧乏的物質基礎下，創造出卓越不凡、令人稱羨的成果，而絕對不是一步到位的經濟神話。中江（武漢）經濟圈目前的發展正處於不

進則退、不上則下的緊要時刻，「九頭鳥」^(註3)能不能成為九頭鷹，
估計在「12五」期間，就能見分曉。

註3：中國尋常百姓之間有一種說法，說是「天上九頭鳥，地上湖北佬」，
　　　形容湖北人聰明伶俐。

第十四章

華東區

（淮河流域、長江下游區：魯南、蘇、滬、徽、浙北）

◎淮海經濟圈
　　（魯：棗莊、濟寧、日照、臨沂）
　　（蘇：徐州、連雲港、宿遷）
　　（皖：蚌埠、淮北、宿州）
　　（豫：商丘）
◎長三角經濟圈
　　（上海市）
　　（蘇：無錫、常州、蘇州、南通）
　　（浙：杭州、寧波、嘉興、湖州、紹興、舟山）
◎環南京經濟圈
　　（蘇：南京、揚州、鎮江、泰州）
　　（皖：合肥、馬鞍山、蕪湖、銅陵、滁州、巢湖、宣城）

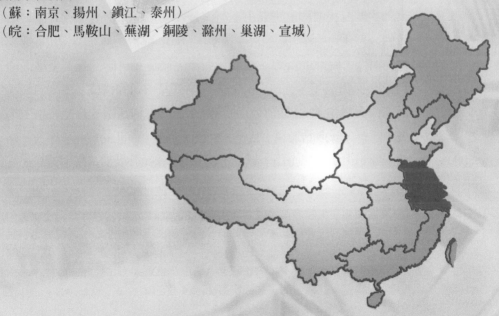

前言

　　華東區位於中部地帶的東邊，區內主要河川（淮河、長江、錢塘江）均東流入海，在行政劃分上以江蘇省（簡稱「蘇」）、安徽省（簡稱「皖」）、上海市（簡稱「滬」）、浙江省（簡稱「浙」）北部平原地區為主體，此外還包括山東省中部山丘以南的部分地區，和鄰近魯、皖、蘇三省交界處的河南省商丘市。從地理的角度來說，本區距離中國領土的最東邊至少差了10個以上的經度，區內最東點還比不上山東半島的威海（東經123度），因此華東區的「東」明顯跟方位無關，而是因為大部分地區處於東海之濱[註1]，故名之。在人地歸屬關係上，有3個相對較獨立的都市經濟帶，分別是淮海都市經濟圈、長三角都市經濟圈、環南京都市經濟圈，規劃興建中的上海虹橋交通樞紐中心完成後，後兩者未來進一步融合成「泛長三角」經濟圈的態勢相當明顯。

　　「淮海經濟圈」主要由淮河流域及其濱臨東海北部的11座城市所構成，計有：魯南的棗莊、濟寧、日照、臨沂，蘇北的徐州、連雲港、宿遷，皖北的蚌埠、淮北、宿州，以及豫東的商丘；土地面積約9.5萬平方公里，人口約6,522萬人。「長三角經濟圈」主要由長江出海口到杭州灣之間的長江三角洲平原（古稱江南）11座城市所構成，計有：蘇南的無錫、常州、蘇州、南通，浙北的杭州、寧波、嘉興、湖州、紹興、舟山，以及上海市；土地面積約7.8萬平方公里，

註1：「東海」指的是東中國海（East China Sea），其北界線有兩種說法，一是長江出海口北岸到韓國濟州島一線，另則是江蘇省連雲港市到韓國濟州島一線。蘇北自古就有個名曰「東海」的地方，目前東海縣隸屬連雲港市所轄，筆者曾親赴連雲港市實地考察，見海面顏色在此由黃轉藍，涇渭分明，是故本書採用後者之說。

人口約5,964萬人。「**環南京經濟圈**」以江蘇省省會南京市爲發展中心和連結樞紐，主要做爲輔助長三角經濟圈的堅強後盾，有「泛長三角」的經濟意義，結合了包括江蘇省的4座沿江城市和7座安徽省重要工業城市共11座所形成的都市經濟帶，計有：蘇南的南京、揚州、鎮江、泰州，皖東的合肥、馬鞍山、蕪湖、銅陵、滁州、巢湖、宣城；土地面積約5.9萬平方公里，人口約3,950萬人。

 ## 環境條件

一、地理

華東區北抵魯中丘陵南緣，西南邊緣有大別山、黃山盤據在皖南，並繼續沿西南邊側往東南方向擴散延伸，有天目山、會稽山、天台山等浙北丘陵呈震旦方向排列直逼入海，並形成大型港灣與島嶼；長江出中南區後向東北方向穿過大別山、黃山之間到南京－鎮江向東轉折於上海市入東海；淮河在本區北部交織縱橫。全區主要經濟帶介於東經115度～122度、北緯29度～36度之間的江淮下游平原、江南平原地區，形狀貌似一斜邊梯形。海岸線位於中國的中間區域，與富饒的長江流域形成一橫向的"T"字，是沿海航線必經的中途之地，從上海港前往下列各主要港口距離分別爲：天津（1,346公里）、香港（1,580公里）、日本的長崎（824公里）、神戶（1,494公里）、橫濱（1,900公里）；海岸線當中還有中國第三、第四大島──崇明島、舟山島，面積分別爲1,267、502平方公里，崇明島是世界最大的河口沖積島（沙島），其灘地至今每年仍以超過100公尺的速度向東淤漲，舟山島是舟山群島中的最大島，群島

是中國最大的漁場，其中面積超過1平方公里的島嶼達58座之多。

二、地貌

　　本區地貌主要特徵是地勢低平、河湖眾多，中國前十大淡水湖泊本區就集結了5個，分別是太湖、洪澤湖、魯南四湖、巢湖、高郵湖，是中國地勢最空蕩平坦的區域，除南部低丘外，全區平均海拔在50公尺以下；境內最高峰在雲霧成海的「天下第一奇山」——黃山的主峰蓮花峰，海拔1,864公尺；浙北丘陵平均海拔更降到只有800公尺左右。海岸線以長江口為界，以北筆直平緩，除了連雲港和日照外，少有大型良港，以南由於丘陵直逼海岸加上河渠切割，形成海岸線破碎曲折，多灣、多港是一大特點；杭州灣是本區第一大港灣，形似仿古留聲機的大喇叭，灣口寬約9.5公里，到海寧一帶縮緊為3公里，歷史上出現的潮差幾達9公尺之劇，灣外有舟山群島綿密延伸；2008年5月正式通車的杭州灣跨海大橋，北起嘉興海鹽鄭家埭，南至寧波慈溪水路灣，全長36公里，是世界上最長的高速跨海大橋，進一步促進杭州灣與長三角的連結。

　　與黃河一樣，「從雪山走來，向東海奔去」——長江也是中華文明的孕育者；下游從江西九江湖口縣到入海口，水深江寬，長844公里，流域面積12.3萬平方公里；江蘇省揚州、鎮江一帶的長江幹流又稱揚子江[註2]，由於受潮汐影響加上海水倒灌，使江水流速減

註2：國外長期以來以"Yangtze River"做為長江的代稱是失察的錯誤。長江與其他河川不同的地方之一，就是各江段有著不同的地區叫法，自上而下分別有叫沱沱河、通天河、金沙江、川江、荊江、潯陽江，江蘇鎮江、揚州一帶的長江，因揚州市南面有一通往鎮江市的揚子津渡口，古稱揚子江。清末外國船隻由吳淞口上溯航行，首經揚子江，誤以為是。因揚子江之名，既代表不了長江，又有帝國主義者殖民地色彩，國際上目前已正名，"Changjiang River"才是長江的正確英譯名。

緩，所攜帶的泥沙便在下游河段，尤其是靠近河口段沈積下來，在江心形成了數10個大小不一的沙洲，其中最大的是崇明島。長江幹流貨運量2008年已超過12億噸，佔全中國內河航運的80%，是美國密西西比河的兩倍、歐洲萊茵河的三倍，堪稱世界「黃金水道」。除了長江之外，本區一望無際、和緩無奇的大平原上，還有另一個重要而著名的地形標誌，中國的時光渠道──「京杭大運河」；大運河北起北京，南達杭州，縱向貫通海、黃、淮、長、錢塘等五大水系，全長1,794公里，是世界上開鑿最早、最長的一條人工河道，從西元前486年吳王夫差開鑿，迄西元1293年元朝初年全線通航，前後共花了一千七百七十九年，充當中國漕運的重要通道歷時一千二百多年，船行其間穿梭古今兩千五百年，清末民國期間逐漸淤積、無力整治，1949年後啓動部分河道恢復和擴建工程，1959年後結合南水北調工程加速蘇北河道疏濬擴建，目前華東區域內從山東濟寧到杭州段全線暢通，未來計劃再往南濬通錢塘江後，期望年貨運量可達億噸目標。

三、土壤

華東區的土綱基本上與中南區類似；山地丘陵區以富鋁土系列和淋溶土系列爲主，偶爾有岩性土系列的紫色土零星分布；平原地區則見半水成土系列和水稻土遍布。

長江以南的皖南、浙北在600公尺以上的山地，可以見到黃壤分布在這一垂直帶，低山緩崗區的地帶性土壤則以紅壤爲主，含有石英砂粒的母質岩丘陵區偶爾可見紫色土零星分布；長江以北的長江下游三角洲地區，地帶性土壤則轉以過渡性的黃棕壤爲主。在平原及山間谷地、盆地和沖積扇地區，皖南、浙北和長三角則大面積地遍布著水稻土；位於中亞熱帶紅壤區的水稻土，一般爲一年兩

熟，除山區海拔較高的地方種植一季中稻或晚稻外，在盆地和濱海平原普遍種植雙季稻，稻田全年淹水時間二百一十天左右；位於北亞熱帶黃棕壤區的水稻土，多為一年稻麥兩熟、水旱輪作制，冬作物主要是小麥、油菜或綠肥，稻田淹水時間為一百六十～一百九十天。處於水耕熟化初期的土壤，礦質養分不豐富，而高度熟化的水稻土則必然具有良好的物理性質和豐富的養分，往往是優質高產的稻土區，例如：鱔血黃泥土（江蘇太湖地區）、黃斑塥土（浙江杭嘉湖地區）；由紫色土起源的水稻土，鐵、錳溶澱作用微弱，土壤一般呈中性至微鹼性反應，營養元素含量豐富；由石灰岩母質土壤起源的水稻土，因受富含重碳酸鈣灌溉水和過量施用石灰的影響，常使碳酸鈣在剖面上部聚積，嚴重者竟生成石灰板結層，是耕性很差的低產稻田，例如蘇、皖的白土田。

除了水稻土區之外，華東區在長三角以北的廣大區域也是農業耕種活動歷史悠久的老區；在平原河谷低地的宜農土壤則以半水成土系列的潮土為主，屬於北亞熱帶，最冷月平均氣溫大於攝氏0度，土壤和河流基本上不凍結，全年都有作物生長，水田多於旱地。再往北移動，到了淮河流域，地帶性土類轉為砂礓黑土，遍布的地理範圍幾乎與本區的淮海經濟圈相吻合，這種土壤也只出現在這裡，總面積約3,000萬畝。這種土壤由於剖面的上部有「黑土層」，下部有「砂礓層」，所以通稱為「砂礓黑土」；黑土的形成原因與長期受水浸漬條件下的生物積累有關，砂礓的形成則是受到富含重碳酸鈣的地下水所影響，但是砂礓黑土不同於東北的黑土，有機質含量並不高，只有1%上下，而質地也比較黏，沒有明顯的沉積層，性狀也不同於潮土。砂礓黑土不僅黏粒含量高，而且黏土礦物以交換量大的蒙脫石為主，所以保肥力強，只是因為長期的明澇暗漬，加上耕作粗放，目前大部分屬於低產土壤；砂礓黑土地下水質好，有的含有較多的硝態氮，是很好的灌溉水源，為了提高土壤

有機質含量，應增施農家肥料和種植綠肥（苕子、檉麻、綠豆、草木樨等），增施磷肥、鉀肥的效果很好，特別是玉米和小麥，對於耐澇、耐旱、耐瘠的花生，也是適合的農作經營項目。往東到低窪的濱海地帶，則多為天然的濱海鹽土，例如海州灣、杭州灣，含鹽量除表土稍多外，以下土層都比較均勻，土壤和地下水的鹽分組成與海水一致，都是以氯化鈉為主，因此又稱為氯化物鹽土，大多開闢成鹽田。

四、氣候

　　全區具有明顯季風氣候特徵，氣候帶以淮河－蘇北灌溉總渠為界，以北屬於暖溫帶半濕潤季風氣候區，雨量適中，氣候溫和，四季分明；以南屬於亞熱帶濕潤季風氣候區，雨量豐沛，日照充足，氣候溫和，四季分明。全年平均氣溫攝氏13度～17度，分界線位置約攝氏15度，由南向北遞減；冬季1月平均氣溫攝氏零下1度～4度，夏季7月平均氣溫攝氏26度～29度，其中南京是長江沿岸「三大火爐」之一。年降水量800～1,200毫米，由東南向西北遞減，山區多平原少，皖南、浙北山區迎風面可達1,800～2,200毫米之多，降水以春雨及梅雨為主，夏季乾旱少雨，沿海偶有颱風雨補充。由於季風和降水的不穩定性，故冬季低溫寒潮，夏季高溫乾旱，暴雨、洪澇、颱風、龍捲風、冰雹等是主要自然災害。

人文背景

一、歷史建制

　　本區是吳越文化的發祥地,根據考古發現,距今五千年以前的河姆渡、馬家浜、良渚等文明分別按期間依序排列;先秦春秋戰國時期,主要分屬齊、楚、(吳)、越等國之地,秦設九江、泗水、東海、會稽等四郡直轄;西元四~六世紀魏晉南北朝時期以及十二~十三世紀南宋時期,中原居民大量南遷,加速江南地區的開發;元時分屬河南、江浙行省;明時設置應天府於南京,是為中國資本主義萌芽地;清康熙年間(約西元1667年)分江南省為江蘇、安徽,改浙江布政使司為省制,自此行政區域始與現代趨同。江蘇、安徽兩省戲曲文化更對中國近代藝術有著深厚影響,崑曲、徽劇諸多特長被現代京劇所吸收,黃梅戲和花鼓經過香港電影的渲染,至今仍膾炙人口。

　　上海,這個中國歷史上靠喝洋奶水、發國難財長大的稚嫩城市,1842年第一次中英鴉片戰爭前,還只是個以打魚為生的小縣城,這從今日上海仍簡稱「滬」可以得證[註3];鴉片戰爭後,英、美、法等國的洋買辦紛紛在滬設立賣鴉片的據點,隨著生意越做越大,據點乾脆變成更大片的租界,並享有實際的獨立地位和因此延伸的國際關係,租界的存在也使上海得以躲過戰火摧殘,魚水之間

註3:滬者,瀕水之扈也。「扈」為古代當地居民用來打魚的一種竹編工具。

相得益彰，上海迅速發展成為遠東最繁榮的港口和經濟中心。1911
年中華民國成立後，中國正陷入裡裡外外打成一團的混戰局面，然
而此時的上海租界卻恍若治外之國，獨自享受著格外安逸、彌足珍
貴的小資情趣；1921年中國共產黨正式在滬誕生成立；1926年上海
黑幫頭目杜月笙誘殺上海總工會領袖汪壽華，隔日軍隊槍殺遊行示
威群眾，造成大規模流血事件，從此國共走向分裂；1927年上海改
制特別市，由中央行政院直轄；1928年蔣氏中國定都南京，掌握著
上海經濟權勢的蔣氏寧波老鄉，自然更是如魚得水；1912～1936年
間上海租界的繁榮又更再上層境界；1937年中日「淞滬會戰」，是
蔣介石正式對日本開打的第一場大戰，為改變日本侵華的戰略軸
線，老頭子投入包括自己嫡系軍隊共達70餘萬兵力，死傷近1/3，日
軍佔領上海後又以20萬兵力進攻南京，12月10日破南京中華門，肆
意燒殺擄掠長達半年，濫殺無辜30萬、姦淫民女2萬人，史稱「南
京大屠殺」；1941年底日軍對英、美宣戰，上海租界自此不復存
在；1945年日本封建皇帝宣布無條件投降後，上海曾恢復短暫榮
景，可惜好景不長；1949年5月上海保衛戰失利，西北軍系統的國
民黨五十二軍撤守上海「轉進」金門、馬祖，大批長三角地區政商
要員、物資、機構隨國民政府南遷臺北（部分貫入英租界──香
港）；1958年上海併回江蘇省屬的原上海郊縣區域，成為現在主要
行政區劃的範圍輪廓；1992年鄧小平南巡返程同意開放上海浦東試
點，臺、港、歐美外資又再次搶佔進駐。今天在上海市區地價最昂
貴的外灘，夜晚燈紅酒綠、霓虹閃爍，放眼望去幾乎都是國際機構
的天下，上海，依舊是個「十里洋場」。

二、族群分布

　　本區少數民族數量非常稀少，一般不到1%，上海市約0.5%；

主要的少數民族有回、滿、蒙、壯、苗、畬，以回族爲主體，主要集結在安徽境內，現有回民40餘萬，清眞寺200座，尤其分布在皖北的蚌埠、六安、阜陽、淮南、淮北等地爲大宗，六安壽縣的清眞古寺是華東地區最大者，其次分布地點是皖中南，尤其是歷史上的重要商埠蕪湖、安慶、馬鞍山等地。

本區漢語方言以吳語爲主，分布地區爲皖南、蘇南、上海、浙北等泛長三角的大部分地區，其中又以蘇州話和寧波話爲代表，使用人數約7,700萬；其他使用的方言還有贛語和徽語。皖北和蘇北（含南京）主要使用中原官話及江淮官話，值得注意的是，在以吳語方言爲主的泛長三角地區，浙皖邊界的湖州、宣城，卻以使用江淮官話爲主，反而成了方言區裡的語言孤島。

三、宗教信仰

本區和其他地區一樣，是一個以佛教、道教、伊斯蘭教、天主教、基督教5種宗教爲主，而多種宗教自由並存的區域。佛、道均爲大漢民族的傳統信仰，大約在東漢末年傳入本區；伊斯蘭教則爲唐宋時期由阿拉伯商人傳入，晚近的發展趨勢則是由來自西北、中亞的穆斯林貿易商頻繁往來浙江小商品市場而興起；天主教在元明之際傳入，基督教在清末鴉片戰爭後，新舊洋教傳教士由開埠口岸大批進入內地。估計信教群衆達1,100萬人，從事宗教職業人員約1萬7,500人。宗教活動與民族風情相結合，區內多佛、道聖地，中國佛教四大名山聖地中的九華山、普陀山分別坐落在安徽池州、浙江舟山群島，四大道教聖地中的齊雲山，坐落在安徽黃山市的休寧縣，與黃山南北對望；中心城市的基督教和天主教活動也相當盛行，還設有神學院與多種宗教團體。

 **資源稟賦**

一、基礎資源（農林漁牧礦）

　　華南區的農林漁牧總產值約佔大陸總產值的15.5%。由於海岸線所處地理位置非常優良，漁業在第一產業的結構比最高且超過大陸總產值1/4，集中在江、浙兩省，江蘇以淡水產品為主，浙江以海水產品勝出；農、林業的份額都在15%左右，佔有重要地位，在農業方面，糧食作物的大米、小麥與豆類產量居全區前列，經濟作物中，油菜籽、茶葉、桑蠶繭、綜合蔬果都有重要地位，在林產品方面，油茶籽、核桃等為本區丘陵大宗產品；畜牧業在本區結構比較低，約為大陸總產值12%，豬肉是主要肉品來源，全區畜牧業以皖、蘇兩省為主，生產規模約與兩廣水平相同，禽蛋、半細羊毛、蜂蜜等也是較具競爭力的畜產。

　　華東區是中國經濟區域中礦產最貧乏的區塊，無論是金屬或者非金屬礦產，多屬於中小微型礦床，鮮少有突出的大型礦床及珍稀品項。金屬礦產的分類裡，有：黑色金屬、有色金屬、貴金屬、稀土及稀有金屬。以下逐項列示重要礦產及礦區分布情形：

(一)黑色金屬礦產

　　以鐵、鈦礦為主，已探明的重要礦區分布情形，鐵礦：主要沿長江兩岸從江蘇南京到安徽馬鞍山、蕪湖、銅陵的寧蕪－盧縱鐵礦區（合計保有儲量21.4億噸），皖西霍邱縣霍丘鐵礦（儲量10.2億

噸）。上海地區的鋼鐵企業，以進口澳大利亞鐵礦石，配合環渤海區、蘇北地區水運南下的煤，以及長江中游地區沿江東運的各種金屬礦產與電能。鈦礦（金紅石）：蘇北連雲港東海縣（探明250萬噸），皖西南安慶市中部的潛山縣黃鋪古井。

(二)有色金屬礦產

主要有銅、鉛鋅、鈷（伴生）、鎢，其重要礦區分布情形，銅礦：主要分布在皖中南的銅陵、池州、懷寧、廬江（集中銅陵，儲量約235萬噸；伴生鈷），浙北紹興市西裘－黃硯，江蘇南京市江寧區安基山；鉛鋅礦：江蘇南京市棲霞山、甘家巷，皖南池州貴池、巢湖廬江；鎢礦：皖東南宣城市南績溪縣際下。

(三)貴金屬礦產

主要有黃金、白銀，其重要礦區分布情形，金礦：皖南銅陵黃獅澇金礦（共生礦），魯南臨沂市西平邑縣歸來莊金礦（岩金）；銀礦：浙江台州市北天台縣大嶺口，江蘇南京市棲霞山。

(四)稀土及稀有金屬礦

位於魯南四湖旁的微山縣，輕稀土已探明儲量達1,275萬噸，具有含磷、鐵等雜質少、品位高、冶煉工藝簡單等優點，是目前中國境內發現的唯一典型氟碳鈰鑭礦資源。本區稀有金屬以鍶礦（天青石）為主要，分布地點在江蘇南京市溧水縣愛景山。

主要非金屬礦產品有海鹽、水泥灰岩、螢石、磷石、芒硝、硫鐵、矽藻土、矽灰石、膨潤土、高嶺土、寶玉石、水晶石、金剛石，其重要礦區分布情形，海鹽：淮北鹽場；水泥灰岩：遍布於皖南、浙北丘陵；螢石礦：皖東南宣城市郎溪、旌德；磷石礦：蘇北

連雲港市新浦區錦屏山；芒硝礦：蘇北淮安；硫鐵礦：皖東馬鞍山，皖中銅陵、盧江，蘇西南的南京梅山；矽藻土礦：浙北紹興市嵊州；矽灰石礦：浙北湖州市長興縣；膨潤土礦：浙北杭州市餘杭區；高嶺土礦：蘇南蘇州市吳中區（吳縣）；寶玉石礦：位於浙西杭州臨安市天目山西南麓，昌化大峽谷的雞血石，是中國四大名石之一；水晶石：蘇北連雲港東海縣；金剛石：魯南臨沂的蒙陰－臨沭（產量佔全區80%）。

二、水電能源

本區水資源在大陸南方省區中算是比較貧乏的區域，總量所佔比例約9%，以地表水為主。人均水資源量以上海市最少，少到竟與河北、寧夏的水平差不多，還不到190立方公尺，是大陸最缺水的五個省市自治區之一；本區人均水資源最多的地方是浙江，可以達到將近1,800立方公尺，但是仍然低於大陸全區人均水平。全區大中型水力發電站只有4座，集中在浙皖丘陵地區，中型水電站是皖南陳村、浙北富春江，大型水力發電站都位於浙北，分別是新安江水電站、天荒坪抽水蓄能電站；這4座水電站總裝機容量將近291萬千瓦，年均發電量為62.6億度。

在能源類礦產（石油、天然氣與煤炭）方面：煤礦探明基礎儲量約有300億噸，佔大陸總量約9%，主要分布在魯南兗滕、皖北兩淮和蘇北徐州，這些煤田的共同特點是煤層埋藏深，表土層厚，採煤塌陷影響嚴重，多數已開採多年，開採條件漸趨困難，但因靠近煤炭集中消費區，交通便利，煤質較好（多屬煉焦煤，以氣煤、肥煤為主），故大多數礦區已建設到最大規模，開發強度很大。石油基礎儲量很小，不到3,000萬噸，天然氣約23億立方公尺，佔大陸總量都低於1%，主要分布在蘇北和東海大陸架（西湖油田），後者成

為晚近探勘開發的重點區域，本區的油、氣生產骨幹企業有：江蘇石油勘探局、安徽石油勘探開發公司、華東石油局。本區年電力消耗量超過大陸總量的22%，已達到8,000億度以上的需求規模，主要電力來源強烈依賴西電東送，水電、核電、風電的供給規模相比之下實在太低，只做為調節用電峰差而已。

三、生物資源

本區有野生動植物資源主要分布在安徽、浙江兩省山丘地區，蘇、滬因工業開發密集，多人工栽培作物。野生動物700多種，屬於國家一級保育類動物，有：麋鹿、白鱀豚、揚子鱷、雲豹、黑麂、朱鸝、黃腹角雉、中華秋沙鴨、丹頂鶴、白鶴、天鵝。有野生植物4,000多種，其中珍貴植物，有：中華水韭、銀杏、百山祖冷杉、紅豆杉、伯樂樹、金錢松、鵝掌楸、瑯琊榆、永瓣藤、大別山五針松。

四、旅遊資源

本區旅遊資源中自然天成的部分較少，分布集中在安徽省，上海市除了超高大樓和炫目霓虹等現代人工添加物外，旅遊資源非常貧乏。截至目前為止，本區所具有的世界級的旅遊景點有6個，分別是：安徽黃山、山東曲阜三孔遺跡（孔廟、孔府及孔林）、蘇州古典園林、皖南古村落（西遞、宏村）、明清皇家陵寢：明孝陵（江蘇）等5個「世界文化與自然遺產」，以及黃山世界地質公園；187個國家級風景名勝區中本區有23個，300多個國家級自然保護區中本區只有14個。

 經濟發展

　　華東區自古以來農業發達，是馳名中外的「魚米之鄉」、「絲綢之府」，尤以江南太湖流域一帶最為顯著；舟山群島、長江口是中國最重要的漁場，漁業養殖發達；長三角是中國最大、實力最強的多元化綜合工業基地，該地區水陸空立體交通發達，河道密布、陸路縱橫，海洋航線交會，形成了以上海為中心的現代化綜合運輸網。

　　淮海經濟圈地處南北方過渡地帶，為北國鎖鑰、南國門戶，向來是兵家必爭的戰略要地和交通中心，主要是以京杭大運河沿岸重要的水陸碼頭，魯南的濟寧和蘇北的徐州，做為帶動淮河流域經濟發展的物資集散地和交通樞紐。主導產業有：煤炭、冶金、工程機械、煤化工、建材、電力、光電、食品、輕紡、醫藥化學、商品批發、海洋化工，這裡有中國最大工程機械生產研發基地、國家級新能源產業基地、膠合板生產基地、優質果蔬農副產品生產加工出口基地，以及華東最大的煤炭煉焦與能源基地。本區還有日照、連雲港兩個沿海港口，「兩港通四海、一線繫亞歐」，2008年港口貨物年吞吐量分別為1.5、1.0億噸，日照港還是第二大煤炭輸送港，正在努力建設成國家級生態示範城。淮海經濟圈2008年全年經濟概況：經濟總量達11,635億元，五年增長率為134%，人均所得為1.78萬元，五年增長率126%；三次產業比例從2003年的19.1/46.7/34.2調整為14.4/51.6/34.0，第二產業比重五年來提高近5個百分點。全社會固定投資從2003年的2,035億元提升為6,564億，五年增長率為223%；全社會消費零售總額從2003年的1,489億元提升為3,953億元，五年增長率為166%；投資消費對經濟總量的所佔比例分別

從40.9%、29.9%提升為56.4%、34.0%。對外經濟方面，外貿總額達392億美元，五年增長率為304%；實際利用外資金額為34.8億美元，較五年前增長近80%。整體而言，經濟增長模式以投資拉動為主，然而魯南的濟寧、臨沂以北方商品集散批發中心的流通型經濟脫貧致富，並且本都市經濟圈「入渤」的趨勢逐漸顯現，未來發展值得關注。

　　環南京經濟圈是以江蘇省省會南京、安徽省省會合肥等兩個省會城市做為發展雙極，並且在長江沿岸形成重要的工業經濟帶。主導產業有：石化、鋼鐵、冶金、電子、機械、汽車、絲織輕紡、建材、造船、食品、家用電器。南京與合肥是政策頒定的中國四大高教科研基地之一，共有20個國家級重點實驗室，科技創新能力是華東區最強的經濟圈，這裡有國家級汽車及零部件出口基地、節能與新能源汽車示範推廣基地、服務外包示範基地、動漫產業基地，以其做為重要的交通樞紐，形成3C產業流通中心和綜合性工業基地。本都市經濟圈2008年全年經濟概況：經濟總量達12,752億，五年增長率為152%，人均所得為3.23萬元，五年增長率127%；三次產業比例從2003年的8.9/51.8/39.3調整為6.5/53.3/40.2，第二、三產業比重五年來分別提高1.5、0.9個百分點。全社會固定投資從2003年的2,379億元提升為8,568億元，五年增長率為260%；全社會消費零售總額從2003年的1,668億元提升為4,330億元，五年增長率近160%；投資消費對經濟總量的所佔比例分別從47.1%、33.0%提升為67.2%、34.0%。對外經濟方面，外貿總額達784.5億美元，五年增長率為213.5%；實際利用外資金額為91.7億美元，較五年前增長近105%。整體而言，經濟增長模式高度依賴投資拉動，尤其以合肥近五年固定投資總額增長率高達621%為最顯著，如何提振內需消費是未來發展的重要課題。

　　華東區的經濟發展核心在以上海市為首的長三角經濟圈，並

且有將環南京都市經濟圈吸納做為廣義上的泛長三角大融合態勢。目前世界五百強企業已有四百多家在這一地區落戶，其中在上海設立地區總部和中國總部的就有逾二百家，長三角已變成一個吸引國際資本與技術的強大磁場，在這裡聚集著近100個年工業產值超過100億元的產業園區。2008年全球港口年吞吐量排名，以貨物噸數計算，世界排名第一、二位的上海港、寧波－舟山港，分別達到5.8、5.2億噸，若以標準貨櫃集裝箱（TEU）計算，則上海港、寧波－舟山港，分別達到2,801、1,084萬標準箱，世界排名第二、八位。上海目前是中國最大的綜合性產業城市，多項工業基地建設領先全區，例如造船、海空港口、高級轎車、有色冶金，總體經濟實力保持在全區前列，對外貿易規模居中國大陸城市第一。主導產業有：絲織輕紡、輕工、食品、鋼鐵、現代冶金、汽車、造船、醫藥化學、機械、微電子、資訊、新材料、金融、港口物流、服務外包等。長三角經濟圈2008年全年經濟概況：經濟總量達43,840億元，五年增長率為127%，人均所得為7.35萬元，五年增長率121%；三次產業比例從2003年的4.6/54.6/40.8調整為2.8/53.6/43.6，第三產業比重五年來提高2.8個百分點。全社會固定投資從2003年的8,920億元提升為19,982億元，五年增長率為124%；全社會消費零售總額從2003年的5,784億元提升為13,709億元，五年增長率為137%；投資消費對經濟總量的所佔比例分別從46.2%、29.9%變化為45.6%、31.3%，消費對經濟成長影響力開始有所增加。對外經濟方面，外貿進出口總額達到8,122億美元，五年增長率為221%；實際利用外資金額為353億美元，較五年前增長62%。整體而言，長三角經濟增長的動力主要來自投資與外貿，消費對經濟增長貢獻的重要性逐漸增加；加上南京圈的泛長三角地區，對外經濟中的外貿總額及實際利用外資金額，佔大陸總金額的比例分別高達35%、48%，外向型經濟過於濃厚，強烈依賴對外經濟，經濟榮枯受國際景氣牽動非常

明顯。

 趨勢展望

　　1949年初，國民政府從長三角奔走臺灣，只不過軍事潰敗的速度跟它的貨幣信用貶值一樣，快得叫人吃驚，可謂「倉皇出逃」；也許是中國歷史的宿命，幾乎所有定都江南的政權，都容易被眼前的繁榮所麻痺，以偏概全，錯估局勢。既是倉皇出逃，所能帶走的珍寶實在有限，除了賣空金圓券刮換而來的鉅額黃金美鈔和故宮文物外，最寶貴的資源就是當時全中國最優秀的人才，尤其是最懂得營商之道的長三角生意人，倚靠著這寶貴的人力資源，硬是把一個殘破不堪的孤島建設成所謂的寶島。三十年河東，三十年河西。1979年中國大陸經濟政策改走資本主義右傾路線，隨著1990年上海浦東新區開發政策的確立，臺、港之間原籍長三角的先輩們，不但衣錦還鄉、落葉歸根，其後所引發的連漪效應，帶動更多的臺港當地籍人士、歐美外資、浙江新興寧波資本等陸續駐紮上海灘，營商氛圍比起六十年前來說，過之甚多。面對新世紀以來第一場全球經濟危機的衝擊，未來所將迎接的挑戰以及發展趨勢，簡要敘述如下：

一、以上海為首的長三角經濟圈，過去賴以維生的外向型經濟結構，正面臨痛苦蛻變的抉擇

　　1978年鄧小平確立中國右傾發展路線，一系列現代化舉措被簡單地用所謂「改革開放」4個字籠統概括。一提到要開放，東部沿海城市雖然個個躍躍欲試，但論及爭奇鬥艷的本事，無人能及「共

和國長女」——上海，還有她帶著的兩個妹妹——蘇州、無錫，這
3座城市構成了長三角最早的雛型。三十年過去，對於缺乏資源基
礎也沒有先進技術的上海－蘇州－無錫這一戶籍人口達到2,465萬
人的老長三角片區來說，2008年人均GDP高達10萬元左右，這一
傲人成就舉世矚目。然而，長江後浪推前浪，近五年來，長三角周
邊不斷有後起之秀，以更誘人的條件，爭取國外新高技術廠商前往
落腳，其中不乏資源型城市加入角逐，再加上長三角近年人工成本
的大幅上揚，和珠三角同樣面臨產業外移空洞化的窘境，正當經濟
發展策略調整爲以內需消費拉動型增長模式時，卻又在2008年末遭
逢全球百年難遇的金融風暴襲擊，這使得經濟結構中強烈依賴外向
型經濟的長三角雪上加霜，截至2009年上半年經濟統計數據顯示，
全大陸經濟總量爲139,862億元，同比增長7.1%；長三角龍頭上海
市爲舉辦世界博覽會而加大固定投資規模，以及家電下鄉刺激消
費，這兩項重要經濟增長扶持政策的強力加持下，2009年上半年經
濟總量爲6,612億元，同比增長僅5.6%，外貿出口額625.5億美元，
同比衰退22.3%，上海港集裝箱吞吐量僅1167.3萬標準箱，同比衰
退15.5%；工業收入結構中外資所佔比例近六成的蘇州、無錫等城
市，也和上海一樣，外資企業平均利潤呈現二～三成的下降，第二
產業結構比例大幅回落。對於這場金融風暴是否會隨著全球實施極
度寬鬆的貨幣政策而在短期內結束，這種臆測恐怕將隨著歐美金融
風暴肇始國的失業率居高不下而落空，無論如何，長三角極度依賴
的外向經濟模式面臨不可持續增長的風險，已經到了必須做出調整
的時候。

　　調整的方向，一是提振內需消費傾向，加大其在經濟增長上的
乘數作用，例如像蘇州、無錫、常州、杭州、寧波、南京，這些富
裕城市的經濟結構中，消費份額明顯落後於投資比例，內需提振的
空間還很大，只不過群眾消費傾向的提升涉及許多社會因素，尤其

是社會保障、醫療改革這些層面廣、範圍大、難度高的議題，不是一時半刻就能做到的；另一個就是提高主營業務以外的收益份額，簡單地說，就是實施和鼓勵企業進行「走出去」戰略，企圖藉由長三角佔優勢的技術層次到其他區域掙錢後回攢，以維持財政帳上的持續增長，問題是這條路所面臨的挑戰也不亞於前者，以上海市爲例，讓我們一起來檢視所可能產生的困難：截至2008年，上海市資本形成累積總數爲6,118.7億元，而該年度上海市三級產業中外資（包括臺、港、澳）實到累計投入股本分別爲1.68/395/451億美元，合計起來就是847.68億美元，由此我們可以發現，在上海市的實體經濟中外資所佔份量的龐大，另外在所有制結構中，公有制經濟所佔比例高達54.3%，剩下的45.7%屬於非公有制企業中，還要分出包括臺港澳的外資圈，以及來自大陸其他地區到滬投資的外地企業圈，剩下的才是當地的滬籍企業，雖然目前的統計公告數據中並沒有針對企業所有制地區別統計，但我們從以上數據可以猜想得出，屬於滬籍民營規模企業的比例不會超過10%，也就是說，有能力實施「走出去」戰略的企業基本上和「請進來」的企業群體重疊性很大，走出去戰略所能收穫的預期效益非常有限，再加上考慮當地群眾配合企業出外打拼的意願極低，這條路恐怕根本走不出去；畢竟身處「人間天堂」的滬寧（上海－南京）群眾屬性，與習慣走馬燈似的臺灣資本、浙江寧溫資本、閩南泉漳資本有很大差別。

既然走不出去，調整成消費型經濟結構也緩不濟急，很自然地可以看到長三角地區，尤其是滬籍人士，吶喊著建設上海市成爲中國乃至亞太金融中心的呼聲，偏偏這條路的難度正好也是最大的。首先，要做爲大陸範圍內的金融中心，要先面臨來自北方的天津與南方的深圳，這兩大老字號金融中心的局部競爭，天津近日韓，深圳近港臺，金融發展的交易環境完全有能力突破人爲設限的所謂「多層次」制約；要求北京把金融監理功能移到上海，等於是要北

京卸甲，喪失其做爲監理北中南、協調三方發展的超然地位，至少在這一點上，十年內實現的機率微乎其微；其次，要做爲亞太區域金融中心，就必須直面東京、首爾、臺北、香港、新加坡的競爭，這些在製造技術、產業整合、金融監理、風險控管、全球視野、資本開放等層面的發展已臻成熟的先進地區，與貌似歐美金融機構「地區總部」紮堆，實質上卻都只是來掠奪市場份額的營銷禿鷹，眞正金融總部管理功能並不在五光十色的浦東陸家嘴，要成爲區域金融中心，提升眞正意義上的總部管理功能，還有很長的路要走；更別提整體金融環境上的配套改造，先別說涉及金融政策面的資本項目鬆綁，光是要提高滬籍人士說普通話的意願，要提升年輕人的英語、國際觀普及程度，就已經很費勁了，整體環境氛圍還是處在濃厚排外、本土保護這種狹隘的小地方格局，想成爲金融中心，還有待長期的「煅煉」。其實，目前有一條適合長三角突破增長困境，又能滿足做爲局部金融中心升級改造的道路，這裡的百姓經過幾十年發展下來，財富累積充分，不願意離鄉背井出外打拼，卻又各個想要再上層樓，參照1980年代的英法與1995年左右的臺灣，經濟和社會的發展進程非常雷同，應該可以在上海市進行「官退民進」的金融試點工程，將比例過高的公有制經濟轉型爲眞正由人民投資參與，並由專業經理人經營的民營企業，爲了保障群衆利益，可以設計享有關鍵表決權的政府官股席次，這種官退民進的項目規劃與設計模式有多種型式，惟不是本章論述重點，不在此贅述；最後必須點明的是，「官退民進」是一種金融創新工程，不可與目前資本市場上傳統的增資擴股、分紅送股混爲一談。

二、區域發展的不協調，造成南富北窮矛盾越顯激烈，跳脫現有行政藩籬的思考模式也許可以找到有效解決的途徑

華東區的經濟發展幾乎可以說被長江一刀切，南北際遇有天壤之別，長江以南約當中等發達國家水平，但是長江以北的蘇北和皖北（剔除省會合肥）的大部分地區卻還處於未開發的原始農業社會，例如蘇南人均GDP最低的鎮江可達到5.24萬元水平，而蘇北的宿遷只有1.23萬元；皖南的馬鞍山將近有5萬元水平，而皖北的宿州只有8,000元出頭。蘇皖兩省最令人感到困惑不解的事情分別各有一件：一是蘇北的連雲港，那麼好的區位，可以通四海的港口和連亞歐的鐵路腹地，2008年經濟總量才達到750億元，比閩南的廈門港2003年嚴重鬧SARS那年的經濟水平還不如，是沿海大型港口城市裡發展最嚴重滯後的一個；另一件是安徽省會合肥，2008年固定投資總額高達1,839億元，比當年度經濟總量1,665億元還要高出許多，五年增長率621%，論投資規模與增長速度絕對是全中國前列，然而與它鄰近的巢湖、滁州，人均GDP都還在1萬元出頭的貧困線掙扎，這種對比太過鮮明而刺眼。

既然長江在華東區造成如此巨大的屏障，雖說不至於也不應該如此，但事實既是成定局，淮海經濟圈在未來要追求經濟發展的自主道路，最好能夠在行政區劃上脫離江蘇和安徽，反正它們也看不出來有想要管的企圖，不如放手讓淮海經濟圈另外成立為淮海省，省會定在濟寧或是徐州都可以，相信以這裡的資源優勢結合良好的海港及腹地，發揮抗戰時的台兒莊或者內戰時的淮海精神，在「12五」計劃期間超過環南京經濟圈，「13五」計劃期間超過遼東灣經濟圈，是完全有可能實現的事。

第十五章

東南區

（浙南、閩、粵、桂、瓊、臺港澳）

◎珠三角經濟圈
　香港
　澳門
　（粵：廣州、深圳、中山、珠海、惠州、佛山、江門、東莞、肇慶）
◎環北部灣經濟圈
　（粵：湛江、茂名）
　（桂：南寧、欽州、防城港、北海、崇左）
　（瓊：海口、三亞）
◎海峽經濟圈
　臺灣西岸都市經濟帶
　（閩：寧德、福州、莆田、泉州、廈門、漳州）

前言

東南區位於中南區以東和以南，並且自浙江省台州市三門灣以南，所有重要的城市經濟圈都以濱臨海洋的都市帶為主，港口條件優良，是中國經濟區域最富有經濟實力的區塊。在行政劃分上以福建省（簡稱「閩」）、廣東省（簡稱「粵」）、廣西壯族自治區（簡稱「桂」）、海南省（簡稱「瓊」）以及世貿組織框架下的港澳、臺灣等經濟實體區域為主體，此外還包括浙江省中部山丘以南的部分地區。在人地歸屬關係上，有一個發展較成熟、兩個已具雛形並且三者間彼此相對獨立的都市經濟帶，分別是：珠三角都市經濟圈、環北部灣都市經濟圈、海峽都市經濟圈。必須在此特別說明的是，東南區的3個都市經濟圈都同樣有著重要的政經體制二元化特徵，也就是經濟圈內都有著與現行中國大陸行政體制或者行政轄區相不隸屬、相對獨立的其它合作對象，雖然如此，從長期以來的經濟發展事實，證明了這點並無礙於本區在經濟上的融合與協作，珠三角有著香港、澳門，環北部灣有著越南北部沿海地帶，海峽有著臺灣西部都市帶。

「珠三角都市經濟圈」主要由廣東珠江入海口附近的平原地區的11座城市所構成，計有：廣東省的廣州、深圳、中山、珠海、惠州、佛山、江門、東莞、肇慶，以及香港、澳門；土地面積約5.6萬平方公里，人口約3,666萬人。「環北部灣經濟圈」主要由北部灣周圍9座城市所構成，計有：廣東南部雷州半島的湛江、茂名，桂南的南寧、欽州、防城港、北海、崇左，以及海南的海口、三亞；土地面積約8.9萬平方公里，人口約3,195萬人。「海峽經濟圈」包括福建省東岸沿海的6座地級市，寧德、福州、莆田、泉州、廈門、

漳州，和臺灣西部從臺北（含基隆）到高雄所形成的連續都市經濟帶；土地面積約7.4萬平方公里，人口約4,712.5萬人。海峽經濟圈是以臺灣海峽兩岸沿海都市帶的經濟協作平台，緩和臺灣長期以來採取與大陸軍事對峙的閉鎖局面，是二十一世紀全球最具有劃時代意義的進步事件，也是中國人攜手共進正式向全世界宣告：由今而後，中華民族正式終結自鴉片戰爭以來歐美列強對中國的瓜分企圖，中國經濟區域將以對內良性競爭、對外協同合作的姿態，角逐世界經濟霸權。

 ## 環境條件

一、地理

　　東南區北抵浙中丘陵，西線沿著武夷山、南嶺、雲貴高原分別與中南區、西南區相接，東濱太平洋與日本琉球群島（那霸）隔海相望，南隨中國南海礁島群深入東南亞，周邊接鄰的東協國家有：菲律賓、馬來西亞、汶萊、越南，中國疆域的最南端就在海南省行政轄區的南沙群島裡的曾母暗沙[註1]。全區主要經濟帶面向中國沿海大陸架，從北緯29度、東經118度～122度，到北緯20度、東經107度～111度之間，形狀呈震旦走向的弧狀斜邊帶，並擁有其他區域無與倫比的海洋優勢，陸地海岸線長達13,200公里，且位於東北

註1：曾母暗沙位於北緯3度58分、東經112度17分，主體是丘狀珊瑚暗礁；中國南京國民政府時期即宣示其為中國領土最南端，中國大陸北京政府延續此主權主張，而汶萊、馬來西亞也對其主張主權，目前由中國大陸實際控制，因為是暗礁，無法駐軍，軍艦每兩個月巡防一次。

亞貨物運往東南亞、中東、歐洲市場的重要海運通道，也是南洋、
澳洲的豐富物資北上的必經之地；隨著十九世紀海權經濟的興起，
國際貿易急遽發展下，本區自然成為融入全球化經濟體系的先鋒。

二、地貌

　　本區地貌主要特徵是山地丘陵遍布。從浙中台州灣以降到福
建全省，素有「八山一水一分田」之說，西側的武夷山是浙閩丘陵
的主要大山，主峰為黃崗山（海拔2,160.8公尺），為中國大陸東部
省區的第一高峰；區間主要河流分割丘陵形成河谷盆地，沿海一帶
為河口沖積及海積平原，丘陵直逼入海形成曲折海岸、港灣島嶼，
星羅棋布。兩廣和臺灣的山地丘陵面積雖然比不上浙閩，但也佔有
2/3的比例，主要的山脈有廣東北面的南嶺和廣西西北部的雲貴高
原，最高海拔只在2,000公尺左右，真正算得上高聳入雲的大山是
位在臺灣島上呈南北走向的中央山脈，全長約340公里，東西寬約
80公里，縱向連綿的山峰海拔超過3,000公尺以上的就達到181座，
不僅是東南區最高聳的大山，它對每年夏秋季節侵襲大陸的颱風威
脅產生的屏障保衛作用，等於是南北走向的秦嶺，這種面積與垂直
差距的極端比例，因自於地處環太平洋地震帶與火山帶上，地殼運
動激烈所造成的地震頻仍、地形變異大與眾多火山溫泉，是特殊的
地理位置體現。中央山脈主峰玉山（海拔3,952公尺，為東亞第一
高峰），在1945年抗戰勝利後，日本封建皇帝物歸原主，南京國民
政府於1947年12月重新命名始稱；原先在峰頂立有開國元老于右任
先生銅像，乃依于佬臨終詩之「葬高山兮望故鄉」所願，不料於
1995～1996年遭人趁夜斷頭毀壞，「天蒼蒼，海茫茫，山之上，有
國殤」，不知是不是事出偶然，此後臺灣走向政治紛擾、社會動
盪、天災頻繁、經濟發展滯礙難前的路途，經濟成長率一路下滑，

再沒見過之前的榮景。

　　本區最大的平原是環北部灣平原，面積約達5.5萬平方公里，由桂中南盆地、粵西雷州半島和海南環島平原所構成，但是多為熔岩台地侵蝕平原，河流沖積與海積平原有限，加上地廣人稀，生產能量還有很大的提升空間。本區最富庶的平原是粵中南的珠江三角洲平原以及臺灣西部的嘉南平原，兩者平均海拔都在100公尺以下，前者面積1.13萬平方公里，由東、西、北三條大河匯流堆積而成，在廣州以下始稱珠江；後者面積0.45萬平方公里，由大肚溪、濁水溪、曾文溪、高屏溪等西流入海的河川沖積組成的濱海平原；兩者共同點是緯度相當，並且都是總面積不大，生產力卻是熱帶地區開發最好的平原，每平方公里能養活600～800人，成為重要商品糧基地。

三、土壤

　　本區地帶性土壤以富鋁土系列為主，按照緯度高低及氣候乾濕情形，五類富鋁土在本區全數到齊。磚紅壤主要分布在北緯22度以南的地區，包括：海南、雷州半島、臺灣南端；赤紅壤主要分布在北緯22度～25度，地區分別有：兩廣南部、閩東南、臺灣中南部；紅壤主要分布在北緯25度以北到長江以南的地區，分別為：兩廣北部、閩北、浙南、臺灣北部；黃壤主要分布在本區降水量大的高山迎風面，臺閩浙的主要高山地帶、廣東的六萬大山、廣西的十萬大山，都有分布；燥紅壤主要分布在熱帶局部乾旱地帶，例如受到五指山阻擋水氣的海南西南部。富鋁土分布區氣候條件優越，尤其在磚紅壤、赤紅壤的熱帶、南亞熱帶地區，水熱條件好，林木四季常青，糧食作物一年可三熟甚至四熟，水稻可以三熟連作，茶葉每年能採七～八次，玉米和甘薯可以多種，還可種熱帶、亞熱帶經濟林

木和經濟作物，惟在赤紅壤帶，冬季因寒潮降溫，常影響冬甘薯、甘蔗、香蕉等作物，對抗寒性差的橡膠等熱帶作物尤易造成寒害。另外在本區的石灰岩山地丘陵間，因母質岩本身屬性及其受風化剝落的程度，而有紫、黑、紅3種色系的岩性土在桂、粵、閩零星分布；南海礁島普遍呈現磷質石灰土。磷質石灰土是在南中國海的東沙、西沙、中沙和南沙群島上的特殊土壤類型，成土特點是地面堆積的大量鳥糞在高溫多雨的情況下迅速分解，釋放出大量磷酸鹽，與植物殘體分解形成的腐殖酸一起向土壤下層淋溶，並與鈣相結合，形成「鳥糞磷礦」；磷質石灰土本身是一種品位較高，並含有豐富有機質的天然磷肥資源，這對改良東南區缺磷酸性土壤具有實用意義。

本區的重要人文類土壤以水稻土為主，主要分布地區以珠江三角洲、臺灣西部平原為典範，少數地區水稻土出現黃泥、冷浸和反酸等低產現象，必須尋求相應的改良措施。臺灣高山土壤也出現豐富明顯的垂直性分布，除了低海拔地區仍以熱帶的地帶性土類為主外，隨著海拔的攀升，溫帶濕潤山地的淋溶土系列土類，例如黃棕壤、棕壤、暗棕壤，呈現層次依序分布，是臺灣溫帶蔬果培育量產的主要來源，更高海拔的山地高原也成為臺灣畜牧業的主要發展地帶。必須加以提醒的是，人為作用固然使土壤向有利於提高土壤生產力的方向發展，使土壤性質更能滿足農作物生長的需要，但是，如果土地利用不合理，那麼，生產活動對土壤的影響就會是不良的和破壞性的。例如，濫伐森林、陡坡開荒、過度放牧等等，都會造成土壤侵蝕，結果不僅使土壤肥力下降，甚至完全破壞了土壤植被，引發山洪、土石流，造成很難補救的不良後果，這是必須高度警惕的。

四、氣候

　　全區屬於濕潤季風氣候區，臺、瓊兼具明顯海洋性調節特徵，氣候帶以北回歸線爲界：以北屬於亞熱帶，冬無嚴寒，夏少酷暑，雨量充沛，氣候宜人；以南屬於熱帶，基本上「四季皆是夏，一雨便成秋」，全年暖熱，雨量豐富，長夏無冬，日照強烈。全年平均氣溫攝氏17度～26度，北回歸線分界位置約爲攝氏22度，由南向北遞減；夏季7月平均氣溫攝氏28度～29度，冬季1月平均氣溫，回歸線以北約攝氏4度～13度，回歸線以南約攝氏14度～21度。年降水量1,200～2,500毫米，由東南向西北遞減，山區多平原少；臺灣的平原地區年均降水量平均爲2,500毫米，山區可達4,000毫米，加上東南區夏秋季節常見由海洋襲來的熱帶風暴（颱風），夏季暴雨常釀成重大災害；2009年8月上旬中度颱風莫拉克侵襲東南沿海，8月6～8日三天暴雨，臺灣阿里山雨量高達2,855毫米，等於是北京五年期間的總和雨量累積，山洪暴發、泥流滾滾，造成臺灣南部近700人死傷失蹤，直接損失達700億新臺幣；颱風、暴雨、山洪、海水倒灌、早春寒流、地震，爲本區普遍自然災害。

人文背景

一、歷史建制

　　東南區因距離中原遙遠，歷史上開發時間較晚。在先秦時期概稱「百越」之地，越者爲對長江以南土著的統稱，又因其部族繁

多、種姓不同,或稱吳越、閩越、南越、西甌、駱越、揚越,不一而足,因此稱百,泛言其多。秦滅六國後,又南取百越之地,設閩中(今福建)、南海(今廣東)、桂林、象(今廣西)等郡,大陸東南正式入中國版圖,此時的瓊、臺二島,仍屬夷地。漢在瓊設立珠崖、儋耳二郡,三國時期正式名爲海南,此後一直歸廣東省管轄,歷史上以中原貶謫官吏流放地——「天涯海角」著名,例如唐宋時期的李德裕、蘇軾,也因而給當地帶來中原文化和大量移民。福建、兩廣於兩晉、隋唐期間,由於中原戰亂,避難漢族大量移民南下,中原文化、荊楚文化遂與當地的古越文化相結合,形成別具特色的閩粵文化;唐玄宗開元二十一年(西元733年)設福建經略使,閩越首獲正名;元設福建行省,兼轄臺灣,此時的泉州港躍升爲世界最大港口;清正式建立現代省級行政制,並在福州馬尾港成立南洋艦隊,爲中國現代海軍搖籃。兩廣在宋代爲廣南東、西路,元屬江西、湖廣行中書省廣東、廣西副省級制,明初設立廣東、廣西布政使司,始獲正名,此時廣東經濟地位開始抬頭,生產力水平直追長江流域。臺灣之名於明朝萬歷年間確立,明末鄭成功收復遭荷蘭人竊占的臺灣沿海,並在臺南建立短暫的鄭氏政權,此後大量漢族由閩、粵移入。清朝時正式建立兩廣總督與臺灣現代省級行政制,由於近代海洋經濟的崛起以及商品對外交易區位的南移,促使廣東在1850年之後的中國政治社會改革運動中扮演重要的先行地位;1895年中日甲午戰爭,日本強佔臺灣,直到1945年日本戰敗,封建皇帝俯首投降後歸還。

　　1911年雙十武昌起義,本區做爲孫中山先生革命基地,卻遲至將近1個月左右後,才陸續宣布獨立,成爲中華民國轄地,而後繼續做爲反北洋政府運動的大本營。1925年7月蔣介石以黃埔軍校師生爲骨幹,整合粵、桂、滇、湘等軍系,在廣州組建國民革命軍10萬人,並於次年7月誓師北伐,以完成孫中山先生的「打倒帝國

主義軍閥，實現國家獨立和統一」的革命目標；在國共兩黨菁英齊力合作下，1927年3月北伐軍直取上海，不到10個月期間打下直系兩大軍閥，席捲長江以南，其後幾經波折，直到1928年12月29日東北易幟；這是中國歷史上由南向北完成統一的唯一例證，雖然隨著國民政府定都南京，中央實際控制範圍以華東區為主，包括本區在內的其他區域很快又回到軍閥控制的局面，形式統一的意味濃厚。1946～1949年國共內戰繼續開打，武裝衝突也在臺灣四處蔓延；1949年12月毛澤東領導的工農無產階級取得最後勝利，政治權利從資本家手中向無產階級傾斜，國民政府退守臺灣，經濟上快速實施多項惠農措施，例如土地改革，海峽兩岸從此再度隔絕。同年底，廣西省會由桂林再度回遷到南寧，1958年3月廣西改制，廣西壯族自治區正式宣告成立，1965年6月將原屬廣東省境的雷州半島以西地區劃歸廣西。1966年老毛在大陸掀起「文化革命」，老蔣在臺灣大搞「文化復興」，其中包括批鬥他自己曾經在南京國民政府時期主張並推行過的漢字簡化運動。1979年中共中央、國務院決定經濟政策走右傾實驗路線，批准廣東、福建在對外經濟活動中實行「特殊政策、靈活措施」，並決定在深圳、珠海、廈門、汕頭試辦經濟特區；1988年海南建省，並通過建立海南經濟特區的決議，經濟政策確定向資本主義傾斜，市場經濟蓬勃發展，資本家崛起並重新攫奪政治資源；臺灣民營資本開始往大陸單向流動，經濟融合速度和數量漸趨明顯，海峽兩岸封凍局面只剩片面阻隔。蔣氏父子統治結束後，臺灣的政治權利始從資本家手中鬆動，1994年後地方首長實施直接民選，政治權利開始向基層普通家庭傾斜；隨著兩岸在政治、經濟、社會等各方面的發展，趨同性越來越高的情況下，2008年臺灣正式採取對大陸開放政策，人為隔絕將近六十年的兩岸雙向交流關係，終於得以重啟。

二、族群分布

　　本區少數民族分布是東部沿海省區中最多的地方，這可能和本區自古即爲百越族世居地，以及多山地丘陵，這兩個重要因素有關。少數民族以廣西境內最多，所佔比例約達自治區總人口45%，主要有1,650萬人口的壯族，其次是153萬人口的瑤族，還有48萬人口的苗族、34萬人口的侗族、18萬人口的仫佬族、8萬人口的毛南族，其他人口比較少的還有京族、回族、彝族、水族、仡佬族。粵、閩、浙南的少數民族約佔人口總數的1.5～2%，以畬、瑤、壯族、土家、苗、侗、回等民族爲主體，約180萬人；畬族主要集結在浙閩山區，約有63萬人；回族人口大多是通過海上絲綢之路而來的古阿拉伯、波斯人的後裔，約有15萬人，主要分布在沿海港口城市。海南和臺灣民族風情較濃的少數民族，分別是人口達125萬的黎族，以及45萬人的高山族（非平地化部分）。除了世居在此的少數民族外，本區漢族具有向外發展遷徙的習性，成爲別國境內的少數民族，是全球華人的大本營、世界著名的僑鄉。

　　除了少數民族之外，本區所使用的漢語方言，較多地保留古漢語音韻內涵，並且各地土話都以能準確朗誦古詩詞、做爲漢語古化石爲傲，主要有：閩語、粵語、客家話、吳語、平話。閩語之中尤其以泉、漳、廈的閩南語較具影響力，分布地區有：浙江南緣及台州、溫州海線一帶（其它地區主要方言仍爲吳語），閩、臺全境，粵東潮汕地區，粵西雷州半島，港澳少部分區域，海南主要平原地帶，使用人數約5,000萬人，再加上東協國家的星、越、馬、菲、印、泰等地漢族移民約1,000萬，總計全球使用人數約在6,000萬人；粵語主要分布地區有：廣東中西部，廣西中東部西江（潯江）沿線，港、澳及海南西北區段，南京雨花台部分區段，以及英美新

移民漢族區,總計全球使用人數約在5,000萬人;客家話主要分布
地區有:粵、閩、贛三省邊區,臺灣西部台地,粵西桂南邊界的廉
江、化州、玉林、北海,廣西中西部零星聚集村落,東協星、馬、
印漢族客家莊,總計全球使用人數約在6,600萬人;平話,主要分布
在廣西桂林以及南寧的郊縣地區,使用人數約200萬人;廣西中西
部大部分地區則通行西南官話。值得注意的是,對於東南區來說,
雖然學界尚無標示出統一的官話系統,但是隨著市場經濟的迅猛發
展,加上影音媒體的快速傳播,以長期融合了華北官話、南京江淮
官話、長三角吳儂軟語、閩語、粵語、客家話等語系所形成的「臺
灣國語」,悄然地成為泛東南方言區群眾生活中口耳相傳的言談方
式,似乎已經成為東南官話的代表。

三、宗教信仰

　　本區除了正式的佛教、道教、天主教、基督教、伊斯蘭教五大
宗教信仰外,隨著少數民族人數比例增多,民族特有的傳統信仰與
祖靈祭拜儀式,也常見於部落的重要節慶活動;而最令人印象深刻
的是,民間通俗信仰在商業發達的促進下,規模之盛大甚至超過正
式宗教。民間通俗信仰是指融會當地風俗習慣,而為多數人共同崇
拜,並擷取佛、道宗教儀式形成的一種信仰意識;信仰對象大致可
分為三類,即天地、神佛與祖先,但針對不同的訴求有其相應的信
仰對象。

　　規模最浩大的民間信仰以媽祖崇拜為首;媽祖俗名林默(又稱
林默娘),傳說宋太祖建隆元年(西元960年)農曆3月23日出生於
福建莆田湄洲島,因出生彌月不哭,故名曰「默」;自幼聰穎,心
地善良,傳言通曉神仙法術,經常解救海上遇險漁民,頗受民眾愛
戴;默娘28歲仙逝,鄉親們為了紀念她,就在湄洲島立廟祭祀(西

元987年），奉爲海神。媽祖信仰在之後的許多神奇傳說的推波助瀾下，飛快地遍布在中國沿海，自北而南幾乎所有港口城市都盛行著媽祖文化，現存建築年代最早的媽祖廟，位於山東省膠東半島蓬萊閣天后宮，建於宋徽宗宣和四年（西元1122年）；然規格最高、規模最大的媽祖廟（天后宮）位於泉州市，始建於宋寧宗慶元二年（西元1196年）；北方最大者，則屬天津市媽祖廟（娘娘廟），敕建於元泰定帝泰定三年（西元1326年）；臺灣最早的媽祖廟——北港朝天宮，始於清康熙三十三年（西元1694年），群衆對其信仰崇拜之虔誠，每年必回福建湄洲老家的盛大進香活動，包括日本封建皇帝在內，誰也斷不了。隨著中國歷史的演進，歷代中國先祖們揚帆遠征，必有媽祖隨船護航，媽祖信仰也跟著威名遠播到世界各地，從日本到印尼，從美國到挪威、丹麥，都可以看到媽祖廟的建醮，可以說，只要有中國人的地方就有媽祖；目前，全世界已有媽祖廟近4,000座，信奉者近2億人。做爲中國人專屬的庇佑者，面對新世紀的啓航，祈求未來這一路，「普天均雨露，大海靜波濤」。

 資源稟賦

一、基礎資源（農林漁牧礦）

東南區的農林漁牧產值，約佔大陸總產值的15.5%。雖然林業產值在第一產業的結構比中最低，約爲410億元，卻佔大陸林業總產值份額的22%，是目前中國全區內最主要的木材供應地區，海南的橡膠，廣西的松脂、油桐籽，居重要地位；漁業產值約爲1,450億元，佔大陸漁業總產值比例將近1/3，以南海漁場爲主要漁獲來

源。農、牧業方面，雖然平原面積非常少，但因一年可三熟或兩年五熟，山區一年也可兩熟，所以佔大陸農、牧業總產值份額仍可分別達到14％、12.5％左右，也是重要的糧倉。在農業方面，糧食作物總產量約佔大陸份額7.5％，以大米爲主，玉米、薯類爲次；經濟作物中，甘蔗、茶葉、桑蠶、蔬果中的柑橘、香蕉，產量高居首位；桂、粵、瓊三地的甘蔗產量可達9,325萬噸，其中以廣西爲最大產區，佔大陸總產量七成左右；廣西的桑蠶繭（23萬噸）、福建的茶葉（22萬噸），佔大陸總產量近1/4；柑橘年產量可達800萬噸，佔大陸總產量四成，香蕉年產量超過700萬噸，佔大陸總產量九成以上。在畜牧業方面，以豬隻畜養爲主要，數量約達大陸總量的15％，豬肉也成爲主要肉品來源。港臺方面：香港的蔬果花卉精緻栽培與畜禽圈養業，年產值約在11億元左右；漁業捕撈與養殖年產量約在16萬噸，產值約達19億元。臺灣的農業年產值約在400億元左右，主要以蔬果花卉爲大宗，產量可達500萬噸，水果中以香蕉、柑橘和鳳梨（菠蘿）的所佔比例較高，糧食作物合計約150萬噸，有大米、玉米和甘薯，茶葉1.7萬噸，甘蔗76萬噸；畜牧業年產值約在265億元左右，以肉豬和家禽爲主，豬隻約達875萬頭，是主要肉品來源；漁業年產量在135萬噸左右，產值約爲210億元，以遠洋漁業爲主佔比例將近一半，內陸養殖其次，佔比例約達三成；林業因山地過度開發，森林消失快速，年產木材3萬立方公尺，產值微小，約僅0.25億元。

　　主要查明的礦產分爲金屬礦產與非金屬礦產兩大部門。金屬礦產裡還分爲：黑色金屬、有色金屬、貴金屬、稀土及稀有金屬、分散金屬（通常以伴生形式出現在大型有色金屬礦床裡）以及原子能金屬。以下逐項列示重要礦產及礦區分布情形：

(一).黑色金屬礦產

主要有鐵、錳、鈦，已探明的重要礦區分布情形，鐵礦：閩西南－粵東北成礦帶、瓊西昌江石碌的富鐵成礦帶（伴生鈷）；錳礦：閩西南龍岩市連城錳礦，粵北清遠市連州小帶錳礦，桂西南地區的大新、靖西、天等、德保、扶綏等縣（保有儲量1.77億噸，佔全區總量的31.3%，其中大型礦床分別為崇左市大新下雷－百色市靖西湖潤礦帶，儲量約達1.5萬噸）；鈦磁鐵岩礦：粵東北梅州市興寧盆地的霞嵐礦床。

(二)有色金屬礦產

主要有銅、鋁、鉛鋅、錫、銻、鎢，其重要礦區分布情形，銅礦：粵北韶關市曲江區大寶山（伴生鍺）、粵西南陽江市陽春石菉；鋁土礦：集中分布在桂西百色－崇左地帶（伴生鎵、鋼），探明儲量在8億噸以上，佔全區總量的15.5%，其中以百色市平果縣那豆鋁土礦床為最大者，探明儲量達1.26億噸；鉛鋅礦：浙江東南台州－溫州沿海礦帶，粵北韶關市仁化凡口礦山，桂北河池市南丹大廠礦山；錫礦：桂北大廠（儲量70餘萬噸，佔全區總量的28%，伴生鋼，儲量5,000噸，佔全區總量的40%）；銻礦：桂北大廠（儲量60餘萬噸，約佔全區的33%）；鎢礦：閩西三明市寧化縣行洛坑（伴生鉬）特大礦床（約30萬噸），粵東北河源市連平縣鋸板坑、汕頭市澄海區蓮花山，桂中南寧市武鳴縣大明山、桂東賀州市鍾山縣珊瑚礦區。

(三)貴金屬礦產

以黃金、銀為主要，其重要礦區分布情形，黃金：粵中肇慶市

高要河台；銀礦：粵西南湛江市廉江龐西洞。

(四)稀土及稀有金屬礦

粵北接近贛南地帶，藏有豐富的稀土礦。粵中南廣州市增城有派潭大型鈮鐵礦（砂礦），粵中南惠州市博羅縣有大型鈮鉭礦，粵西北肇慶市廣寧縣橫山中型鈮鉭鋯礦，桂東賀州市姑婆山大型褐釔鈮礦（砂礦），桂東北桂林市恭城縣水溪廟鉭鈮礦（鉭大型）、栗木老虎頭中型鉭鈮礦，閩北南平市西坑大型鉭鈮礦。

（五）原子能金屬

礦脈以贛湘粵三角帶為主要的大型儲藏區，本區主要的鈾釷礦床有：下莊鈾礦田（粵北12,000tU），小丘源鈾礦床（浙西南衢州）。主要的核工業基地有：翁源鈾礦（粵北韶關）、瀾河鈾礦（粵北韶關）、仁化鈾礦（粵北韶關）、衢州鈾礦（浙江衢州）。

主要非金屬礦產品有石英砂、滑石、膨潤土、重晶石、螢石、硫鐵、天然硫磺、高嶺土、大理石、天然海鹽、寶玉石，其重要礦區分布情形，石英砂礦：海南濱海地帶；滑石礦：桂東北桂林市龍勝縣；膨潤土礦：桂西南崇左市寧明縣；重晶石礦：桂中來賓市象州縣；螢石礦：浙南金華市武義、麗水市遂昌、龍泉，閩北南平市建陽、將樂、三明市邵武；硫鐵礦：浙西南衢州市衢江區，粵西南雲浮市雲浮硫鐵礦（儲量2.08億噸，年產300萬噸，是最大的硫鐵礦生產基地和硫精礦出口基地，素有「東方硫都」之美譽），粵北韶關市大寶山複合礦區（伴生鉬、碲），桂北河池市鳳山縣、環江縣；天然硫磺：臺北大屯山（儲量200多萬噸，高居第一）；高嶺土礦：粵西南茂名、湛江，桂南北海市合浦縣；大理石以廣東、臺灣東部儲量最豐富；天然海鹽：海峽兩岸鹽場，海南鶯歌海鹽場；

寶玉石礦：粵西南茂名市信宜金垌鎮泗流村的南方玉（又名信宜玉，礦源接近枯竭），閩北福州市北郊壽山村的壽山石（田黃）、浙南麗水市青田縣山口鎮的青田石，海南藍寶石。

　　另外特別值得一提的是，在濱海的淺層砂礫中，常蘊藏著大量的金剛石、砂金、砂鉑、石英以及金紅石、鋯石、獨居石、鈦鐵礦等稀有礦產，它們一旦集聚成有開發價值的礦帶，則能成為「濱海砂礦」，主要分布在遼東半島、山東半島、福建、廣東、廣西、海南以及臺灣濱海灘地，本區由於具有最長的海岸線，濱海砂礦尤其以臺灣和海南最為豐富。磁鐵砂礦主要分布在臺灣東部海濱，以臺東和秀姑巒溪河口間最集中；鈦鐵砂礦集中在北部和西北部海灘，年產約1萬噸；獨居石、鋯石砂礦集中在臺灣西部濁水溪與臺南間海濱，已開採獨居石3萬多噸、鋯石5萬多噸，南統山洲砂堤的重礦物儲量在4.6萬噸以上，嘉義至臺南的海濱又發現5萬噸規模的獨居石砂礦。海南島沿岸有金紅石、獨居石、鋯英等多種礦物。

二、水電能源

　　本區水資源堪稱豐富，僅次於西南區，總量所佔比例約17%，並以地表水為主；人均水資源量以廣東最少，約1,700立方公尺，閩、桂、瓊等地可達3,000立方公尺，臺灣約計4,000立方公尺為最高（河川年徑流量達667億立方公尺）。區內水資源主要依靠自然降水、珠江水系以及其他省內河川，全區（不含臺灣）中大型水力發電站共有17座，其中大型水力發電站共計5座，分別是：廣西的百色水力樞紐、大化、岩灘，福建的水口，以及廣東的廣州抽水蓄能電站，其中的廣州抽水蓄能電站裝機容量高達240萬瓩，是世界最大的抽水蓄能電站；中型水電站則有12座，分別是：廣西的西津、百龍灘，福建的池潭、沙溪口，廣東的新豐江、飛來峽、楓樹

壩、青溪，海南的大廠壩，浙南的緊水灘、石塘、珊溪水力樞紐等；這17座水電站總裝機容量將近860萬瓩，年均發電量為280億度。臺灣水能利用狀況以日月潭和大甲溪為主要，中、大型水力發電站共有7座，其中大型水電站共計2座，分別為日月潭的明湖及明潭抽水蓄能電站，裝機容量共271萬瓩；中型水力發電站則有5座，都在大甲溪流域，分別是：德基、青山、谷關、天輪、馬鞍，裝機容量共110萬瓩；臺灣水電約佔總電能的8～10%，估計年均發電量在90億度左右。

　　在能源類礦產（石油、天然氣與煤炭）方面：煤礦探明基礎儲量大概只有16億噸，不到全區儲量的0.5%；石油、天然氣基礎儲量也很小，石油約僅230萬噸，天然氣約10億立方公尺，連全區儲量的0.1%都不到；雖然如此，本區許多盆地的估計地質儲量非常豐富，例如：珠江口盆地油、氣分別高達67.95億噸、12,990億立方公尺，瓊東南盆地油、氣分別有20.04億噸、18,935億立方公尺，開採前景樂觀。主要油、氣盆地分布在百色（桂）、三水（粵）、珠江口、北部灣、鶯歌海、瓊東南、臺西，油、氣礦產地分別是：百色、三水、南海東部、南海西部、萬安（南沙海域）、曾西、臺西。油、氣生產骨幹企業有南海西部公司、南海東部公司、廣州公司，以及臺灣的中國石油公司。本區除了積極開發水能與核能外，地熱能也有不錯的發展潛力，福建福州、漳州洋奎，廣西來賓市象州，廣東豐順鄧屋、陽江、湛江，海南儋州蘭洋、三亞南田，臺北宜蘭清水，都有著名的地熱田。

三、生物資源

　　本區有野生脊椎動物2,000多種，但由於經濟開發較早、人口密集，許多原生物種趨於珍稀，屬於國家一級保育類動物，有：

金雕、短尾信天翁、黑鸛、白鷳、中華秋沙鴨、黃腹角雉、黃鸝（臺）、白喉笑鶇（臺）、華南虎、金錢豹、雲豹、石虎（臺）、黑麂、閩中羊、蘇門羚、熊猴、水鹿、水駒（臺）、金貓、穿山甲、黑冠長臂猿（瓊）、獼猴、白頭葉猴（桂）、黑葉猴、蟒蛇、瑤山鱷蜥（桂）、蛇蜥（臺）、白鼻心（臺）、山羌（臺）、黑熊、坡鹿（瓊）、狐蝠（臺）、中華爬岩鰍（臺）、雨蛙（臺）。有野生植物5,000多種，其中藥用植物3,500餘種，桂、瓊中藥材產量約佔三成市場份額，是重要的南藥生產基地，較負盛名與量產的藥材有：檳榔、益智、砂仁、巴戟、廣藿香、丁香、胡椒、膽木、常春花、廣豆根、田七、八角（大料）、羅漢果、山藥、雞血藤、山銀花、青蒿、草珊瑚、太子參、建蓮子、厚朴、海馬；臺灣在植物精油的開發研究居前沿地位，尤以樟樹萃取物最負盛名，佔世界市場七成份額。許多珍貴的海洋特產物種，均已轉在沿海進行養殖，經濟價值較高的魚、蝦、貝、藻，在此間沿岸俯首可見，北部灣的珍珠養殖世界著名。

四、旅遊資源

本區旅遊資源分布集中在浙、閩，自然保護區與風景名勝區約佔東南區一半。截至目前為止，本區所具有的世界級的旅遊景點有9個，分別是：福建省的武夷山、福建永定龍岩土樓、澳門歷史城區、廣東江門市開平碉樓與古村落等4個「世界文化與自然遺產」，以及廣東雷瓊湖光岩火山群、廣東丹霞山、浙南的雁蕩山、福建三明市泰寧丹霞地貌、海南雷瓊海口火山群等5個世界地質公園；187個國家級風景名勝區中本區有22個，300多個國家級自然保護區中本區有53個。臺灣的旅遊資源中，以自然風光著稱，達到國家級水平的自然保護公園有7個，由北而南分別是：陽明山、金

門、雪霸、太魯閣、玉山、墾丁、東沙環礁，還有野柳地質公園，以及臺北故宮、阿里山、日月潭等風景名勝區；港、澳的旅遊資源則充滿新奇絢麗的現代感，香港有迪士尼樂園、亞洲最大海洋公園，澳門則是中國經濟區域裡唯一賭場合法化的地區，博彩業為其重要收入來源。

經濟發展

　　中國自古以來的歷史重心一直在北方，東南區的崛起是晚近一百五十年來的事，源自最早接受西方資本主義經濟思潮的洗禮，隨著海洋經濟霸權的興盛，政治地位也水漲船高；幾乎已經可以這麼定論說，這一百多年來全中國百姓的命運走向，都受到東南區的政治、經濟、社會、文化的發展結果所左右，中國歷史的舞台重心由北方南移並且最終聚焦在本區，由此所引爆的每個重要政經事件、前沿思想乃至流行文化，都像是刮颱風般地吹到中國的每個角落，任何刻意忽略、漠視這種存在性的人，很快就會有感到被社會浪潮淘汰的危機。東南區的影響力，在中國歷史上從來沒有像現在這麼巨大，而這種影響力與它的經濟實力密不可分，經濟實力則來自於向外開拓、積極拼搏的民風習性，結合高度發達的民營經濟結構，形成靈活運作、高效經營的開放型經濟的卓越典範。

　　珠三角經濟圈是整個中國經濟區域最勇於創新風氣的地方；1840、1856年兩次鴉片戰爭，打開中國近代之門；1911年孫中山先生推翻帝制，打開中國共和之門；1978年鄧小平改革開放，打開中國現代之門；這些牽動著每個中國人命運走向的中樞神經，就在珠三角。依托政策上支持的「試驗田」取向，成為大陸市場化程度最高、市場體系最完備的地區；面對旅居在歐美先進國家的廣大粵籍

僑胞，率先建立開放型經濟體系，成爲大陸外向度最高的經濟區域和對外開放的重要窗口。主導產業有：金融、貿易、運輸物流、會展、房地產、博彩、旅遊、輕紡服裝、家電五金、塑料加工、製糖、食品飲料、造紙、建築材料、生物醫藥、輕工業機械、石油化工、電子資訊、家用轎車，這裡是中國經濟區域最重要的民生工業生產研發基地、國家級電子資訊產業基地、液晶面板生產基地、軟體動漫產業基地，還有世界第三大、亞洲第一大的香港國際金融中心、國際航空中心，香港的海運也是位居世界前列地位，本都市經濟圈的遠程目標，是朝向世界級的先進製造業和現代服務業「全球基地」邁進。珠三角經濟圈2008年全年經濟概況：加計港澳地區的經濟總量達46,165.5億元，五年增長率爲83.4%，人均所得爲12.6萬元，五年增長率69.1%；三次產業比例從2003年的2.2/29.6/68.2調整爲1.6/35.2/63.2。由於港澳地區的產業結構歷來一面倒向第三產業，人均所得分別高達21.3萬元（五年增速10%）、27.2萬元（五年增速85%），剔除港澳影響數，經濟總量爲29,745.6億元，五年增長率爲159.7%，人均所得爲10.2萬元，五年增長率137.4%；三次產業比例從2003年的4.8/52.1/43.1調整爲2.4/50.3/47.3，第三產業明顯提高超過4個百分點。全社會固定投資從2003年的6,709億元提升爲11,393億元，五年增長率爲70%；全社會消費零售總額從2003年的13,325億元提升爲20,104億元，五年增長率爲51%；全區即使不包括港澳，也可以看出經濟增長的動力早已轉變爲消費拉動型增長模式，澳門在2007年開始進行許多與大陸接軌的大型工程，使其全社會固定投資五年增長率達到356%，是個特殊情形；受到2008年全球金融風暴的影響，投資、消費對經濟總量的所佔比例分別從26.7%、52.9%下降爲24.7%、43.6%。對外經濟方面，外貿總額（不計港澳）爲6,569億美元，五年增長率爲142%，佔大陸貿易總額達1/4，如果考慮陸、港、澳經貿一體化（CEPA）政策計入港澳部分

的話，外貿總額達15,785億美元，五年增長率爲95%，佔貿易總額近六成；受到CEPA政策的影響，資本項目的移動幾乎不再需要，實際利用外資金額爲170億美元^(註2)[註2]，五年來幾乎沒有變化。

環北部灣經濟圈範圍涉及中國廣東、廣西、海南三省沿北部灣地區以及越南北部的沿海地區，是中國與東盟區域性的商貿、物流、加工製造基地，每年在海南舉辦的「博鰲論壇」，成爲連接東北亞與南亞多區域的國際通道、交流平台及合作平台。主導產業有：石化、冶金、機械、製糖、製鹽、食品、紡織、建材、造船、製藥、小家電；這裡有全區最大的製糖基地、鋁工業基地、熱帶中藥材（南藥）生產基地、熱帶果脯加工基地、橡膠工業基地。本都市經濟圈2008年全年經濟概況：經濟總量達5,339億元，五年增長率爲117%，人均所得爲1.67萬元，五年增長率104%；三次產業比例從2003年的24.3/34.0/41.7調整爲18.6/39.9/41.6，第二產業比重五年來提高將近6個百分點。全社會固定投資從2003年的670億元提升爲2,220億元，五年增長率爲232%；全社會消費零售總額從2003年的983億元提升爲2,155億元，五年增長率近119%；投資對經濟總量的所佔比例從27.2%躍升爲41.6%，消費對經濟總量所佔比例，基本持平，維持在40%左右。對外經濟方面，外貿總額達152.2億美元，五年增長率爲161.6%；實際利用外資金額爲15億美元，較五年前增長近95%。整體而言，經濟增長模式高度依賴投資推動，欽州和防城港五年來固定投資翻兩番以上的速度投入，對外貿易拉升勢頭明顯，未來發展極具潛力。

註2：香港是開放資本帳戶自由移動的地區，資本的流出入快速方便，再加
　　上2004年CEPA正式實施後，大陸資本也開始大量流入，為了避免重
　　複計算及影響海外投資（FDI）對經濟增長的判斷，不計入港澳的外
　　來直接投資金額。

　　海峽經濟圈是東南區的經濟新焦點。長期以來涉入錯綜複雜的國際政治角力問題的臺灣海峽，從1950～1975年的十五年間（朝鮮戰爭～越南戰爭），一直做為以美國為首代表資本家利益的集團，用來圍堵工農無產階級利益東擴的所謂「紅色警戒線」上的馬前卒，即使在後來美國已經開始悄悄地改變對華政策，臺灣海峽依然是砲聲隆隆[註3]。中國大陸在改革開放後，東部沿海各地無不以脫韁野馬之勢全力向前衝刺，唯一的發展陷落地帶就是海峽西岸的福建東部沿海，而它也是近三十年來做出最大忍讓與犧牲的省區，原因沒別的，眾所周知。海峽東岸的臺灣，經濟發展原是中國經濟區域裡最均衡的獨立經濟體，這種均富的局面能夠維持到現在，與1994年後政治權利向基層普通家庭傾斜的直接民主有著重要關係；問題在於，對填補資本家將產業外移後所遺留下來的空洞，依賴提振內需、消費拉動的內增模式，長期下來總有耗竭的時候；過去十五年來從臺灣走出去的資本家，也有部分走向海峽西岸的閩東沿海地區。臺灣製造業發達，居亞洲前列地位，並成就出「亞洲四小龍」經濟奇蹟；從加工出口型的傳統手工業、輕工業出發，一路升級到矽晶片、IC積體電路、微電腦及其周邊輔助設備、光電設備及其終端產品等尖端科技產業，臺灣南部的高雄港是世界十大商港之一，結合海峽西岸的閩東沿海地帶的優勢產業，形成未來整體工業實力最雄厚的海峽兩岸經濟圈，主導產業有：石油化工、電子資訊、工程與工業機械、鋼鐵、現代冶金與新材料、汽車、造船、飛機維修、生物製藥、造紙印刷、製糖、食品、製鞋、光電、

註3：「八二三金門砲戰」，1958年8月23日～10月5日，砲火如雨下般地密集落在金門島上，10月25日之後「單打雙不打」，雙方互射「和平默契砲」，打打停停，直到1979年元旦中美建交日，砲擊也隨之戛然而止。

3C、旅遊、大眾傳播、金融、航運物流等，產業體系綜合完備、門類齊全。2008年全年經濟概況：海峽西岸（閩東沿海地帶）經濟總量為8,704億元，五年增長率為90.4%，人均所得為3.26萬元，五年增長率82.2%；三次產業比例從2003年的10.5/50.6/38.9調整為8.9/51.9/39.2，產業結構處於調整的初期階段。海峽東岸（臺西都會區）經濟總量為24,694億，五年增長率為10.7%，人均所得為12.1萬元，五年增長率8%；三次產業比例從2003年的1.7/27.9/70.4調整為1.7/25.0/73.7，第三產業對GDP增長貢獻率為100.3%。全社會固定投資，海峽西岸從2003年的1,234億元提升為3,896億元，五年增長率為216%，海峽東岸從2003年的4,104億元提升為5,237億元，五年增長率為27%；全社會消費零售總額，海峽西岸從2003年的16,564億元提升為18,321億元，五年增長率為11%，海峽東岸從2003年的1,484億元提升為3,342億元，五年增長率為125%；投資消費對經濟總量的所佔比例，海峽西岸分別從27%、32.5%同步提升為44.8%、38.4%，海峽東岸則分別從18.4%、74.3%成為21.2%、74.2%，可以看出西岸的經濟增長重點較均衡地落在投資與消費這兩駕馬車上，而且較多地倚重在投資增長上，東岸則明顯依賴消費拉動，這種依賴程度甚至超過香港的68.8%平均水平甚多。對外經濟方面，西岸的外貿進出口總額為827.8億美元，五年增長率為150%，實際利用外資金額僅約60億美元，較五年前增長57%，在大陸東部沿海地區來說並不突出；東岸的外貿進出口總額為5,134億美元，五年增長率為78%，國際收支表的資本帳戶與金融帳戶與港澳一樣都屬於開放項目，資本帳戶長期處於淨流出的狀態。本經濟圈是中國經濟區域所有18個經濟圈裡矛盾最集中、非經濟因素問題最突出的地區，問題的妥善解決需要高度的政治智慧與宏觀視野。不過，做個假設性的說法，退一百步來說，假設兩岸問題繼續僵持延宕下去，所產生的惡果，只不過是兩岸的閩南族群之間彼此繼續糾纏拉扯罷了，其

他地區只會一邊看著這齣上演了幾十年的拖棚歹戲，一邊更加使勁鞭策向前奔馳，不會因此停下它們自己突飛猛進的腳步；偏偏這種糾葛及其所可能帶來的負面結果，兩岸同胞彼此都非常理解，但卻又莫可奈何、無能為力，而這也正是矛盾所在。

🌐 趨勢展望

以民族民營經濟^(註4)為典範的東南區，是中國經濟區域裡最具有經濟發動機（引擎）實質意義的區塊，尤其是港、臺兩個獨立經濟體，更是核心所在。率先走入中華近現代文明的港臺，人均GDP很早就超過10萬元的真實資富裕水平，這與因為剛性戶籍制度保障下的廣東深圳、東莞的高均值，以及財富大量集中在黨國手裡的京津唐、集中在歐美金融巨鱷嘴裡的上海，截然不同；更難得的是這種富裕程度可以做到大片區範圍內的普及化，達到了中國典籍《禮運·大同篇》的理想境界，臺灣在地方發展協調性上取得的突出成就，足以做為全中國的典範；今日港臺，早就取代了昔日的蘇、杭，成為全世界中國人所嚮往的人間天堂。東南區的經濟發展，隨著經濟總量盤底的增大，增長率逐漸放慢，相較於黨國資本的環渤海、洋資本密集的長三角，後兩者在這五年來仍以成長數倍的驚人速度成長，東南區未來所面臨的增長壓力與競爭挑戰，幾乎可以用「形勢嚴峻、任務艱鉅」來形容。對於本區未來經濟發展的建議，

註4：民營經濟在北方被俗稱為「私人資本」，明顯有別於環渤海區的政府「官方資本」，或者更貼切地說是「黨國資本」主導型經濟，兩種經濟型態分別都有不同的經濟理論所支持，雖然各有優劣、互有消長，但隨著社會發展階段的進程，以及人均所得的逐漸提高，群眾對於經濟自主的願望也在不斷地升高。

有以下兩個方案供作參考：

一、東南區的二大一小經濟圈間整合的共性相當高，一個獲得良好整合的東南區，有利於確保2020年前持續領先的經濟地位

　　東南區在中國近現代發展上有著許多共同的命運，除了有孫中山先生思想做為共同的民族意識與經濟觀外，也是以閩語、粵語、客家話為主流方言體系的廣大海外民營企業家的根苗所在，與世界接軌的民族國際觀也因此融合相近，再加上二十年來臺灣的二級產業與香港的三級產業在本區廣泛深厚地紮根布局，民營企業間已經建立了良好的垂直整合體系，這些都為東南區域整合鋪墊了良好基礎，也使得本區可望成為繼環渤海區後，中國經濟區域最有機會進行整合的第二區塊。進行東南區域經濟整合的最佳地點，是民營經濟最發達的臺灣，除了產業結構最上層建築的金融業之外，從華東區到東南區，臺灣位居產業經濟的統治地位，可以先建立類似「博鰲論壇」的溝通平台，做為突破口，提升資源利用效率，並協調區域內經濟發展上的各種議題。

　　此外，不論東南區域整合是否能具體落實，有些在單一都市經濟圈內存在許久，而且矛盾激化越見嚴重的老議題，必須獲得立即改善與有效解決，例如珠三角區內協調發展的問題。如果不包括臺灣、港澳地區在內，以整個中國大陸的省、市、自治區的行政區劃來看，區域發展方面做得最好、堪稱和諧的省份是浙江，區域貧富差距大到令人瞠目結舌的省份就是廣東；廣東在緊挨著珠江口的幾個主要城市，例如：廣州、中山、東莞、深圳、珠海、佛山，人均GDP都在10萬元以上，甚至有高到港澳水平的，但是走出這一小圈外的廣東省其他城市，人均直接掉落到4萬元以下，更多數地方連2

萬元都不到，例如西部的湛江、茂名，東部的潮州、汕頭、梅州，還處在珠江口小片區的十幾年前水平。如果你有移居珠三角的打算，而有人勸你打消念頭，說是那個地方遲早會出大事⋯⋯這種差距要是再這麼繼續懸殊下去，他說的大事，幾乎毫無懸念。

二、萬里海峽起波瀾，百年風雨不曾斷；山青水藍妝寶島，魂牽夢縈繫臺灣

寶島臺灣，高山青、澗水藍。地方雖然小，可大家都想要，就這麼一塊風水寶地，「引無數英雄競折腰」；將近四百年前一小撮紅毛人來過，說它是適合種柑橘的熱帶蠻荒叢林（Formosa），是主張殖民統治的洋皇帝眼中的一塊肥肉；三百五十年前福建鄭氏趕走紅毛後，過了二十多年改歸滿制，大量福建漢族移居至此；一百多年前東洋人佔領後，日本封建皇帝說它是打不沈的航母（航空母艦）；六十年前寧波蔣氏轉進臺灣，跟著老美一起呼呦，說它是反共堡壘、東亞雄鯨；就這麼人來人往、此起彼落地，這裡的老百姓早被攪和的暈頭轉向（找不著北）。

今日臺灣，對於沒有出過國的大陸居民來說，這個地方充滿洋式的新奇；對於長年旅居海外的中國人來說，不論他出自大江南北的哪個角落，卻總能在臺灣輕易地找到他生命中最熟悉的部分；臺灣正是張拼圖，不但拼出了中國的全貌，還拼出了西方先進文明。論山光水色，臺灣沒有長江黃河、青藏崑崙，有的只是乾淨清新、沒有污染的小橋流水；論城市風貌，臺灣沒有北京禁城、上海高塔，有的只是夜以繼日、溫暖貼心的便利服務；臺灣的社會保障、醫療體系名列世界前茅水平，臺灣的營商環境、私人財產保護全球第一，官僚體系平易近人、行政作業透明公開；在臺灣完全不需要擔心會出現在上海的那種方言隔閡、刻意排擠的小格局狹隘場景，

這裡目前還活著的人，即使是文盲，也能說上一口流利的臺灣國語。整個大中華地區，真正夠資格說「宜居」的城市，只能往臺灣找，例如臺中、臺南，已經達到世界級的宜居城市水平。

　　1980年代，主動融入全球工業體系所獲得的積累，使得臺灣經濟地位開始崛起，隨後採取的「走出去」擴張戰略，更使臺灣經濟勢力達到巔峰，有力影響範圍北達長江、西到新疆，佔有整個中國的大半經濟疆域；進入新世紀後，隨著當地企業的學習曲線與規模經濟效果的顯現，北方沿海地帶重點經濟圈的黨國資本糾結歐美洋資本發動護盤戰略，再加上當地有些集體所有的改制轉型企業也開始採取比較有效的市場反擊策略，使得臺灣民營經濟的外部擴張步伐漸顯疲態；過去五年臺灣本部的二級產業幾乎處於停滯狀態，外部經濟來自貿易淨輸出的份額不增反減，經濟增長嚴重依賴島內舉債消費的內生增長模式，這種模式不但增長有限，更重要的是它不可持續發展；走出去二、三十年的發展戰略，今天似乎走到了盡頭。臺灣接下來的經濟發展路線，意見很多，對於博彩事業、ECFA的提議，雖然也是好事，但都只是走港、澳已經走過的老路，新意有限。未來應該把經濟增長的重點放在擴大內生增長的來源基礎上，簡單地說，就是「兼容並包」，不但要把走出去的企業優先「找回來」進行整補，還要想方設法地把其他地區的優秀企業及投資者「請進來」；擁有這麼好的宜居環境，相信會比新加坡的吸引力大得多。由此所得到的新生資本，可以投入在尖端創新型經濟上，例如建立以3C系列設計為重點的亞太設計中心、以居住環境為訴求的亞太生態環保城，並且進一步擴大與其他經濟區域的合作，可以由城市級別的行政區域做起，建立與資源型城市的對接工作；需要做的事情還有很多，但就是時間剩下不多，別以為較早接軌歐美、思想比較開明的臺灣智識產業能佔優多久，大陸在老毛掀起文化大革命、破除傳統束縛後出生的後80年代人（俗稱80後），

個個思想靈活、善於變通，有不少也留學歐美回國效力，估計再過五～十年這批菁英將陸續進入中高管理層；十年前臺灣有建立亞太行銷中心的前瞻主張，這個主張在當時非常合宜得體，由臺灣人生產的產品交由臺灣人行銷全球，站在這個基礎再向上爭取做為全球行銷中心，再合適不過了，可惜因為眾所周知的原因，耽擱了，沒幾年工夫，現在的廣州、大連、鄭州、天津，會展經濟紅紅火火，上海更要辦世界博覽會；必須深刻地記取這個教訓。

　　總的來說，臺灣有它可愛的多面，但也有它惱人的一面；誰不希望他的家鄉美、經濟發展能更好，可是「實踐是檢驗真理的唯一標準」，省下口水、多流汗水，「發展才是硬道理」。最後，再次叮嚀，別再找不著北地把臺灣這東亞雄鯨，倒過來橫著朝上畫了；所有人都知道，一條浮在海上、肚皮上翻的魚，代表的意義，絕不是什麼好事。

下篇

區域發展評析與增長研究

第十六章

各區域發展總結與評析

- 經濟總量（GDP生產指標）與增長率
- 其他經濟指標
- 小結

美國地理學家哈爾特熊（Richard Hartshorne），早於1939年就已經體認到「各地理區間具有不同的靜態特性或形式上的變異以及動態特點或功能上的變異」這個概念，並且更進一步地在他的《地理的本質》（*The Nature of Geography*）一書中，明確提出這種區域變異（area variation）甚至區域差異（area differentiation）正是空間研究的主要目標。本書的中篇，利用相當的篇幅，針對各區域的人、事、時、地、物進行全盤介紹，目的就是希望能夠有利於捕捉哈爾特熊深刻體認的區域靜態與動態的變異本質，以便於進一步掌握地區發展的優勢條件和差異特徵，可以因地制宜地進行與之相適應的生產建設，並且能夠更具進取性地實施跨區域的協調合作，對促進區域經濟的持續發展有著十分重要的意義。

中國經濟區域幅員遼闊，在自然環境、社會文化、基礎資源、科技水準、經濟生產等方面，都存在著巨大而明顯的區域差異。經濟區域的劃分，長期以來就有各個不同面向（dimension）的差異性研究彙整（參見本書第十七章內容），從早期不論是南北向或是東西向的帶狀劃分法，或者更進一步地在1996年3月大陸第八屆全國人大第四次會議中提出的七塊論，再演進到現在較爲多數人同意的八大區塊，都只是印證了地理區域存在動態變異的本質。進入新世紀以來，中國各經濟區域無論是靜態形式或者動態功能，都發生了新的演變，至此，本書認爲做一重點式階段性總結，是必要且值得的。

以下，本章將分別就宏觀經濟統計上的幾個重點項目，從各個經濟項目的數量及增長率兩個重要指標，分門別類地順序列舉發展前茅與滯後的經濟圈，便於讀者具體掌握現階段中國區域經濟發展的全貌。

 # 經濟總量（GDP生產指標）與增長率

中國經濟區域按照經濟總量多寡，可以排序出前八強，形成8個主要經濟圈，分別是：環渤海、珠三角、長三角、海峽圈、上江（巴蜀）圈、東北圈、環南京、淮海圈。其餘8個目前經濟總量還相對比較小的經濟圈，做為輔助經濟圈，依序排名分別是：中原（鄭州）圈、中江（武漢）圈、河套圈、能源圈、環北部灣、關中圈、北疆圈、蘭青圈。增長率排名方面，增長速度最快的前三名都集中在上河區，分別為：河套圈、能源圈、中原圈；增長速度最緩慢的後三名，分別為：海峽圈、珠三角、東北圈。

上列排名是截至2008年，後SARS時代發展迄今的全區經濟總量情況，相較於2003年前八大主要經濟圈的變化，除了排名次序外，內容基本上沒有發生重大改變。在排名次序方面，以臺灣西部都市帶為主的海峽圈，經濟總量從第一退到第四，環渤海從第三爬升到第一。必須說明的一點是，2003年時中國經濟區域裡的多數經濟圈還普遍處於模糊的區域概念，經濟區域內的合作關係遠比不上今日緊密，例如整合港、澳、粵珠三角經濟圈的CEPA是在2003年後啟動，環渤海、長三角雖然沒有正式簽訂區域合作協議，但是從該地區的公共設施規劃連結情形，可以明顯看出該區域正在趨向實現更緊密的結合，而海峽圈除了海西經濟圈已經確立外，海峽東岸的臺灣西部都市帶還處於倡議中的願景階段，其中有待克服的發展障礙還是很大；不過，總的來說，中國經濟發展的區域格局到今天已然完備，不因為個別少數地區的變異而出現整體經濟發展的缺陷，因此，為利於讀者能夠更簡便地理解、分析與比較，本書以今日的區域格局為主，追溯五年前的發展狀態，做橫斷面剖析。

 其他經濟指標

一、人均收入經濟指標與增長率

　　中國經濟區域每人平均收入最高的前五名經濟圈，分別是：珠三角、海峽圈（臺西為主）、長三角、環渤海（渤西為主）、河套圈；每人平均收入最後的五名經濟圈，分別是：蘭青圈、上江圈、關中圈、環北部灣、淮海圈。人均收入增長率排名方面，增長速度最快的前三名仍然是集中在上河區，分別為：河套圈、能源圈、中原圈；增長速度最緩慢的後三名，分別為：海峽圈（臺西最末）、珠三角、東北圈。

二、全社會固定資產投資總額與增長率

　　中國經濟區域固定資產投資總額規模最大的前五名經濟圈，分別是：環渤海（濟青圈為最）、長三角、珠三角、上江圈、海峽圈。固定資產投資增長率排名方面，增長速度最快的前三名仍然是集中在上河區，分別為：中原圈、河套圈、關中圈；增長速度最緩慢的後三名，分別為：海峽圈（臺西最末）、珠三角、長三角。

三、全社會消費零售總額與增長率

　　中國經濟區域消費零售總額規模最大的前五名經濟圈，分別是：海峽圈（尤其臺西）、珠三角、環渤海（渤西為最）、長三

角、上江圈。消費零售總額增長率排名方面，增長速度最快的前三名仍然是集中在上河區，分別爲：能源圈、河套圈、關中圈；增長速度最緩慢的後三名，分別爲：海峽圈（臺西最末）、珠三角、蘭青圈。

四、全社會對外貿易總額與增長率

中國經濟區域對外貿易總額規模最大的前四名經濟圈，分別是：珠三角、長三角、海峽圈（臺西爲主）、環渤海（渤西爲主）；其他的經濟圈，由於外部經濟規模還是很小，都在千億美元以下，暫不討論。在具有較大對外貿易規模的前四位中，增長速度最快的是環渤海，長三角、珠三角依序分別在後，增長速度最緩慢的則是海峽圈（臺西最末）。

五、投資對經濟總量所佔比例

中國經濟區域投資對經濟總量所佔比例最大的前三名經濟圈，分別是：關中圈、環南京、上江圈；所佔比例最小的後三名經濟圈，分別是：海峽圈（臺西最末）、珠三角、北疆圈。

六、消費對經濟總量所佔比例

中國經濟區域消費對經濟總量所佔比例最大的前三名經濟圈，分別是：海峽圈（臺西最高）、珠三角、中江圈；所佔比例最小的後三名經濟圈，分別是：北疆圈、河套圈、能源圈。

小結

　　總體來說，中國經濟區域的8個次經濟區裡的16～18個經濟圈，正在形成3個等級的發展集團：第一發展集團是經濟總量前四名的環渤海、珠三角、長三角、海峽圈；第二發展集團是經濟總量介於五到十名的上江圈、東北圈、環南京、淮海圈、中原圈、中江圈；第三發展集團是經濟總量介於十一到十六名的河套圈、能源圈、環北部灣、關中圈、北疆圈、蘭青圈。按照過去長期以來的發展趨勢，估計到2015年三集團內部將出現新的變化，在第一集團方面：環渤海區內部的3個經濟圈界線將更模糊，也就是說，環渤海區將首先完成區域整體整合；長三角與環南京將朝向華東區域整合的方向發展，成為更具體的泛長三角經濟區；珠三角是否整合環北部灣，目前還言之過早，它的首要任務在於縮小內部巨大的發展差異問題；海峽圈最大的問題在於如何做出選擇的臺灣，然而，只要不出重大意外事件，海峽西岸的閩東沿海帶力爭達到臺灣東部人均水平，毫無懸念。在第二集團方面：中原圈是發展潛力最雄厚的地區，有可能擠進前八強，也有機會向東結合淮海圈出海；中江圈處於發展的十字路口，境遇的矛盾僅亞於第一集團的臺灣。在第三集團方面：河套圈與能源圈有可能率先走向整合，如果再加上關中圈，那麼這一區域可望在2020年發展成類似歐洲魯爾區的中國經濟心臟；最後，西北區的北疆圈和蘭青圈，再這麼繼續忽略下去，只能是被打回地級市個別發展的散架原形，站在更高的政治經濟視角來看，這對中國經濟區域穩定進步、和諧發展的長期經濟戰略，有著非常負面的總體影響。

中國區域經濟發展綜合分析表

單位：人民幣億元、外貿、外資億美元、萬人

項目／區域	年度／增長率	生產總量(GDP)	第一產業	第二產業	第三產業	社會固定投資	社會消費零售	外貿總額	實際利用外資	年末戶籍人口	人均GDP(萬元)
中國大陸全國	2003	116694	17247	61778	37669	55118	45842	8512	535	129227	0.90
	2008	300670	34000	146183	120487	172291	108488	25616	924	132802	2.26
	增長%	157.7%	97.1%	136.6%	219.9%	212.6%	136.7%	200.9%	72.7%	2.8%	150.7%
東北經濟圈	2003	6267.8	962.6	2985.6	2319.7	1715.3	1630.0	105.7	14.5	4813.7	1.30
	2008	12912.7	1807.3	6417.1	4688.3	6959.9	4339.8	259.7	34.6	5001.5	2.58
	增長%	106%	87.8%	114.9%	102.1%	305.8%	166.3%	145.8%	138.4%	3.9%	98.3%
環渤海區 遼東灣	2003	6058.3	520.4	3085.5	2452.2	1835.2	2068.0	244.6	53.7	3091.4	1.96
	2008	13693.3	980.0	7340.5	5379.7	8439.5	4340.8	700.8	129.1	3164.1	4.33
	增長%	126.0%	88.3%	137.9%	119.4%	359.9%	109.9%	186.5%	140.4%	2.4%	120.8%
環渤西圈	2003	8352.3	513.0	3722.8	4116.5	3807.3	3581.2	1009.7	41.9	3734.6	2.18
	2008	22928.7	867.9	9822.5	12238.3	9709.9	8055.2	3685.0	149.2	3924.1	5.84
	增長%	174.5%	69.2%	163.9%	197.3%	155.0%	124.9%	264.9%	256.4%	5.1%	168.0%
濟青圈	2003	8606.3	820.7	4717.6	3061.9	3848.3	2452.7	364.9	93.8	4124.4	2.09
	2008	21221.9	1390.9	12354.7	8060.7	10305.6	6581.3	1325.0	66.7	4238.2	5.01
	增長%	146.6%	69.5%	161.9%	163.3%	167.8%	168.3%	263.1%	-28.8%	2.8%	140.0%
合計	2003	23016.9	1854.1	11525.9	9630.7	9490.8	8101.9	1619.2	189.3	10950.4	2.08
	2008	57843.9	3238.8	29517.6	25678.7	28455.0	18977.3	5710.8	345.1	11326.4	5.11
	增長%	151.3%	74.7%	156.1%	166.6%	199.8%	134.2%	252.7%	82.3%	3.4%	145.2%
上河區 鄭州圈	2003	3020.9	460.7	2109.0	1351.1	1317.5	1379.8	34.2	6.0	3946.7	0.99
	2008	10562.4	959.7	6337.2	3265.5	5908.1	3243.1	123.9	31.8	4086.5	2.58
	增長%	169.4%	108.3%	200.5%	141.7%	348.4%	135.0%	262.1%	431.1%	3.5%	160.2%
關中圈	2003	1933.0	231.3	875.6	826.2	878.3	717.1	27.2	3.3	2785.1	0.69
	2008	4715.3	523.6	2263.7	1925.1	3631.9	1959.0	81.8	12.5	2872.4	1.64
	增長%	143.9%	126.4%	158.5%	133.0%	313.5%	173.2%	200.8%	280.7%	3.1%	136.5%
能源圈	2003	1738.6	150.4	926.3	662.0	809.3	577.5	25.7	2.4	2428.5	0.72
	2008	5995.2	296.3	3788.8	1910.1	3211.0	1752.4	120.2	9.2	2480.2	2.42
	增長%	244.8%	97.1%	309.0%	188.5%	296.8%	203.5%	368.0%	290.6%	2.13%	237.6%
河套圈	2003	1664.6	182.6	810.1	672.6	928.1	582.4	21.0	3.2	1118.5	1.49
	2008	6284.1	348.2	3342.5	2593.4	3955.9	1690.0	62.1	26.2	1221.9	5.14
	增長%	277.5%	90.7%	312.6%	285.6%	326.2%	190.2%	195.4%	728.8%	9.25%	245.6%

(續) 中國區域經濟發展綜合分析表

單位：人民幣億元、外貿、外資億美元、萬人

項目／區域	年度／增長率	生產總量(GDP)	第一產業	第二產業	第三產業	社會固定投資	社會消費零售	外貿總額	實際利用外資	年末戶籍人口	人均GDP(萬元)
西北區 青圈	2003	955.7	128.2	447.6	379.6	439.3	366.7	10.4	0.1	1513.5	0.63
	2008	2029.5	208.2	934.2	887.1	1067.0	772.8	13.7	0	1556.7	1.30
	增長%	112.4%	62.5%	108.7%	133.7%	142.9%	110.7%	32.1%	0	2.9%	106.5%
西北區 北疆圈	2003	898.2	85.4	440.3	370.6	387.5	267.8	24.5	0.1	438.2	2.05
	2008	2238.4	172.1	1249.0	813.1	808.2	570.2	91.6	0	495.5	4.52
	增長%	149.2%	101.6%	183.7%	119.4%	108.6%	113.0%	274.7%	0	13.1%	120.4%
西南上江經濟圈	2003	6990.6	1196.8	3002.9	2790.7	3042.9	2604.5	71.3	14.0	9525.0	0.73
	2008	15387.5	2241.7	7428.1	5717.9	9920.8	5849.6	311.7	56.9	9890.6	1.56
	增長%	120.1%	87.3%	147.4%	104.9%	226.0%	124.6%	337.4%	307.3%	3.84%	112.0%
中南中江經濟圈	2003	4733.4	654.7	2157.9	1920.7	1599.1	1992.5	59.7	31.5	4725.8	1.00
	2008	10429.9	1192.3	4969.3	4268.3	5741.8	4322.2	220.6	54.0	4908.1	2.13
	增長%	120.4%	82.1%	130.3%	122.2%	259.1%	116.9%	269.6%	71.4%	3.9%	112.2%
華東區 淮海圈	2003	4977.0	948.0	2322.6	1703.3	2034.8	1488.6	97.1	19.4	6298.6	0.79
	2008	11635.4	1680.2	6000.2	3955.1	6563.6	3952.6	392.3	34.8	6521.8	1.78
	增長%	133.8%	77.2%	158.3%	132.2%	222.6%	165.5%	304.2%	79.8%	3.5%	125.8%
華東區 長三角	2003	19327.6	896.0	10547.6	7884.0	8919.7	5783.6	2534.1	217.8	5811.7	3.33
	2008	43839.6	1249.5	23486.0	19104.1	17137.8	13708.5	8121.9	353.1	5963.6	7.35
	增長%	126.8%	39.5%	122.7%	142.3%	92.1%	137.0%	220.5%	62.1%	2.6%	121.1%
華東區 環南京圈	2003	5055.6	452.6	2618.8	1985.2	2379.1	1667.8	250.2	44.8	3558.4	1.42
	2008	12752.2	824.9	6801.1	5126.5	8567.5	4330.2	784.5	91.7	3949.6	3.23
	增長%	152.2%	82.3%	159.7%	158.2%	260.1%	159.6%	213.5%	104.8%	11.0%	127.3%
東南區 粵珠江	2003	11453.1	547.8	5962.1	4943.2	3749.4	4048.8	2713.9	169.3	2660.2	4.31
	2008	29745.6	711.5	14964.5	14069.6	7915.5	9391.3	6568.8	170.1	2910.5	10.22
	增長%	159.7%	29.9%	151.0%	184.6%	111.1%	131.9%	142.1%	0.43%	9.4%	137.4%
東南區 香港	2003	13062.9	9.1	1392.5	11661.3	2863.3	8992.3	5275.9	—	675.6	19.34
	2008	14924.7	7.5	1108.9	13808.3	3039.4	10268.1	8916.1	—	700.9	21.29
	增長%	14.25%	-18.4%	-20.4%	18.4%	6.2%	14.2%	69.0%	—	3.7%	10.1%
東南區 澳門	2003	655.9	0	87.4	568.5	96.0	283.8	132.5	—	44.7	14.67
	2008	1495.2	0	200.0	1295.2	438.0	445.0	299.8	—	54.9	27.24
	增長%	128.0%	0	128.8%	127.9%	356.4%	56.8%	126.3%	—	22.8%	85.6%
珠三角經濟圈 合計	2003	25171.9	557.0	7442.0	17172.9	6708.7	13324.9	8122.3	—	3380.5	7.45
	2008	46165.5	718.9	16273.4	29173.1	11392.9	20104.4	15784.6	—	3666.3	12.59
	增長%	83.4%	29.1%	118.7%	69.9	69.8%	50.9%	94.3%	—	8.5%	69.1%

(續) 中國區域經濟發展綜合分析表

單位：人民幣億元、外貿、外資億美元、萬人

項目 區域	年度 增長率	生產總量 (GDP)	第一產業	第二產業	第三產業	社會固定投資	社會消費零售	外貿總額	實際利用外資	年末戶籍人口	人均GDP (萬元)
東南區 北部灣	2003	2461.1	597.9	836.6	1026.5	669.7	982.9	58.2	7.7	3003.6	0.82
	2008	5338.7	991.0	2127.1	2220.2	2220.4	2154.9	152.2	15.0	3195.2	1.67
	增長%	116.9%	65.7%	154.2%	116.3%	231.6%	119.2%	161.6%	94.6%	6.4%	103.9%
東南區 海西圈	2003	4570.6	479.3	2313.6	1777.7	1233.8	16563.6	331.7	38.0	2557.4	1.79
	2008	8704.1	773.1	4517.6	3413.4	3896.4	18321.0	827.8	59.6	2672.6	3.26
	增長%	90.4%	61.3%	95.3%	92.0%	215.8%	10.6%	149.6%	57.1%	4.5%	82.2%
海峽經濟圈 臺西圈	2003	22303.5	370.3	6236.8	15696.4	4104.2	1484.0	2886.0	—	1994.1	11.18
	2008	24694.0	416.7	6183.7	18093.6	5237.5	3342.4	5134.4	—	2039.9	12.11
	增長%	10.7%	12.5%	-0.8%	15.3%	27.6%	125.2%	77.9%	—	2.3%	8.2%
合計	2003	26874.1	849.6	8550.4	17474.1	5338.0	18047.6	3217.7	—	4551.5	5.91
	2008	33398.1	1189.8	10701.3	21507.0	9133.9	21663.4	5962.2	—	4712.5	7.09
	增長%	24.3%	40.1%	25.2%	23.1%	71.1%	20.0%	85.3%	—	3.5%	20.0%

註：臺西圈，指的是臺灣西部都市經濟帶，也是海峽東岸經濟圈（海東），涵蓋範圍北自基隆南到高雄，經濟數據的計量方法，是以居住在這一地帶戶籍人口數的總量佔比來概算。

資料來源：作者整理。

265

第十七章

經濟區劃與發展問題

- 經濟區
- 經濟區劃
- 區域發展問題

　　中國經濟區域的主體中國大陸，由於幅員遼闊，為謀求能夠妥善協調經濟發展過程中的總體與局部、近期與長遠、資源與環境的配適關係，往往根據各地區生產條件與生產型態的規律性，實施綜合面向的戰略性劃分，除了可以明確各地區最優發展方向及產業結構的調整重點外，並且便於對總體國民經濟進行宏觀調控的部署。

　　這種戰略劃分，在經濟發展層面上，早在1950年代，大陸的國家計劃委員會——簡稱「國家計委」（現今的國家發展和改革委員會前身——簡稱「發改委」）為了逐步改善生產力布局的不平衡和不合理狀態，相繼成立七大經濟協作區，企圖建立不同水準、各具特點的工業體系；各大經濟協作區設有中央局和大區計委，負責協調大區內各省、市、自治區之間的經濟聯繫，並組織各種經濟協作會議，這對當時國民經濟進行調整的任務，起到了一定作用；但隨後因「文化大革命」的十年動亂，各大協作區相繼被撤銷，經濟的區內聯繫與區際協調工作，也都遭到嚴重棄置。1978年中共十一屆三中全會正式終結左傾路線的干擾，明確改革開放方針，地區經濟協作又再開始萌芽，從1981～1985年的第六個五年計劃（簡稱「6五」）期間，基本復原到文革前狀態。「7五」期間，國家計委提出將大陸劃分成東部、中部、西部三大經濟地帶的主張，雖然覆蓋面廣，但是有過於簡單的詬病；「9五」期間，除了進一步確定市場經濟體制外，又有七大經濟區的劃分主張。對於各經濟區發展問題上，「10五」除了著重宏觀調控效果外，更強調經濟結構的調整，以及遏止區域發展差距進一步擴大；「11五」的規劃原則中，更樹立要以促進區域協調發展為施政核心，推進區域經濟增長方式的轉變。

　　迄今為止，從區域經濟的動態演變特質來看，「三大地帶」和「七大區」都只是階段性的劃分參考，當前中國經濟區域的演變仍在持續進行中，各經濟區之間橫向的區際聯繫與縱向的區內整合

正在蓬勃開展。所以，此時此刻，從根本上理解經濟區及其相關劃分原則的理論基礎，進而把中國經濟區域的各區域協作架構建立起來，特別具有實用以及時代意義。

 經濟區

一、經濟區的概念

經濟區也就是經濟區域，是在一定地理空間範圍內，由一組經濟活動相互關聯、組合而形成的客觀存在的空間結構實體；在時間演進上具有量的累積與質的變化的發展階段性，在空間分布上具有相當數量的子系統重疊交錯的灰階過渡性；並且受到地理環境、自然資源、人口、民族、科學技術、社會經濟，以及歷史傳統等綜合因素的交互作用，決定了經濟區的客觀面貌。

從理論上講，一種經濟活動所包括的各種資源和要素分布，在地理空間上必然佔據一定的空間，這個空間就是其活動的場所，同時它又通過經濟和技術等方面的聯繫而與其它相關活動連接在一起，構成一個經濟系統；同樣地，這個經濟系統也佔據著相應的地理空間，只不過受到來自空間距離成本、自然障礙、經濟或社會方面的障礙等約束，在地理空間上的外延性必然是有限的；在這個有限的地理空間內，相關的經濟活動彼此相連和依賴，表現出明顯的同質性或群體性，與外部有著比較明確的區別，從而構成相對獨立的經濟地域單元，這就是經濟區的最一般性定義。

二、經濟區的基本特徵

經濟區做為區域經濟的空間組織，具有如下幾個基本特徵：

(一)組織上的同質性或群體性

從組織的角度看，經濟區內的經濟活動具有相對的同質性，即區內的經濟活動是屬於某一類的經濟活動，並且所依賴的主要資源和要素的基礎相似；又或者，經濟區內的經濟活動具有群體性，即它們依據經濟上、技術上的聯繫，組成經濟系統。所以，經濟區在組織上是一個整體，有著自己的邊界，是區域經濟中相對獨立的空間組織單元。

(二)空間上的相對排它性

經濟區具有的空間邊界，不同於地理疆界的絕對界線，而是呈現出灰階過渡性；然而，與所有的界線一樣，具有排它性質。對同一性質、層次的經濟區而言，一個經濟區在某一時間所佔據的地理空間，就不可能在此時此地存在另一個性質和層次相同的經濟區。當然，如果經濟區的性質不同或層次不一樣，就有可能出現若干性質或層次不同的經濟區部分或完全共享同一地理空間的現象。

(三)對外聯繫的開放性

經濟區是開放的經濟系統，其內部經濟活動的存在和變化時刻受到來自外部環境的影響，包括資源和要素的流動、市場供需、資訊傳輸等，而經濟區也同時在對外的聯繫中擴散自己的影響，提高自己的地位。正是開放性的作用，經濟區才能獲得來自外部的支持

和助力，得到更多的發展機會。

(四)組織上的層次性

任何一個經濟區所佔據的地理空間是有限的，根據不同經濟活動規模，反映出與其相對應的空間規模。就同類經濟區而言；從空間的縱向看，經濟區可以分成若干上下從屬或包含的層次，反映出它們之間在規模、經濟活動內容等方面的差異和縱向聯繫；從空間的橫向看，每個層次又有若干規模大體相當、各具特色、具有橫向經濟聯繫的經濟區。

三、經濟區形成的因素

為了加深對經濟區的認識，需要剖析影響經濟區形成和發展的各種因素及其相互關係；所謂因素，是指能制約或決定經濟區形成和發展的條件。一般來說，經濟區的形成和發展總是在一定的空間和時間中進行，並受當地的自然資源、生態環境、人口、民族、科學技術發展水準、勞動地域分工的特點、生產關係的性質以及政治、經濟管理體制和區際條件等因素的制約。這些因素是在相互作用的過程中，對經濟區的形成和發展產生影響的；這種影響不是靜止不變的，它隨著經濟區的發展和各因素的變化而變化，是動態的過程。

(一)自然資源和生態環境對經濟區的影響

自然資源是社會生產的物質源泉。經濟區的生產發展是以自然資源提供的可能性及其經濟利用的合理性為前提。各地區自然資源的豐度、品質、結構、蘊藏條件、地區分布和已開發利用的程度是

互不相同的。在任何國家，自然條件完全相同的地區是不存在的，由於自然條件的差異，在不同地區進行同種生產活動，投入的勞動量相同，產出卻往往大不相同，經濟效益也會有明顯差異。自然資源的地區差異，是造成社會勞動地域分工的重要因素之一，因此，研究影響經濟區形成和發展的客觀因素時，要十分重視對各地區自然資源的特點進行比較分析。

一個地區自然資源的構成通常包括：光、熱、水、土資源，生物資源，礦產資源。土地資源在經濟區的資源構成中居於特殊的地位，因為土地是人類生存的場所，是經濟活動必不可少的空間，也是發展農業最重要的生產資料。關於土地資源的內涵有廣義和狹義兩種不同的理解：前者認為土地資源是一個垂直系統，包括地上資源、地表資源和地下資源，即全部自然資源的總稱；後者則認為土地資源主要是指地球陸地上的表土，由於地貌和地質條件的不同，具有不同的品質，按其用途可分為農田、牧場、林地、荒地和各種建設用地。一個經濟區必須擁有一定的土地資源，這是它生存的前提條件，其他的自然資源都與土地資源結為一體，共同構成經濟區形成和發展的物質基礎。自然資源的開發利用必然打破原有的地區生態平衡，或者造成生態環境的破壞，或者形成新的更美好的人工生態環境，前者導致經濟區的再生產過程不斷惡化，後者則保障經濟區沿著良性循環的軌道發展。因此，生態環境也是影響經濟區發展的重要因素。

(二)人口和民族對經濟區的影響

評價一個地區的自然資源必須與人口聯繫起來，因為人是開發利用自然資源的主體；若將二者分割開來，就難以對自然資源的開發利用做出正確的評估。在經濟區的發展中，自然資源和人口是最

基本的物質要素，人口的數量、素質和分布狀況對經濟區有很大影響；勞動資源密集的地區和地廣人稀的地區，其經濟發展路線、位階和型態都不應相同；人口素質的差異對經濟區的產業結構型態和專業化方向有著決定性的影響。

　　人口分布和經濟布局是互為因果的：人口分布是經濟布局的重要依據，經濟布局的改變必然引起人口流動，並改變人口分布的特點。例如，新區的開發和大型企業的建設往往導致人口的機械增長，又如，農業勞動生產率的提高，必然推動城市化的進程，從而人口從農村流向城市，形成人口的集聚，而人口的集聚又促進了城鎮經濟的繁榮。在人口分布中城鎮和民族的分布對經濟區的形成和發展有特殊的意義，因為城鎮是一個地區經濟網絡上的「結點」，反映著經濟區內外聯繫的特點；民族的分布，特別是民族自治地方（區、州、縣）的分布，政府為了加速民族地區的經濟發展，政策上往往有所傾斜，而且各民族所具有的特殊習俗、語言、文化，也構成對經濟區的重要影響。

(三)科學技術進步對經濟區的影響

　　科學技術以知識、技能、工藝等形式，滲透或物化到其他因素之中，通過提高其他因素的素質，或擴大其他因素的影響範圍來發揮自己的作用。例如，勞動者掌握的科學技術越多，操縱的工具越現代化，運用的生產工藝越先進，實行的管理方法越科學，勞動生產率就越高，經濟效益也就越大。此外，隨著科學技術的進步以及人們對自然界認識的不斷加深，開發利用自然的深度和廣度將不斷擴展，越來越多的自然物將成為有用的資源，被納入生產過程，轉化為社會財富。與此同時，先進的科學技術還可以使已為人們所利用的自然資源具有新的使用價值。例如，過去人們只把煤炭做為能

源，後來才發現它還是重要的化工資源。科學的進步，特別是化學的進步，發現了那些廢物的有用性質，這說明人們借助於科學技術可以把廢棄物轉化為再生資源。正是由於科學技術制約著人與自然之間的關係，又決定著自然資源以及廢棄物使用價值的大小，因此它在生產發展的物質循環過程和社會勞動地域分工中，都起著十分重要的作用，因而在經濟區的形成和發展中也是一個不容忽視的影響因素。

(四)社會勞動地域分工對經濟區的影響

經濟區是在社會勞動地域分工的基礎上形成的，二者有著不可分割的聯繫。首先，每個經濟區都是整個國民經濟有機的組成部分，而社會勞動地域分工則是確定整體與局部相互關係的客觀基礎，整體的任何變化都會影響各個局部地區，反之，任何局部地區發生重大變化也必然會對整體產生影響，而傳遞這種影響的機制則是社會勞動地域分工的變化。此外，社會勞動地域分工還把國民經濟各部門分別劃入各個經濟區，使其組合成為一體，構成經濟運行的骨幹，從而形成一個多層次的經濟大系統。經濟區有自己的專業化生產方向，分工是發展專業化生產的前提，而社會勞動地域分工發育的程度，則決定著各經濟區專業化生產發展的水準。總之，在經濟區的形成和發展過程中，社會勞動地域分工是具有決定性的因素。

(五)交通運輸對經濟區的影響

生產力的社會化和社會勞動地域分工的發展，導致地區與地區之間、國與國之間的人員、物資、技術、資金、資訊交流日益頻繁，範圍不斷擴展，數量逐年增多，它們流動的方向、距離、速度

都取決交通運輸發展的狀況。交通運輸是國民經濟各部門之間、城市和鄉村之間相互聯繫的紐帶，它帶動著區域經濟的發展，並對區內、區際勞動地域分工的變化起著重要的制約作用；它是經濟區發展的先導，是確定經濟區的吸引範圍和輻射範圍的依據。

(六)生產關係對經濟區的影響

經濟區的形成和發展總是在一定的生產關係下進行的。生產資料歸誰所有？經濟運行在什麼樣的經濟體制內進行？政府在經濟發展中起什麼作用？這些重大的生產關係從多方面制約著生產要素如何組成生產力、生產企業之間如何實行專業化協作、地區產業結構如何形成、生產力如何布局、在宏觀經濟管理中如何處理縱向聯繫與橫向聯合等一系列問題，這一系列問題如何確定又對經濟區的性質、結構、特徵的形成有著決定性的意義。

因此，在分析經濟區形成的因素時，既要研究直接構成經濟區的物質要素——自然資源、勞動資源、科學技術和已經積累起來的物質財富，更要深入研究制約經濟區發展變化的社會經濟關係，因為人們可以通過制定方針政策，採取有效的措施，調整社會經濟關係去適應生產力的發展，充分發揮各物質要素的作用，促使各級經濟區的區內聯繫和區際聯繫更加協調，從而優化整個經濟大系統，取得最佳的綜合效益。

 經濟區劃

一、經濟區劃的概念

經濟區劃的概念在不斷地變化和完善,早期的概念是指對客觀存在的經濟區的劃分;隨著研究工作的深入,經濟區劃不只侷限於浮面地劃分經濟區的邊界,而是重點分析經濟區的發展條件、結構變化、存在問題,並進一步規劃其發展方向、戰略和對策;因此,現在的經濟區劃概念內涵比較廣,而且具體的定義較為接近。

例如,經濟區劃是「根據社會生產地域分工的規律,對全國領土進行戰略性的劃分,揭示各地區專業化發展的方向和經濟結構的特點」;「為謀求國民經濟在全國各地區能因地制宜地合理發展,為編製全國和各地區國民經濟和社會發展計畫,以及為進行國土規劃和區域規劃提供科學依據,有必要按社會勞動地域分工的特點,進行經濟區的劃分。目的是指明各經濟區在全國勞動地域分工中的地位,揭示各經濟區經濟發展的長遠方向、主要矛盾和解決途徑」;「依據一定的原則和標準對客觀存在的經濟區的主觀認識與劃分,以達到組織區際合理分工、有計劃地建立與加強區內各部門間、各子區域間經濟聯繫,指導區域經濟朝著最有利的方向發展,實現整體經濟最優化的目的」。

根據經濟區劃的實際研究與工作內容,參考上述重要的文字定義,經濟區劃實際功能,主要有兩個方面:一是區隔界定,按照既定的原則、指標,識別客觀存在的經濟區,並把它們的空間界限劃分出來;二是問題分析與解決方案,對各經濟區的經濟發展條件和

現狀進行分析，找出其經濟發展的優勢和存在的問題，依據全區範圍或區域內經濟發展的總體或局部要求，對經濟區未來發展方向、目標、經濟結構和空間結構調整等進行戰略性規劃，提出相應的對策。

二、經濟區劃的基本原則

綜合經濟區劃的原則在不同的國家存在一定的差異，這主要是與各個國家的經濟體制、社會環境、區劃的具體目的等有關。在中國經濟區域，進行綜合經濟區劃的原則，一般是：第一，經濟中心與吸引範圍相結合。把主要經濟中心的吸引範圍劃入一個經濟區，以發揮經濟中心的組織作用；第二，專業化與綜合發展相結合。建立專業化和綜合發展的經濟部門，把它們所涉及的地域都劃入同一經濟區，以利於建立有特色的經濟體系；第三，資源的相關性。為了保障經濟區在經濟發展方面獲得相對的獨立性，為經濟區發展提供可靠的資源保障，合理地利用資源，提高資源配置的綜合效率，需要把相關的資源所佔據的地域儘量劃入一個經濟區；第四，經濟發展方向的一致性。把未來經濟發展方向相同的地域劃入一個經濟區，以便於增強經濟發展優勢，採取統一的經濟發展政策，協調各地區的經濟發展；第五，考慮較大區域範圍內經濟發展的整體要求，滿足綜合經濟區在地域分工中承擔獨特任務的需要；第六，適當照顧一定行政區界線的完整性。

此外，有人認為，綜合經濟區劃除了這些原則外，還要考慮民族原則、國防原則、生態原則：民族原則，即保持民族自治區的完整性，促進民族地區的經濟發展；國防原則，即要從軍事戰略的高度考慮，特別是大範圍的經濟區在戰爭時期保持經濟體系的完整，以利於支持戰爭的勝利；生態原則，為了合理利用自然資源，保護環境，儘量把在生態上有密切聯繫的地域劃在同一個經濟區內。不

難發現，上述各個綜合經濟區劃的原則存在一定的交叉和矛盾，所以，在具體進行綜合經濟區劃時，需要以某個原則爲主，兼顧其它原則。通常情況下，專業化與綜合發展、中心城市與腹地結合是主要的原則，同時考慮各方面的要求，確定經濟區的界線，建立經濟區的內部經濟結構和空間結構。

三、經濟區劃的基本方法

中國大陸在經濟區劃的研究和實踐中，逐步形成了自己的經濟區劃方法，主要步驟如下：第一步，調查研究。廣泛地對各地區的資源分布、生產布局、城市體系、交通網絡、社會發展、發展的歷史等，進行深入調查。在此基礎上，分析各地區的經濟發展現狀、特點及它們之間的差異。根據各地區之間的經濟聯繫、發展方向和空間關係，把經濟聯繫緊密、發展方向相同、空間上相連的地區組合成經濟區的雛形；第二步，劃分經濟區的界線。根據專業化部門、主要的經濟中心、交通網絡的現狀與未來變化趨勢、發展的需要，按照上述經濟區劃的基本原則，初步劃分出經濟區的邊界；第三步，深入研究經濟區的內部結構和在整個區域經濟分工中的地位與作用。包括明確區域經濟發展對經濟區的總體要求、比較經濟區發展的優勢與存在的限制因素、確定經濟區的專業化與綜合發展方向及經濟結構、合理布局生產力和規劃城市體系建設、處理區際關係等。同時，根據這些方面發展、變化的需要，進一步修訂經濟區的界線；第四步，對經濟區內的次一級經濟區進行劃分，指出它們的發展方向，構建經濟區內部分工格局；第五步，編製經濟區劃方案。把上述研究的結果進行歸總，寫成經濟區劃報告，主要包括經濟區的現狀、發展條件、存在問題、經濟區的功能和發展總體方向、經濟區的經濟結構、空間布局、經濟中心體系建設、經濟區內

的次級經濟區劃分與發展設想、經濟區與其它經濟區的關係、經濟
區的發展措施、建議等。

 # 區域發展問題

　　區域差異的突出及擴大化所衍生的區域經濟發展問題，將是中
國區域經濟發展研究的主要課題。造成地區之間經濟發展差異的原
因有許多，例如：自然環境、資源稟賦、地理區位、歷史因素、政
治經濟因素、原有經濟基礎與社會發展水平，等等。針對這些先天
條件的發展差異，政府的功能就是制訂相應措施，以縮小區域發展
失衡與突出差距。

　　西方區域經濟學家一般將區域發展問題分為三大類：落後病、
蕭條病和膨脹病。從中國目前的區域格局和未來趨勢來看，在問題
區域劃分方面，除了特別關注貧困地區界限，並施以相應的扶貧政
策外，對於蕭條地區與膨脹地區劃分框架仍然比較忽略，尤其是長
期以來極端理解法國經濟學家佩魯（F. Perroux）的「增長極、發
展軸理論」，和過度強調美國經濟學家赫希曼（A. Hirschman）的
「非均衡協調發展理論」，造成膨脹問題格外嚴重。可以說，目前
中國區域經濟發展的問題歸結為兩方面，而這兩點都是因為過度膨
脹的結果，吃掉了其他區域的發展空間和資源，也因此解釋了其他
的問題：

一、經濟增長過於依賴東部三大經濟次區域的膨脹病

　　無論從理論上還是實踐上，明顯突出環渤海地區、長三角地
區、珠三角地區等三大都市圈的作用，是目前中國區域經濟的一大

特點,也正是目前中國經濟空間結構上最大的問題。至今為止,從三大都市圈的下列指標可以明顯看出問題的端倪:面積共約36.7萬平方公里,佔全區的3.8%;人口2.1億,佔全區的16%;產值共達到147,850億元,約佔全區生產總值的50%;投資額共計56,986億元,約佔全社會固定投資總額的33%,尤其是環渤海地區長期維持高達17%的鰲頭份額,在其他兩區的增長方式陸續轉為內生增長模式時,問題更為突顯。三大經濟次圈對經濟發展資源的這種寡佔包攬,抑制了其他區域的發展,也使得在落後地區開發的統籌努力與均衡效果衰減。

二、城市建設大規劃、大開發所導致的大頭症

改革開放以來的三十年,中國大陸取得了持續高速經濟增長和大規模城市化的輝煌成就,城鎮化水準從1978年的17.9%提高到2008年的45.7%,年均增長0.93個百分點,人口超過百萬的城市達122個。但在大規模城市化過程中,竟有超過180個城市以「國際大都會」為建設目標,許多城市的發展超出了正常軌道,城市建設布局出現無序乃至失控,使社會經濟發展與資源、生態、環境之間的矛盾和衝突越來越嚴重。城市「大規劃」和建成區蔓延式「大擴張」的現象還在繼續,許多中小城市,也將城市發展框架拉得很大,100公尺寬的街道和環城路大量出現;不僅大量浪費了寶貴的土地資源,造成空間結構長期的不合理,也使城市道路各種配置管線大幅增加,能源等資源的消耗也相應增加,對城市化的進程和未來永續發展構成了嚴重的危害。

從目前的現狀和未來發展趨勢來看,協調區域經濟關係的任務十分艱巨,除原有的區域經濟衝突尚未得到根本治理外,新的重複建設苗頭已開始顯現,第三輪區域經濟衝突有可能爆發,對於未來進行統籌區域發展的舉措更顯重要。

第十八章

區域經濟增長與發展評價原理

- 區域經濟增長理論
- 區域發展評價原理

 ## 區域經濟增長理論

現代區域經濟增長理論有兩個重要特徵，一是非均衡的動態分析理論成為主流，而且還更進一步成為全體經濟學界的主要研究焦點；另一個重要特徵就是數量化和模型化，也就是利用數學計量方法將有關經濟增長的各種可能影響因素聯繫起來，建立模型，對經濟發展前景進行預測，主要有哈羅德－多瑪經濟增長模式、新古典模式、新劍橋模式和新增長模式等。不過，探討艱澀的數學模型，並非本書內容的主題，有興趣的讀者可以在高級經濟理論教程內容進一步鑽研，在此僅做淺顯易懂的文字介紹。在進一步理解各種增長理論前，需要了解區域經濟增長的要素和區域經濟的基本增長機制。

一、區域經濟增長的要素

現代經濟增長理論正是從探索不同要素對經濟增長的貢獻差異，建立不同的增長模型而形成不同派別的。例如，亞當‧斯密（Adam Smith）認為勞動力、資本、土地的數量，這三項因素決定一國的總產出。綜合經濟增長各家理論的內容，影響區域經濟增長的要素大致可概括為：自然條件和自然資源、勞動力、資本、技術、結構和制度等。

自然條件和自然資源是區域經濟增長的物質基礎，農林漁牧和採礦業是資本原始積累的源泉，並通過對勞動生產率和區域產業結構的影響制約區域經濟增長。勞動力是指地理區域範圍內所具有的勞動能力總和，通過勞動力的數量、作用、素質和流動影響區城經

濟增長。資本指以機器、設備、廠房和基礎設施為主的物質資本，主要途徑是通過儲蓄轉化為投資而得，而區域經濟增長不僅取決於儲蓄和投資，更取決於資本的時間和空間的有效配置。通過技術開發和技術引進實現的技術進步，可以改變勞動手段和勞動對象，促進勞動力素質提高，影響資本、勞動和自然資源等要素在經濟活動中的投入結構，促進產業結構變化；而結構變化恰是經濟增長的內涵，產業結構變動引起相應的就業結構變動，產業間勞動生產率的差別，引起勞動力從第一產業向第二產業轉移，再從第二產業向第三產業轉移，繼之而起的是，區域內組織結構也會發生變化，產業內部形成大型企業和其他中小企業的組織形式。

　　制度是指一系列被制定出來，用在約束行為主體，以追求總體福利或效用最大化的個人行為準則、守法程序、道德和倫理的行為規範。制度主要通過政府制定經濟政策或進行制度創新等手段，對區域經濟增長起到影響作用。1960年提出《經濟成長的階段：非共產主義宣言》的美國經濟史學家、發展經濟學先驅——羅斯托（Walt W. Rostow），他認為一地區要實現經濟起飛（工業化初級階段）的3個基本條件：正確的體制（制度和意識型態上的變革）、專業化的經濟主導部門、資本積累率達到10%。一旦順利越過工業化門檻後，在沒有其他重大事件干擾下，接著就是進入長期穩定的成長階段。美國經濟管理學家波特（M. Porter）在1990年《國家競爭優勢》中，提出的鑽石型價值體系以及發展階段驅動論，指出對於經歷過傳統經濟發展階段、進入財富驅動階段的經濟區域，發展全面性、綜合性的智識能力是區域經濟更上層樓的驅動要素，而這種智識含量的要求相較以前大幅增加，創造型的經濟體制改革是發展的重要途徑，他甚至更直接地聲稱：相對於重新分配財富，創造財富才是消滅貧困和不平等的特效藥。因此制度對經濟增長具有極高的重要性，影響著決定經濟發展的資源配置效率。

二、區域經濟增長機制

(一)區域增長極原理

基於創新理論思潮的時代背景，法國經濟學家佩魯（Francois Perroux）在1950年《經濟空間：理論與應用》中，把經濟空間在一定時期起支配和推動作用的經濟部門（產業）稱為增長極。做為經濟空間的增長極，它不是一個空間區位，而是處於經濟空間極點上的一個或一組推進型經濟部門，它本身具有較強的創新和增長能力，並通過經濟和產業之間聯繫的各種方式向外擴散，對整個經濟發展產生影響。這些方式包括：支配效應、乘數效應、極化效應、擴散效應與溢出效應，對經濟活動產生作用；其中，溢出效應是極化效應和擴散效應的綜合，極化效應大於擴散效應，則溢出效應為負值，結果有利於增長極的發展；如果極化效應小於擴散效應，則溢出效應為正值，結果對周圍地區的經濟發展有利。其後，延續並完善這個原理的主要西方經濟學家，還有：赫希曼（Albert Hirschman, 1958）、布德維爾（Jacque Boudeville, 1966）、富利德曼（John Friedmann, 1972）、克魯格曼（Paul Krugman, 1991，產業與新經濟地理）、波特（Michael Porter, 1998，集群與新競爭經濟）。

(二)循環因果原理

瑞典經濟學家繆卓沃（G. Mydral）於1944年《美國的兩難處境》中率先提出，他把社會經濟制度看成是一個不斷演化的過程，認為導致這種演化的技術、社會、經濟、政治和文化等方面的因素是相互聯繫、相互影響和互為因果的，如果這些因素中的某一個發

生了變化，通過傳導作用引起另一個相關因素也發生變化，後者的
變化又反過來推動最初變化的要素的進一步變化，從而使社會經濟
沿著最初變化的軌跡發展，形成正反饋效應。例如，貧困地區收入
的增加，將改善營養條件，促進生產率提高，從而使收入更增加；
相反地，如果引發初始收入減少，循環過程最終會導致收入更加下
降。可見，社會經濟在各項要素之間的關係並非處於理想的均衡狀
態，是以具有累積效果的循環方式進行運動。反映在空間上，經濟
發展總是從一些條件較好的地區開始，然後通過積累過程進一步強
化和加劇區域間的不平衡發展，導致增長區域和滯後區域之間的交
互作用，從而產生兩種正反饋的因果效應：一是回流效應，即各種
生產要素由周邊向中心流動；二是擴散效應，即各種生產要素由中
心向周邊流動。其後，延續並完善這個原理的主要西方經濟學家，
還有納克斯（R. Nurkse, 1953）的貧困惡性循環論。

(三)投資的乘數—加速原理

　　乘數原理指出經濟增長中投資對於收入有擴大作用，總投資
量的增加可以帶來若干倍於投資總量的社會總收入的增加。凱恩
斯（John M. Keynes, 1936）認為，在消費傾向既定的情況下，增
加投資就會擴大投入因素即生產資料的生產，於是就會引起就業和
社會總收入增加，而收入增加又接著刺激消費的增加，擴大了消費
品的生產，而這又對就業和社會總收入的增加帶來加倍效果。薩繆
森（Samulson, 1936）進行補充加速原理，說明經濟增長中收入或
消費的變化如何引起投資量的變動，當工業生產能力趨於完全利用
時，消費品需求的微小增加就會導致投資的大幅增長，其基本思路
是：投資是產量或收入變動的函數，產量或收入變動率增長，投資
將加速增長，反之投資將減少；由此可見加速原理具有正向和負向

的雙面向作用。

三、區域增長模式

(一)哈羅德—多瑪經濟增長模式（Harrod-Domar Growth Model, 1947-9）

　　H-D增長模型採用了凱恩斯的儲蓄－投資分析法，集中考察了三個重要經濟變數：(1)儲蓄率（s），表示總儲蓄量（S）佔國民收入總量（Y）的比例（S/Y）；(2)資本／產出比率（V＝K/Y），表示產出一單位的國民收入必須投入的資本（K）；(3)保證增長率（Gw＝s/V），指在s和V恒定條件下的經濟增長率。

　　H-D增長模型說明，要實現經濟增長，社會總儲蓄（S＝sY）必須全部轉化為總投資（I）；投資再通過乘數作用引起收入增長和生產能力增長，收入和生產能力的增長又帶來新一輪更多的投資量，經濟增長是在一個長期的動態過程中增長。經濟增長的條件是必須使經濟增長率等於儲蓄率除以資本產出率，因此可以通過調節儲蓄率或投資率或提高資本效率來實現均衡的經濟增長，指出政府干預經濟的合理性。

(二)新古典增長模式（New-Classical Growth Model, 1950-70）

　　以美國經濟學家索洛（Robert M. Solow, 1956-58）為代表，由於它的基本假設和分析方法沿用了新古典經濟學的思路，故被稱為新古典增長模型。這一模型放棄了H-D模型中關於資本和勞動不可替代以及不存在技術進步的假定之後，所做的基本假定包括：(1)全

社會只生產一種產品；(2)生產要素之間可以相互替代；(3)生產的規模收益不變；(4)儲蓄率不變；(5)不存在技術進步和資本折舊；(6)人口增長率不變。從而得到雛形式sf（k）=k+nk。式中：s為儲蓄率；k為人均資本佔有量；y=f(k)為人均形式的生產函數；n為人口（或勞動力）增長率；k為單位時間內人均資本的改變量。模型表明，一個經濟社會在單位時期內（如一年）按人口平均的儲蓄量被用於兩個部分：一部分為人均資本的增加k，即為每一個人配備更多的資本設備；另一部分是為新增加的人口配備按原有的人均資本配備設備nk。第一部分被稱為資本的深化，而後一部分則被稱為資本的廣化。該模型得出的結論是，經濟可以處於穩定增長狀態，條件是k=0，此時經濟以人口增長率增長。該模式的意義在於長期經濟增長完全由外生因素決定，「看不見的手」將引導經濟沿著一條最優增長路徑移動，因此政府無論採取什麼政策長期增長都不變。

(三)新劍橋增長模式（Neo-Cambridge Growth Model, 1951-73）

以羅賓遜夫人（Joan Robinson）、卡爾德（Nicholas Kaldor）為代表的新劍橋學派，又稱「凱恩斯左派」、「李嘉圖學派」，其增長理論與其收入分配理論是密切相關的，顯著特點是模型建立在古典的儲蓄函數的基礎上，區別了勞動者與資本家的消費和儲蓄行為。該模式表明，經濟增長率不僅取決於資本／產出率，而且還取決於各階層的儲蓄及其在資本中所佔的比率。勞動者和資本家的收入分配結構的變化導致總儲蓄率的變化，從而導致經濟增長的變化。

從卡爾德的收入分配模型可看出，利潤佔總收入的比值與投資－產出比是正相關的，充分就業狀態下的價格水準決定了總需

求，從而提高了價格，利潤率也隨之增加，降低了眞實工資和眞實消費；反之則出現相反的變化，這樣價格的調節機制才能保證充分就業的穩定狀態。該模型的穩定性基礎在於投資、價格、收入分配和儲蓄等變量之間的內在調節機制。

(四)內生增長理論（The Theory of Endogenous Growth）

由於社會的發展，經濟增長的環境發生變化，在對新古典增長模式進行批評後，1980年代開始出現一些新的增長理論，其核心思想是認爲經濟能夠不依賴外力推動實現持續增長，內生的技術進步是保證經濟持續增長的決定因素，因此被稱爲內生增長理論。理論初始主要在完全競爭假設下考察長期增長率的決定，增長模型包含兩條具體的研究思路：第一條是奠基於1928年阿林·樣（Allyn Young）發表的經典論文《遞增收益與經濟進步》，用全經濟範圍的收益遞增、技術外部性解釋經濟增長的思路。代表性模型陸續有阿羅（Kenneth Arrow, 1962）在《實踐中學習的經濟含義》中提出的「摸著石頭過河」的知識變化模型、羅默（Paul Romer, 1986-90）的知識溢出模型、盧卡斯（Robert Lucas, 1988）的人力資本模型、巴羅（Robert Barro, 1990）的政府支出模型。第二條是用資本持續積累解釋經濟內生增長的思路，主張政府減稅政策，代表性模型是瓊斯－眞野（Larry Jones & Rodolfo Manuelli, 1990）模型、雷貝洛（Sergio Rebelo, 1991）模型。 隨著完全競爭假設條件的放寬，從1990年代開始，內生增長理論家開始在壟斷競爭假設下研究經濟增長問題，並提出許多數量模型上的研究成果。這些模型又可以根據經濟學者對技術進步的不同理解，可以分成3種類型，例如楊小凱－博蘭德（Yang Xiao-kai & Jeff Borland, 1991）所提出的勞動分工與專業化加深增長模型，還有諸如：產品種類增加型、產品

品質升級型，這些模型的提出，表明內生增長理論進入了一個新的發展階段。

　　內生增長理論雖然被稱爲理論，但它並不像新古典或新劍橋有一個爲多數經濟學家所共同接受的基本增長模型，更確切地講，內生增長理論是一些持相同或類似觀點的經濟學家們，提出的眾多增長模型所組成的鬆散集合體。構成內生增長理論的各種模型之間雖然存在明顯的差別，但都體現出以下幾點共同的基本理論思想：(1)技術進步內生化；(2)規模收益遞增；(3)經濟增長主要取決於知識積累、技術進步和人力資本水準；(4)國際貿易和知識的國際流動、對外開放是經濟實現持續增長的重要途徑；(5)勞動分工和專業化在經濟增長中具有重要作用。內生增長模式的理論意義在於，長期經濟增長由以人力資本、知識或技術進步爲核心的內生變數決定，這些內生變數對於政府政策，特別是財政政策，相當敏感，由此再度確立了政府政策對經濟增長與發展的重要作用；不過，必須說明的是，雖然內生增長理論強調政府政策的作用，但與那種主張尋求操縱經濟週期的凱恩斯主義型式，截然不同。內生增長理論認爲，眞正決定經濟週期過程的是知識與技術創新過程，經濟週期只是創新週期的表象，因此，羅默（P. Romer）等內生增長理論家主張，政府應著力於能促進經濟增長的內生因素（例如知識與技術創新）的各種政策組合。

　　這個新興的增長理論發展至今也出現一些問題，其中最遭人詬病的是，對經濟現實的分析過於數學化，尤其是在近期的文獻中，數學推導和模型分析已經代替了傳統的文字表述，成爲一種標準的經濟學概念和語言，形成了一種數學味很濃的理論結構。關於這一點，就連內生增長理論的創始人羅默也意識到了，他在1992年時曾感嘆地說：「如果我們少花一些時間來解方程組，多花一些時間來判斷經濟現象的眞正含義，在這些領域中的學術研究和政策討論會

更有成果。」另外，由於各類內生增長模型都忽略了制度因素，也許是都把經濟制度假設為給定的條件，從而無法利用其分析框架說明制度變遷對生產技術條件和經濟增長的影響。

 ## 區域發展評價原理

一、區域產業結構評價

對於區域內已形成的產業，其布局、結構是否合理，利弊如何，需要從多方面進行考察。

(一)總體評價

總體評價考量的範圍包括：

1. 已形成的產業結構同區域的資源結構是否相適應，能否發揮區域的資源優勢。
2. 區域產業系統是否具備獨特的功能，以承擔區域分工的任務，有益於上一層次區域產業結構的優化。
3. 區域內產業之間的關聯度是否足夠高，主導產業與非主導產業之間的關係是否協調。
4. 區域產業結構是否具有較強的轉換能力和應變能力。
5. 產業結構合理性及其效益高低。

(二)產業結構層次評價

產業結構層次分析有利於對區域產業結構的了解，為區域產業

結構合理化調整提供依據。需要關注以下幾個重要結構分析：(1)區域的社會總產值結構；(2)區域的三級產業結構；(3)農業與輕工業、重工業結構；(4)農業產業結構；(5)工業結構；(6)生產要素密集結構。

二、城市發展評價

(一)影響城鎮發展的因素

包含創新因素、集聚因素、區位因素、資源因素、資訊化水準因素和生態環境因素。

(二)城市基礎設施的經濟效益

城市基礎設施是城市生產、生活的物質基礎，也是城市經濟體系中重要的產業部門。狹義的城市基礎設施指向城市供給排水、能源、交通運輸、郵電通訊、環境清潔維護、防災等服務設施和產業部門，而廣義的城市基礎設施除狹義的內容外，還包括文化、教育、科學、衛生等部門。城市基礎設施的經濟效益主要是促進城市經濟增長、提高城市生產率和提高城市居民的福利水準。

(三)城市競爭力

城市競爭力可從綜合經濟實力、資金實力、開放程度、人才及科技水準、管理水準、基礎設施及住宅6個方面，採用人均或相對比重指標進行評價。其中綜合經濟實力包括人均GDP、GDP增長率、第三產業在經濟總量的比重、職工年均工資；資金實力包括固定資產投資佔經濟總值比重、人均年末城市居民的儲蓄餘額、人

均城市政府預算內支出；開放程度包括外貿口岸進／出口額佔經濟總量比重、人均實際利用外資額；人才及科技水準包括每萬人從事自然科技活動人數、每萬人高校在校學生數、人均文教科衛財政支出；管理水準包括獨立核算工業企業每百元資金實現利稅、產品可信度、政府效率；基礎設施及住宅包括人均年供電量、人均居住面積、人均鋪裝道路面積、電話普及率和建成區綠化覆蓋率。通過分析，可建立模型進行競爭力的計算。

三、生產力布局評價

生產力布局的經濟效果可分為宏觀經濟效果和微觀經濟效果兩部分，二者的區別在於涉及考察效果的部門範圍、地域範圍和時間範圍等方面。宏觀經濟效果是全局的經濟效果，要從整個經濟活動的角度，在較大的地域範圍和時間範圍進行考察；而微觀經濟效果一般從本企業、本部門的角度，對較窄的地域範圍和較短的時間範圍進行考察。

(一)生產力布局的宏觀經濟效益評價

進行生產力布局的宏觀效益分析有重要的意義。因為人們較易察覺到微觀效益，而對宏觀效益不易感受和認識，各部門和企業也多從自己的角度出發，較少考慮全域的影響。而中國經濟區域資源有限，由於人口的增加和生產發展，社會需要與自然資源間的矛盾日益突出，環境保護、生態平衡問題越來越複雜，從全域出發合理利用、分配和保護資源顯得非常重要，必須在生產力布局上解決重複建設、爭奪資源等問題。這些都與宏觀經濟效益有關，因此需要從部門與全局關係、局部與全域關係、短期與長期效益關係、直接

與間接經濟效益關係、經濟效益與生態效益關係、直接投資與間接
投資關係等多方面，進行評價和解決相關問題。

(二)生產力布局的宏觀經濟效益評價

　　微觀評價主要是企業內部可直接計算的經濟效益，需要詳細逐
項計算。從區域經濟角度看，需重點分析區位條件與微觀經濟效益
的關係，協調企業在布局位置上與周圍環境的關係，其關鍵是選擇
適當的評價指標。

　　廠址選擇是微觀布局評價的重要內容。廠址選擇是專業性強、
多學科協作的複雜工作，需要收集大量資料，從以下方面進行評
價：

1. 原材料、燃料、主要半成品和零部件在製成品中的比重；每
   噸成品的平均耗用量、物資運輸工具、運費率等；單位製成
   品原材料的運輸成本。
2. 蒸氣、熱水等熱能在製成品中成本所佔的比重，每噸成品的
   熱能消耗。
3. 電力在製成品成本中所佔的比重，每噸成品平均消耗電能費
   用。
4. 主要廢棄物名稱、單位成品廢棄物產生量、單位成品廢棄物排
   放或運輸成本。
5. 製成品的運輸工具及其裝載利用率，每噸製成品的運輸成本。
6. 每噸製成品的平均耗水量、新水量與循環水量，每噸成品耗
   水成本。
7. 工資在製成品中的比重，每噸製成品的勞動消耗量，每一個
   工人的固定資金額，平均每一個工人的動力裝備。
8. 固定資產和流動資金投資，在原材料、燃料、運輸等方面的

相關投資。

9.佔用土地的補償費用。

10.環境保護費用。

有的地方不宜選作廠址：

1.有污染源的企業在沒有消除污染以前。

2.國家重點保護的文物古蹟區和重要風景區、旅遊區。

3.在飛機場、電台、電視台及其他重要設施附近不宜建設有干
擾性的企業。

4.地震斷層帶地區一般不宜建廠。

5.地下有重要礦產資源的地區不宜建廠。

6.有地方性傳染病尚未有效防治的地區不宜建廠。

7.有礙少數民族風俗習慣的企業，不宜在少數民族地區布點。

參考書目

一、中文部分

2000-2008年中國城市統計年鑑，各省（直轄市、自治區）統計年報、年鑑。

中國國土資源部（編）。《中國礦產資源報告》。北京：地質出版社，1999年7月。

方創琳。《區域發展戰略論》。北京：科學出版社，2002年5月。

王雪梅，謝實（編著）。《西方經濟學簡史》。昆明：雲南人民出版社，2005年4月。

王緝慈。《創新的空間——企業集群與區域發展》。北京：北京大學出版社，2003年6月。

朱永峰（編）。《礦產資源經濟概論》。北京：北京大學出版社，2007年1月。

朱訓（編）。《中國礦情》。北京：科學出版社，1999年9月。

吳傳鈞（編）。《中國經濟地理》。北京：科學出版社，1998年3月。

李萬亨。《礦產經濟與管理》。湖北：中國地質大學出版社，2005年6月。

杜秀榮、晉淑蘭（編）。《中國地圖集》。北京：中國地圖出版社，2009年4月。

岳天明。《中國西北民族地區經濟與社會協調發展研究》。北京：中國社會科學出版社，2009年2月。

金重遠（編）。《20世紀的世界——百年歷史回顧（上下卷）》。上海：復旦大學出版社，2000年3月。

施哲雄（編）。《發現當代中國》。台北：揚智文化出版公司，2003年5月。

倪鵬飛（編）。《中國城市競爭力報告》。北京：社會科學文獻出版社，2004年4月。

孫海鳴、趙曉雷（編）。《2003中國區域經濟發展報告——國內及國際區域合作》。上海：上海財經大學出版社，2003年8月。

張俊民、蔡鳳歧，何同康（編）。《中國的土壤》。北京：商務印書館，1995年3月。

曹志耘（編）。《漢語方言地圖集（語法卷‧語音卷‧詞彙卷）》。北京：商務印書館，2008年11月。

梁發進。《總體經濟理論與政策》。台灣：自行出版，1996年11月。

郭振淮。《經濟區與經濟區劃》。北京：中國物價出版社，1998年1月。

陸大道。《中國區域發展的理論與實踐》。北京：科學出版社，2003年5月。

陸大道。《區域發展及其空間結構》。北京：科學出版社，1998年4月。

陸卓明。《世界經濟地理結構》。北京：中國物價出版社，1994年10月。

黃毅誠（編）。《能源百科全書》。北京：中國大百科全書出版社，1997年1月。

楊吾揚、梁進社。《高等經濟地理學》。北京：北京大學出版社，1997年4月。

楊吾揚。《區位論原理──產業城市和區域的區位經濟分析》。蘭州：甘肅人民出版社，1989年3月。

楊樹珍（編）。《中國經濟區劃研究》。北京：中國展望出版社，1990年2月。

閻長樂（編）。《中國能源發展報告（1997年版）》。北京：經濟管理出版社，1997年6月。

魏艾（編）。《中國大陸經濟發展與市場轉型》。台北：揚智文化出版公司，2003年5月。

羅志如、范家驤、厲以寧、胡代光。《西方經濟學基礎理論》。台北：揚智文化出版公司，1996年1月。

二、英文部分

Arrow, K. J. (1998). *Increasing Returns and Economic Analysis*. ST. Martin's Press.

Bartlett, C. and S. Ghoshai (1989). *Managing Across Border: The Transnational Solution*. Boston: Harvard Business School Press.

Gillis, Perkins, Roemer & Snodgress (1987). *Economics of Development*. W. W. Norton and Company.

Krugman, P. (1991a). *Geography and Trade*. Cambridge, MA: MIT Press.

Krugman, P. (1991b). Increasing Returns and Economic Geography. *Journal of Political Economy,* 99, pp. 183-199.

Lewis, W. A. (1955). *The Theory of Economic Growth*. London: Allen and Unwin.

Lewis, W. A. (1969). *Some Aspect of Economic Development*. London: George Allen and Unwin Ltd.

Lewis, W. A. (1978). *The Evolution of the International Economic Order*. Princeton University Press.

Olson, M. (1982). *The Rise and Decline of Nation: Economic Growth, Stagflatio, and Social Rigidities*. Yale University Press.

Porter, M. (1991). *The Competitive Advantage of Nations*. New York: NY Free Press.

Rostow, W. (1971). *The Stages of Economic Growth*. Cambridge University Press. U.K.

當代中國系列

中國區域經濟概論

作　　者／梁秦龍
出 版 者／揚智文化事業股份有限公司
發 行 人／葉忠賢
總 編 輯／閻富萍
執行編輯／吳韻如、柯巧偉
地　　址／台北縣深坑鄉北深路三段 260 號 8 樓
電　　話／(02)8662-6826
傳　　真／(02)2664-7633
網　　址／http://www.ycrc.com.tw
 E-mail ／ service@ycrc.com.tw
印　　刷／鼎易印刷事業股份有限公司
 I S B N ／ 978-957-818-952-2
初版一刷／2010 年 5 月
定　　價／新台幣 380 元

國家圖書館出版品預行編目資料

中國區域經濟概論＝ Sino's regional economy
guideline／梁秦龍著. -- 初版. -- 臺北縣深坑
鄉：揚智文化, 2010.05
　　面；　公分. -- （當代中國系列）
參考書目：面
ISBN　978-957-818-952-2（平裝）

1.區域經濟 2.經濟發展 3.中國

552.2　　　　　　　　　　　　　99006696